Agnes Bernauer

Marita A. Panzer

Agnes Bernauer

Die ermordete ›Herzogin‹

Verlag Friedrich Pustet
Regensburg

Umschlagmotiv: Agnes Bernauerin Ducissa. –
Augsburger Maler des 18. Jh. nach einem Gemälde des 16. Jh.
Kunstsammlungen und Museen Augsburg
(Foto: Gert Richter, Augsburg)

Für
Brigitte Panzer
sowie
Ilse und Agnes Kitzmüller

Bibliografische Information der Deutschen Nationalbibliothek

Die Deutsche Nationalbibliothek verzeichnet diese Publikation in der Deutschen Nationalbibliografie; detaillierte bibliografische Angaben sind im Internet über http://dnb.d-nb.de abrufbar.

www.pustet.de

ISBN 978-3-7917-2045-6

Umschlaggestaltung: Kulturdesign Anna Braungart, Tübingen
Gesamtherstellung: Friedrich Pustet, Regensburg
Printed in Germany 2007

Inhalt

Vorwort

Die Lebensgeschichte der Agnes Bernauer konnte bis heute noch nicht völlig erhellend dargestellt werden. Zu vieles liegt im Dunkeln, zu wenig ist überliefert. Daher hat sich die Phantasie dieses tragischen Lebens bemächtigt und eine Fülle von mehr oder weniger poetischen Werken hervorgebracht. So wurde Agnes Bernauer zur Legende und zur bekanntesten Frauengestalt nicht nur der bayerischen Geschichte. Hebbel und Orff machten sie unsterblich, die Festspiele von Straubing und Vohburg lassen Agnes Bernauer regelmäßig auferstehen und wiederum sterben. Ein qualvolles Sterben in den Wassern der Donau, einen gewaltsamen Tod aus vorgeblicher Staatsräson – aber ebenso ein Mord an einer jungen Frau, die als Herzogin unerwünscht war und zur Unperson bei den Mächtigen wurde.

Die schöne Literatur – wie Lied, Ballade, Lyrik, Drama, Roman –, auch Oper und Film verklärten Agnes Bernauer entweder zur Herzogin der Herzen, gar zur Heiligen, sahen in ihr ein schuldloses Opfer oder hielten sie für eine Hure, für eine Hexe, für ein böses Weib. „Mit einem duftigen Kranze seltenster Vorzüge des Körpers und Gemütes hat sie die stets schaffende Phantasie des Volkes geschmückt, zu dessen Liebling sie schnell geworden war", schrieb Gottfried Horchler in seiner „Agnes Bernauer" 1883.

Im Leben und Sterben der Agnes Bernauer begegnet uns ein annähernd sechshundert Jahre alter Kriminalfall, ein Rätsel der Geschichte. Folgen wir also den ausgelegten Spuren, sammeln Fakten und Indizien, fügen zusammen, wägen ab und ziehen letztendlich unsere Schlussfolgerungen. Zweckdienliche Aufzeichnungen der Augenzeugen, das heißt der zeitgenössischen Chronisten, sind selten. Genannt sei vor allem Andreas von Regensburg, damals Chorherr bei St. Mang zu Stadtamhof, sowie einige Augsburger und bayerische Chronisten aus der zweiten Hälfte des 15. Jahrhunderts und der von Gerüchten des Basler Konzils unterrichtete Enea Silvio Piccolomini, der spätere Papst Pius II. Alle nachfolgenden Geschichtsschreiber nehmen auf diese Werke Bezug, berichten neu und schmücken ungeniert aus.

Von den ernstzunehmenden Historikern hat als erster Lipowsky 1801 eine fundierte Biografie vorlegen wollen; herausgekommen ist aber in weiten Passagen eher ein Liebesroman. Dennoch gründete er viele seiner Aussagen auf Quellenmaterial, andere blieben leider unbelegt und veranlassten neuerlich zu Spekulationen und Legenden. Riezler sah diesen Mangel und legte knapp hundert Jahre später seinerseits eine historisch gesicherte und noch in weiten Teilen gültige Abhandlung über die Bernauerin vor. Bis heute flossen zudem zahlreiche Beiträge aus Federn in fast ausschließlich männlicher Hand, denn die Liebe zwischen Agnes Bernauer und dem Herzogsohn Albrecht von Bayern-München übte eine eigentümliche Anziehung auf Historiker und Literaten aus.

Die meisten archivalischen Recherchen ergaben nichts Neues. Dokumente und Akten wurden offenbar fast gänzlich vernichtet. Trotzdem bedarf es von Zeit zu Zeit wiederum der Quellenbefragung, der kritischen Sichtung der Forschung, des Zusammenführens der Mosaiksteinchen des kurzen Lebens einer erstaunlichen jungen Frau aus dem sich neigenden Mittelalter.

Jede Zeit hat ihre eigene Sichtweise auf die Vergangenheit und die darin handelnden Personen. So wurde das Bild, welches die Chronisten im Verlauf der Jahrhunderte von Agnes Bernauer weitergaben, immer ungünstiger, je mehr sie Herzog Ernst und seine drastische Vorgehensweise rechtfertigten. Man sang seit dem 16. Jahrhundert ein Loblied auf die Staatsklugheit, die Staatsvernunft, die den grausamen Tod der Agnes Bernauer motivieren und entschuldigen sollte. Erst die aufklärerischen Ideen und die das Mittelalter verklärende Romantik rückte wieder das Leiden des unschuldigen Staatsopfers in den Mittelpunkt, sah Agnes Bernauer als „Opfer treuer Liebe“. So wurden

Aufstieg und Fall der Agnes Bernauer in der allgemeinen Erinnerung zum „Bernauer-Mythos". John L. Flood nennt sie sogar „eine bayerische ‚Queen of Hearts'" und zieht eine Parallele von ihr zu Diana, der ebenfalls tragisch ums Leben gekommenen Prinzessin von Wales.

In der Geschichte gibt es einige Beispiele von Mesalliancen, von Verbindungen hoher Herren mit Frauen aus einem niedrigeren Stand. So empörte sich die englische Aristokratie, als König Eduard IV. (1442–1483) mit der schönen Elisabeth Woodville eine unebenbürtige Ehe einging und noch 1936 musste König Eduard (Edward) VIII. abdanken, weil er die zweimal geschiedene Amerikanerin Wallis Simpson ehelichte. Auch der Ehebund zwischen dem österreichischen Erzherzog Ferdinand von Tirol (1529–1595) und der Augsburger Patriziertochter Philippine Welser musste auf Druck des kaiserlichen Vaters vor der Öffentlichkeit geheim gehalten und es musste auf alle Erbfolgerechte für etwaige Kinder aus dieser Verbindung verzichtet werden. Aber nicht nur eine ungleiche Ehe war gefährlich, sondern sogar eine in aller Öffentlichkeit demonstrierte Liebesbeziehung zwischen einem Herrscher und einer skandalumwitterten Frau, wie das Beispiel König Ludwigs I. von Bayern und seiner Mätresse Lola Montez zeigt. Ludwig verlor letztendlich den Thron, und Lola musste, vor den empörten Münchnern fliehend, Bayern verlassen.

Das Schicksal der Agnes Bernauer ist schon kurz nach ihrem Tode mit vielerlei Sagen und Mythen umsponnen worden. Die zeitgenössischen Beweise sind verschollen oder vernichtet, nur vereinzelt noch ragen gleich Leuchttürmen aus dem Sturm der Zeiten die Orte hervor, in denen die historische Agnes Bernauer wandelte.

Folgen wir daher ihren Spuren im Alten Hof zu München, im Schloss Blutenburg zu Menzing, in der Grafschaft Vohburg, streifen wir kurz die Reichsstadt Regensburg und verweilen dann in der herzoglichen Residenzstadt Straubing, wo Agnes Bernauer schließlich den Tod fand. Beginnen wollen wir aber am ersten Schauplatz der Tragödie – in der mächtigen Reichsstadt Augsburg.

Kapitel 1

Agnes Pernawer – „Engel von Augsburg“

Die Legende erzählt …

Agnes wurde in Augsburg geboren. Sie war die Tochter des Baders Kaspar Bernauer. Wegen ihrer überirdischen Schönheit und ihres guten Herzens nannte man sie den „Engel von Augsburg“.

Die Historie überliefert …

Unklare Herkunft

Aus Augsburg wird nur Dürftiges überliefert. Bereits das Datum ihrer Geburt ist uns nicht bekannt. Allgemein nimmt man an, dass Agnes Bernauer um 1410 geboren wurde. Ein Historiker behauptet, sie sei am 19. Januar 1411 zur Welt gekommen. Woher er aber das genaue Geburtsdatum weiß, wird nicht angegeben.[1]

Sogar ihr Name blieb zeitweilig umstritten. Manchmal wurde sie Anna genannt, die meisten Überlieferungen geben ihr aber den Vornamen Agnes. So heißt es bei Lipowsky in seiner 1801 veröffentlichten Biografie: „Einige Chronisten nennen sie Anna, und selbst in der (…) Urkunde des Herzog Ernst's wird sie so genannt; allein die meisten Geschichtsschreiber und Chronisten heissen sie Agnes, und unter eben diesen Namen kömmt sie auch in den beiden Stiftungs-Urkunden des Herzogs Albrecht III., der ihren Taufnamen gewiß wusste, so wie auch selbst auf dem Grabsteine vor.“[2] Der Augsburger Chronist Gasser teilt uns dazu 1572 mit: „Das Volk nannte sie Angela."[3] Franks Augsburger Annalen überliefern ihren Namen mit „Engel Bernauerin"[4] und der Chronist Rem nennt sie „Engel Pernerin"[5]. Aus diesem vermeintlichen Engel wurde dann nicht nur im Roman „Der Engel von Augsburg",[6] wie beispielsweise in der „Volkserzählung" von Joseph Traunstein 1887[7] oder in einem Fortsetzungsroman von Felix Nabor, der im „Schwäbischen Postboten" 1915 veröffentlicht wurde.[8] Wir müssen aber wissen, dass Angel, Angele, Engel schwäbische Koseformen für Agnes waren und nicht (wie oftmals vermutet) das engelsgleiche Aussehen oder gar den karitativen Charakter der Agnes Bernauer bezeichneten.

Als Familienname wird fast durchwegs Bernauer – auch Pernauer, Pernawer, Perner u. ä. Schreibweisen – überliefert. Auf ihrem Grabstein steht „Agnes Bernauerin". Einige wenige Chronisten berichten, dass sie „Leichtlin" (bzw. Lauchlin, Läuchlin, Leichtle, Leuchtle) mit Nachnamen geheißen habe. So spricht eine alte Augsburger Chronik, entstanden etwa Mitte des 15. Jahrhunderts, von Agnes als „unser burgers tochter, hieß Leichtlin".[9] Später, als Agnes bereits mit dem bayerischen Herzogssohn Albrecht liiert war, wurde sie kurz „die Bernauerin" genannt. Diesen Namen bezweifelt heutzutage niemand mehr.

Angezweifelt wird jedoch weiterhin, dass Agnes eine Augsburgerin sei und ihr Vater, Kaspar Bernauer, das Badergewerbe in der Reichsstadt betrieben habe. Denn ein Bader namens Kaspar Bernauer[10] lässt sich im Bürgerverzeichnis der Reichsstadt Augsburg und in den Steuerlisten des 15. Jahrhunderts nicht direkt nachweisen. „Im schon genannten Bürgerbuch stoßen wir (aber) in den achtziger Jahren des 14. Jahrhunderts auf drei Berner (Perner), von denen einer am Weinmarkt wohnte. Im Achtbuch ist im Jahre 1376 ein Hans Berner erwähnt und im Missivbuch für das Jahr 1431 ein Peter Bernauer."[11]

Die Steuerlisten des 15. Jahrhunderts führen durchaus Variationen des Namens Bernauer sowie diverse männliche und weibliche Bader auf. So werden in den Steuerregistern von 1408 der „Agneser supra porta", der „Bader an der Wertachbrücke", die „Badhauserin", der „Burgerbader" und von 1409 wiederum

Die Reichsstadt Augsburg gilt den meisten als Heimat der Agnes Bernauer. (Kolorierter Holzschnitt aus der Weltchronik des Hartmann Schedel von 1493)

„Agneser supra porta", die „Badhauserin", „Frau Peternau" und ein „Bibrach(?)" genannt; die Liste von 1413 verzeichnet die „Badhauserin", „Frau Peternau", die „Blindenbaderin" und die von 1418 wiederum die „Badhauserin", den „Bäckenbader", den „C. Barbierer (Barlierer)", „Frau Peternau", die „Blindenbaderin" und den „Luitpoldsbader"; 1422 taucht ein „Hans Bernauer" auf, dazu eine „Bernerin", „Peterin" und „Frau Peternau"; 1427 finden sich „Gastel Berner", „Peternau" und der „Luitpoldsbader" sowie 1434 ein Bader namens „Peter", die „Blindenbaderin", der „Luitpoldsbader" und erstmals der Name „Leuchlin".[12]

Von großem Interesse ist auch der Eintrag im Jahre 1419, da zahlte eine Anna Pernerin und Tochter 2 Pfund als Steuer. Sie wohnte in der heutigen Sterngasse, damals „under dem Tollenstain". Zudem findet sich eine „Pernawerin" 1421, wohnhaft in der Sachsengasse, die übrigens öfter in den Steuerlisten erscheint.[13]

Viele Namen und Hinweise! Nur ein Bader namens Kaspar Bernauer ist nicht nachzuweisen. Daher vermuten manche Historiker, dass der Vater der Agnes Bernauer als Badeknecht in unselbstständigen Diensten gestanden habe. Anzumerken ist aber noch, dass die meisten Badbesitzer nicht unter ihrem Familiennamen, sondern unter der Bezeichnung des jeweiligen Bades in die Steuerlisten aufgenommen wurden.

Wegen dieser vielen offenen Fragen meinte der Augsburger Archivar Christian Meyer bereits an der Wende zum 20. Jahrhundert, dass es „noch nicht gelungen ist, ihre (= Agnes') eigentliche Heimat mit Sicherheit nachzuweisen".[14] Er machte auch sogleich nicht Augsburg sondern Biberach an der Riß als Herkunftsort der Bernauers aus. Dabei bezog sich der Archivar auf den bayerischen Chronisten Suntheimer (Sunthemius), welcher um 1510 schrieb, dass der Vater von Agnes aus dem württembergischen Biberach käme.[15] Meyer glaubte deshalb, dort den wahren Geburtsort der Agnes gefunden zu haben,[16] zumal der Familienname Leichtlin in Biberach öfters vorkomme. Feststellbar sind allerdings erst für das Jahr 1506 ein Ulrich Leichtlin und für 1508 ein Klaus Leichtlin, die damals als Neubürger aufgenommen wurden, aber durchaus schon länger in Biberach ansässig gewesen sein könnten. Bedauerlicherweise sind für die erste Hälfte des 15. Jahrhunderts in Biberach gar keine einschlägigen Aufzeichnungen vorhanden,[17] womit für das Gros der Forscher Biberach als Herkunftsort der Agnes Bernauer bzw. ihrer Eltern ausfällt.

Ein Gutteil der alten Chronisten teilt über Agnes' Heimat nichts mit. So gehen die gleichzeitigen Augsburger Geschichtsschreiber „mit vollständigem Stillschweigen über sie hinweg; die ersten Nachrichten über sie datieren aus der zweiten Hälfte des fünfzehnten Jahrhunderts und rühren von bayerischen Chronisten her, deren Angaben wiederum die späteren Augsburger Quellen vorzugsweise gefolgt zu sein scheinen."[18]

Alle übrigen Chronisten lassen Agnes eine Augsburger Bürgerstochter sein. „Wir haben also Beweise genug dafür, dass sie in der großen Reichsstadt Augsburg gebürtig war", meinte somit Gottfried Horchler 1883 und fuhr fort: „Immerhin wäre es aber nicht unmöglich, dass sie zu den Leichtlin von Augsburg oder Biberach in näherem verwandtschaftlichen Verhältnisse stand."[19] Vermutet wird dabei, dass eventuell Agnes' Mutter eine geborene Leichtlin gewesen sei und womöglich aus Biberach (in Württemberg) nach Augsburg übersiedelte.

Eine jüngere, in der Forschung nicht weiter verfolgte Variante zur Herkunft der Agnes Bernauer besagt, dass Vater Bernauer aus der Peißenberger Gegend nach Augsburg gekommen sei. Danach lebte er mit seiner Familie im Weiler Bernau (Bärnau, Pernaw), der nur aus zwei Anwesen bestand und sich damals im Besitz des Klosters Polling befand. Nun wurde in der Nähe des Weilers durch die Herren von Peißenberg, die den Weiler gerne innegehabt hätten, ein Schindanger eingerichtet, gegen welchen der Klosterbauer vergebens vor Gericht klagte. „Der Vorgang liegt in den zwei Jahrzehnten nach 1390", berichtet Schrötter 1939, „und hatte anscheinend den Zweck, den Klosterbauern auf dem Bernauer Hofe zu schädigen, ihm den Besitz bei der Abdeckergrube zu verleiden und vielleicht das entwertete Anwesen um geringes Entgelt zurückzugewinnen. Der Versuch ist gelungen, der Inhaber des Bernauers Hofes hat den durch die Errichtung der Schindergrube geschändeten Hof dem Kloster zurückgegeben und hat mit seiner Familie die ungastlich gewordene Stätte verlassen. Das mag um 1410 oder kurz vorher geschehen sein."[20] Der Verfasser dieses Forschungsbeitrags vermutet nun, dass der „in seiner gesellschaftlichen Ehre aufs tiefste gekränkte Bauer von Bernau" Kaspar Bernauer war, der um 1410 mit seiner Familie nach Augsburg ging, um dort in der wohlhabenden Reichsstadt sein Auskommen zu suchen. Damit könnte Agnes noch auf dem Klosterhof im herzoglich-bayerischen Territorium, in der Nähe von Peißenberg, oder kurz nach der Auswanderung der Eltern in Augsburg geboren worden sein. Dies alles aber bleibt reine Spekulation, da bis auf den Namen des Weilers ‚Pernaw' nichts auf Agnes Bernauer hinweist.

Trotz aller Mutmaßungen deuten die bisherigen glaubhaften Aussagen doch mehr auf die Augsburger Herkunft der Agnes Bernauer hin. Auch Riezler, der sich erstmals wissenschaftlich mit den Fragen um ihre Person beschäftigte und dessen Ergebnisse bis heute noch größtenteils Gültigkeit haben, meint, dass Name, Heimat und Abstammung der Agnes Bernauer vollständig gesichert und Zweifel unbegründet sind.

Wo lebte nun Agnes Bernauer mit ihrem Vater (und den übrigen Familienmitgliedern) in Augsburg? Nach einer alten, aber nicht verbürgten Überlieferung stand das Wohnhaus der Bernauers „zwischen den Schlachten"[21] am Roten Tor.[22] Hier soll Agnes zur Welt gekommen sein, wobei diese Ortsangabe nicht genau zu lokalisieren ist. Auch eine Verbindung zum „Schlechtenbad" in der Weißen Gasse kann nicht eindeutig hergestellt werden.

Ein Berner/Perner wohnte gegen Ende des 14. Jahrhunderts am Weinmarkt in Augsburg. Auch der Name Peternau/Peternaw wurde für richtig erklärt und daher als Wohnhaus des Vaters „das am Ende des Vorderen Lechs gelegene Haus C 164" (bzw. C 165, das dazugehörte) angegeben.[23] Da stand ein Haus am Fuße des Schmiedberges, in dem sich zumindest noch in den 1930er-Jahren das Lokal „Agnes-Bernauer-Weinstube" befand. Als Geburtshaus wurde aber auch das Gebäude „hinterm Weberhaus", am früheren Rinder- oder Alten Heumarkt, der heutigen Philippine-Welser-Straße (D 32), ausgemacht, das vielen Augsburgern noch heute als das Haus der Konditorei Zeiler bekannt ist. Als drittes mögliches Geburts- bzw. Wohnhaus der Bernauers benannte man aber auch das Anwesen H 335, in dem im 20. Jahrhundert die Gaststätte „Bei den sieben Kindeln" untergebracht war.[24] Hier bestand vormals das Neid- bzw. das Rösslesbad.

Da man annimmt, dass Vater Bernauer das Badergewerbe ausübte, muss seine Badstube und damit auch das Wohnhaus an einem der Lecharme gelegen haben. Denn zum Betreiben eines Bades war fließendes Wasser nötig.[25]

Von Bädern, Badern und Barbieren

War aber Vater Bernauer nun wirklich ein Bader bzw. Badbesitzer?

In der zweiten Hälfte des 15. Jahrhunderts teilt der Chronist Rem unmissverständlich über Agnes Bernauers Abstammung mit: „sy waß einß barbierß tochter von Augsburg".[26] Und eine anonyme Augsburger Chronik von 1469 nennt sie die Tochter eines Augsburger Bürgers, der war „ain barbierer".[27] Nach den meisten Überlieferungen wird Vater Bernauer als Badbesitzer, Bader oder Barbier, als „balbier, palpirer, balneator, barbitonsor, tonsor" und auch als „chirurgus" bezeichnet.[28] Jetzt ist es aber durchaus möglich, dass Kaspar Bernauer kein Barbier- bzw. Badermeister und damit Badbesitzer war. Denn auch die Augsburger „Handwerkerakten der Bader und Barbiere", die allerdings später angelegt wurden, kennen keinen Bader Kaspar Bernauer.[29] Der Historiker Riezler lässt dennoch keinen Zweifel aufkommen, wenn er schreibt: Agnes Bernauer „war die Tochter eines Barbiers und Baders, was nach damaligen Begriffen den Badbesitzer in sich schließt."[30]

Aber welchen von den Berufen – Bader, Barbier, Chirurg, Wundarzt – übte nun Kaspar Bernauer wirklich aus, und welche gesellschaftliche Stellung hatte er und damit auch Agnes inne? Dazu müssen wir das damalige Badewesen näher betrachten.

Die mittelalterlichen Menschen badeten sehr gerne und ausgiebig. Bekannt war schon damals die wohltuende und gesundheitsfördernde Wirkung des Badens. Aber nur wenige konnten sich eine eigene Badestube zu Hause leisten. Das Gros der Menschen ging in ein öffentliches Bad. Auch Augsburg besaß, wie viele Städte im Mittelalter, zahlreiche Bäder.[31] Im 14. Jahrhundert gab es dort elf und ein Jahrhundert später bereits 19 Bäder, wie das „Gablingerbad" am Vorderen Lech/Ecke oberer Hunoldsgraben (A 506); das „Stierbad" zwischen der Bäckergasse und dem Brunnenlech; das „Judenbad", seit 1346 „Rappenbad" genannt, am oberen Brunnenlech (A 310); das „Beckenbad" an der Waisengasse (A 143); das „Blindenbad" am Vorderen Lech hinter der Metzg; das „Luitpoldsbad" am Vorderen Lech in der Sterngasse (C 273); das „Oerlins- bzw. Schlechtenbad" in der Weißen Gasse/Ecke Pfladergasse (C 333); das „Kellerbad" am Schmiedlech (C 165); das „Merzenbad" beim Märzenbach zwischen Bauerntanzgasse und Sternkloster (C 338); das „Peutingerbad" gegenüber der Jakobskirche; das „Mangbad" zwischen dem Brunnenlech und dem Schwallech (A 360/61); das „Oberbad" bzw. „Bad zur Wertachpruck"; das „Schwarzenbad" und das „Mittelbad" bei der Rottmühle an der Senkel (Singold); das „Burgerbad", „Hinter der Metzg" (C 184) und rückwärts am Lech gelegen sowie ganz in seiner Nähe oder mit ihm vereint das „Forster- oder Roggenburgerbad" und letztendlich das „Brücklinbad" bzw. „Neubad" an der Brücke über den Sparrenlech in der Jakobergasse (G 7).[32]

Das alte „Mauerbad" besaß „eine eingefasste Mineralquelle"[33] und lag am Mauerberg/Ecke Hühnertreppe (C 138), wo der Stadtbach Augsburg verlässt. Das „Neidbad oder Rösslesbad" war ein Schwitzbad, modern ausgedrückt also ein Dampfbad bzw. eine Sauna. Dieses bestand bis ins 19. Jahrhundert und wurde in einer behördlichen Überprüfung 1806 folgendermaßen beschrieben: „Das Rösslesbad (...) ist verhältnismäßig das geräumigste, und am wenigsten dunkel. Es können 70 bis 80 Personen darinnen sich aufhalten. Die Geschlechter sind durch keine Absonderung getrennt; es sitzt alles vermischt untereinander. So auch im gewöhnlichen Anziehzimmer. Dieses wird ebenfalls im Sommer geheizt, und wird nur durch eine Wand vom Bad geschieden. Es sind in selbigen Arten von Britschen, wie auf den Wachstuben, in der Runde herum angebracht, auf welchen Strohsäcke mit weißen Leintüchern sind. Eine Treppe höher sind noch drei Ruhezimmerchen mit reinlichen Betten, für Honorationen, die besonders bezahlt werden. Das Bad wird gewöhnlich zweimal, Mittwoch und Samstag gefeuert. Der Thermometer stand bey der ersten Untersuchung (auf) 34,5 Grad, bey der zweiten hatte der am Fenster 35 und der am Ofen 39,3/4 Grad."[34] In diesem Neid- bzw. Rösslesbad, der späteren Gastwirtschaft „Bei den sieben Kindeln" (Haus H 335) sieht Thaddäus Rueß das Bade- und Wohnhaus des Kaspar Bernauer und seiner Tochter Agnes.[35]

Die öffentlichen Badestuben gehörten entweder dem Landesherrn, der Stadt oder Gemeinde, Kirchen und Klöstern oder auch Patriziern und Handelsherren, die dann ihre Bäder an Bader oder manchmal auch an Baderinnen verpachteten. Die Berufsbezeichnungen „Bader" oder „Barbier", auch „Chirurg" und „Wundarzt" konnten damals in Augsburg noch für ein und dieselbe Tätigkeit verwendet werden. Das Bader- und Barbiergewerbe war regional unterschiedlich organisiert und beruflich differenziert.[36] Allerdings traten in Augsburg erst im 17. Jahrhundert Bader und Barbier als eigenständige Berufe auseinander. Wegen der ständigen Streitigkeiten wurden sie in zwei Handwerke getrennt, wie die Handwerksordnungen von 1638 zeigen.[37] Im 15. Jahrhundert aber durften noch beide ein Bad betreiben, dort neben der Körperreinigung auch Köpfe waschen, Rasieren, Massieren, Zähne ziehen, Wunden versorgen, chirurgische Eingriffe vornehmen, Schröpfen und zur Ader lassen, zudem Kräuter- und Heilbäder verabreichen, Salben und Mittel zum Einreiben herstellen sowie Schönheitspflege für die Frauen anbieten, beispielsweise Körperpartien enthaaren, Haare färben, Haut bleichen – ganz ähnlich dem Angebot der heutigen Beautysalons. Neben diesen Tätigkeiten mussten die Bader mancherorts auch beim Löschen von Bränden mit ihren Wassereimern behilflich sein, wie in Regensburg, Nürnberg und München.[38] „In Augsburg waren Bader, Bartscherer und Chirurgen schon 1347 von allen öffentlichen Leistungen befreit, damit sie Tag und Nacht ihrer Kunst unverdrossen obliegen konnten, wie die Begründung des Magistratsbeschlusses lautete."[39]

Wichtig für die Stadt und ihre Einwohnerschaft war vor allem die medizinische Versorgung durch die Bader bzw. Barbiere. Denn nicht überall gab es bereits genügend studierte Ärzte. So heißt es bei Hans Sachs in der „Beschreibung aller Stände" über den „Balbierer" 1568: „Ich bin beruffen allenthalbn / Kann machen viel heilsamer Salbn / Frisch wunden zu heiln mit Gnaden / Dergleich Beinbrüch und alte Schaden. / Frantzosen heyln / den Staren stechn / Den Brandt leschen und Zeen außbrechen. / Dergleich Balbiern / Zwagen und Schern / Auch Aderlassen thu ich gern."[40] Um diese umfangreichen Tätigkeiten sachkundig ausüben zu können, mussten Lehrlinge drei Jahre lang lernen, danach folgte eine Gesellenzeit von mindestens vier Jahren, bis man sich schließlich die „Handwerksgerechtigkeit" und das Meisterrecht erkaufen durfte.[41]

Konnte man das Geld nicht aufbringen oder nicht in das Gewerbe einheiraten, so blieb man Badergeselle und bot seine Dienste in den Bädern der Meister selbstständig an oder wurde von diesen angestellt und entlohnt. „Als Ausnahmefall muss die Verleihung der Badstube zu Germersheim (1427) als Erblehen ohne jeden Zins an den Barbier Ehrhard durch den Pfalzgrafen Ludwig III. betrachtet werden. Ehrhard hatte aber die Magd der Pfalzgräfin zur Frau genommen."[42]

Nun ist es durchaus möglich, dass Vater Bernauer das Geld und/oder die Ausbildung für das eigenständige Betreiben eines Augsburger Bades fehlte und er daher als Geselle oder Baderknecht arbeitete oder als Barbier, der das Scheren, Schröpfen, Aderlassen und die Wundbehandlung ohne die eigentliche Baderei ausübte.

Piccolomini (1405–1464), Diplomat, kaiserlicher Rat, Geschichtsschreiber und späterer Papst Pius II., spricht in seinen Werken von Agnes als dem „Mädchen eines Badewärters".[43] Spätere machten aus ihr dann „eine junge Badewärterin",[44] woraus schließlich in der Phantasie mancher Literaten eine „Badhur", eine „Reiberin", eine Dirne wurde.[45] Ein Spruch aus dem späten 15. Jahrhundert behauptet: „Der Bader und sin gesind / gern huoren und buben sind."[46]

Allerdings finden sich nur wenige Quellen, die über die Zustände in den Augsburger Badstuben berichten. Es kam wohl manchmal zu Diebstählen, aber Augsburg musste im Gegensatz zu anderen Städten kein einziges Verbot wegen Badeprostitution erlassen. Der örtliche Badebetrieb gab also wenig Anlass zur Sorge. Nicht einmal das gemeinsame Baden beider Geschlechter war in den Augsburger Bädern damals üblich.[47]

Trotz des mancherorts recht lustigen und offenherzigen Treibens in den Bädern, wäre es übertrieben, aus den Badestuben gleich Bordelle zu machen. Natürlich ist es nicht auszuschließen, dass sich der eine Bader den Kuppelpelz verdiente und die andere Bademagd nebenbei der Prostitution nachging. Aber die Vorstellung der Zügellosigkeit vermitteln uns hauptsächlich alte Holz- und Kupferstiche, die zumeist eher erotische Kunst waren, als eine realistische Darstellung des Badelebens beabsichtigten.[48] Von Sittenlosigkeit in den Bädern des Mittelalters kann daher verallgemeinernd keine Rede sein.

Natürlich waren die Bäder damals ein beliebter gesellschaftlicher Treffpunkt. Männer wie Frauen samt Kindern gingen gerne zumindest einmal wöchentlich ins Bad. Hier wurde sicher manches Fest „feuchtfröhlich" gefeiert, wie Hochzeiten und das Ende des Wochenbettes, die sogenannten „Kindbetthöfe"; man veranstaltete Preissingen und andere Darbietungen zur Unterhaltung der Badegäste.

Horchler geht in seiner Abhandlung über Agnes Bernauer 1883 noch vom Badbesitzer Bernauer aus, in dessen Geschäft seine Tochter mithalf, und meinte: „Die Badstuben vertraten im Mittelalter die Stelle unserer heutigen Kaffeehäuser und Restaurationen, und das weibliche Dienstpersonal daselbst stand im Allgemeinen in der öffentlichen Achtung nicht besonders hoch. Es wäre aber deshalb unrecht, Agnes als zweifelhafte Persönlichkeit anzusehen, weil sie im Hause ihres Vaters die Aufsicht über die Dienstboten führte und wohl selbst mit Hand bei der Arbeit anlegte."[49] Damals wurden Badestuben auch häufig von Frauen betrieben, die dann „Baderinnen" genannt wurden.[50] In Augsburg finden sich in den Steuerbüchern des 15. Jahrhunderts regelmäßig eine „Badhauserin" und die „Blindenbaderin".[51]

In vielen Bädern gab es neben dem Ausziehraum und dem eigentlichen Bad zudem Ruhekammern und einen Gastraum, in welchem nach dem Baden Erfrischungen gereicht wurden. Das gemeinsame Zechen von Männlein und Weiblein im Badezuber aber ist eher eine Seltenheit, denn auch die überlieferten Verordnungen anderer Städte legten Wert auf strikte Trennung der Geschlechter. So wurde 1431 in Basel das gemeinsame Bad endgültig verboten, in Hamburg durften seit 1375 die Frauen nur an Werktagvormittagen baden, danach die Männer, und in Frankfurt am Main bestanden getrennte Frauen- und Männerabteilungen. Nichteinhalten der Vorschriften wurde mit Geldbußen belegt, und in „Zürich trat im Jahre 1451 der Chorherr Felix

Hemmerlein sogar mit der Forderung auf, denjenigen Mann, der unerlaubt in ein Frauenbad eindringe, rigoros vom Leben zum Tode zu befördern."[52]

Blick in ein Frauenbad. Solche Darstellungen weiblicher Nacktheit waren meist erotisch motiviert und gaben weniger die Realität wieder. (Nach einer Zeichnung von Albrecht Dürer, 1580)

Im 15. Jahrhundert ging es eher züchtig in den Bädern zu. Nackt badeten meist nur die Kinder, die Frauen und Bademägde trugen lange Hemden bzw. dünne Trägerkleider, auch eine Art Schürze genannt die „Badehr", die Männer trugen entweder eine Badehose oder bedeckten ihr Geschlecht mit dem „Badequast", einem Büschel aus Birkenreisern. Badenetze, Turban oder Badehut verhüllten die Haare der Badegäste.

Das Badergewerbe gehörte nach Meinung der älteren Forschung noch im 15. Jahrhundert zu den sogenannten „unehrlichen" Berufen. Demnach wäre Kaspar Bernauer am unteren Rand der Augsburger Stadtgesellschaft anzusiedeln und seine Tochter Agnes gehörte damit zum niedrigsten sozialen Stand in Augsburg.[53]

Was bedeutet nun aber „Unehrlichkeit" bzw. ein „unehrliches Gewerbe" betreiben? Und sind die Augsburger Bader im 15. Jahrhundert, also im ausgehenden Mittelalter, wirklich als „unehrlich" zu bezeichnen? Der Begriff der „Unehrlichkeit" darf nicht im heutigen Sinn verstanden werden. Im Mittelalter marginalisierte man damit Außenseiter, Randgruppen und Minderheiten.[54] Zu den „Unehrlichen" gehörten damals der Henker bzw. Scharfrichter, der Schinder bzw. Abdecker, der Totengräber und Leichenwäscher, der Gefängniswärter und Amtsbüttel, aber auch Schäfer und Hirten, Müller, Leineweber, Töpfer, Ziegler, Türmer und Nachtwächter, Prostituierte, Spielleute sowie fahrendes Volk – und ebenfalls die Bader wie Barbiere.[55] Allerdings ist zu bedenken, dass nicht überall diese Arbeiten und ihre Ausführenden als unehrlich galten. So scheint sogar der Scharfrichter in Braunschweig als „ehrbarer Bürger" aufgetreten zu sein, in England war sogar „der Status der Unehrlichkeit des Henkers unbekannt."[56]

Wissenschaftliche Versuche, das Phänomen „Unehrlichkeit" zu erklären, sind Legion. Es geht hier ja nicht nur um eine moralische Kategorie, sondern – wie die anthropologische Interpretation zeigte – um ein „Tabu", um eine Eigenschaft, die auf „urtümliche Sakral- und Kultkomplexe" verweist.[57] So erscheint der Scharfrichter umgeben von der Aura des altehrwürdigen Priesters, welcher der beleidigten Gottheit ein blutiges Sühneopfer bringt. Deshalb wurden dem Henker oftmals magische Fähigkeiten zugeschrieben; er soll sich auf allerlei geheimnisvolle Künste verstanden haben, beispielsweise auf das Gießen von treffsicheren „Freikugeln" wie der Scharfrichter von Pilsen. Zudem verkaufte der Henker Amulette, die körperlichen Schaden abwenden sollten, hexte Krankheiten weg und braute „heilkräftige Essenzen aus den Haaren, Fingernägeln und anderen Überresten von Hingerichteten."[58] Die Fähigkeit des Heilens, die sich mit der Tätigkeit des Baders und Barbiers berührt, brachte offenbar im Mittelalter auch deren Handwerk in Verruf und in die Nähe der „Unehrlichkeit".

Da Personen, die in einen unehrlichen Stand hineingeboren wurden, kein ehrliches Handwerk erlernen und damit ehrbare Bürger werden konnten, sprach sich bereits Mitte des 16. Jahrhunderts der Augsburger Rat, bezugnehmend auf die Reichshandwerksordnung von 1548, gegen den Ausschluss von sogenannten Unehrlichen aus den Zünften aus.[59] „In der Reichsstadt Augsburg bezeichnen im 15. Jahrhundert die Quellen den Bader als Stadtbürger, stellen ihn ständisch auf die gleiche Stufe neben den Bäcker, Brauer und Ziegler (Maurer)."[60]

Zunächst organisierten sich die Augsburger Bader und Barbiere in einer Bruderschaft, dann in einer Zunft. Ab der Mitte des 16. Jahrhunderts saßen sie sogar im „Großen Rat" der Reichsstadt, ein knappes Jahrhundert später auch im „Kleinen

Rat".[61] Wir sehen also, die Bader und Barbiere nahmen in Augsburg einen gesellschaftlichen Aufstieg, der bereits im 15. Jahrhundert begann. Im 16./17. Jahrhundert gehörten sie gemäß den Steuerlisten überwiegend der städtischen Mittelschicht an.[62] Daher lässt Hermann E. Jahn in seinem Trauerspiel „Agnes Bernauer" von 1881 zwei Patriziertöchter, beleidigt wegen des sozialen Aufstiegs der schönen Baderstochter, miteinander klagen: „Bärbchen: Wie lang ist's her, da war der Bader noch / Des Schinders Bruder und jetzt – ? // Ännchen: Unser Bruder!"[63]

Bereits 1406 hatte Kaiser Wenzel, „der wegen seiner 1393 erfolgten Rettung aus der Gefangenschaft der böhmischen Stände zu Prag durch die Bademagd Susanne den Badern sehr geneigt war, diesen einen (…) ‚herrlichen und ehrlichen Brieff' gegeben; darinnen er das Bader-Handwerck allen anderen Handwercken gleich gemacht und ihr Handwerck und Dienste, so sie Königen, Fürsten, Herren, Rittern und aller Stände Personen zu leisten pflegen, vor ehrlich und rein gesprochen; daneben allen Jüden, heyden und anderen Unchristen oder berüchtigten Leuten verboten, dass sie nicht alleine die Badstuben sondern auch der Bader Wohnunge nicht besuchen und dieselbigen meiden sollten. Aber das sollte sich niemand vorsetzlich unterstehen, die Bader zu schmähen oder etwas wider ihre ehrlichen Dienste zu reden. (…) Deneben hat ihnen gemeldter König aus Gnaden verliehen, dass sie sich allesamt dieses Wapens gebrauchen sollten, als nemlich: In einem güldenen Schilde eine blaufarb knotenweise gebundenen Binden führen, darinnen in der mitten ein grüner Papagei stehen solle (…)."[64]

Neben dem Initial mit dem Bildnis König Wenzels IV. von Böhmen wird eine Bademagd mit ihrem Handwerkszeug dargestellt. (Aus der sog. Wenzelsbibel, 15. Jh.)

Wenn Agnes Bernauers Vater ein selbstständiger Bader, Barbier und Badbesitzer in Augsburg war, so ist seine Familie der durchaus ehrbaren mittleren Bürgerschicht der Reichsstadt zuzuordnen und nicht der „Unehrlichkeit" aus dem Bodensatz der Stadtgesellschaft, wie bisher von vielen angenommen. Desgleichen kommt Werner Dieminger in seiner medizinhistorischen Doktorarbeit zum Ergebnis, dass „die Augsburger Bader nicht als unehrlich anzusehen sind. Verfügten sie doch teilweise über bemerkenswerte soziale Beziehungen zu Angehörigen sehr angesehener Handwerksberufe."[65] So ehelichte 1525 in Augsburg Dr. Frost, vormals Prior der Karmeliter und nach der Reformation erster lutherischer Prediger, die Tochter eines armen Badereibers und dennoch sind „vil erbarer, reicher leut auff seiner hochzeit gewesen, frauen und mann."[66]

Eine alte Spruchweisheit vergleicht sogar die Welt und unser Leben mit einem Aufenthalt beim Bader in der Badstube:[67]

Was ist die Welt? Ein heißes Bad
in welches wir zum Schwitzen kommen.
Sie schrepfft und machet bang den Frommen
doch dieses nutzt und ist kein Schad,
indem mit Trost deß Höchsten Huld,
kühlt die geängstete Geduld.

1939 veranstaltete das Friseurhandwerk der Hansestadt Hamburg im Staatlichen Schauspielhaus eine Feier. Aus diesem Anlass wurde Friedrich Hebbels Drama „Agnes Bernauer" aufgeführt. Dazu verfasste Lysander Fischer einen Prolog mit dem Titel „Meister Bernauer, der Bader von Augsburg", welches den „Engel von Augsburg" sowie speziell das Bader- und Barbierhandwerk in Versen verherrlichte und Kaspar Bernauer zum Ahnherrn aller Frisöre erhob:

Hört – die Trompeten – von den alten Türmen!
Die Freie Reichsstadt Augsburg hält Turnier.
Hei, wie nun Roß und Reiter in die Schranken stürmen!
Da – den Gestürzten trägt man rasch schon zum Barbier,
und Agnes, seine Tochter, die sie ‚Augsburgs Engel' heißen,

weil sie der Schönheit und der Tugend Krone trägt,
will gleich den Weg zu Vaters Meisterwerkstatt weisen,
wo Kaspar Bernauer die Wunden heilt und pflegt.
Gar mancher Kämpfer dankt dem Meister Leib und Leben,
doch prahlt er gern im Helmbusch panzerschwer,
und hat statt Ehr' ihm Hohn und Spott gegeben;
dem Meister aber gilt im Leben Werk und Herz noch mehr
Er steht, wenn alle Welt, wenn arm und reich sich freuen,
oft in der Werkstatt noch in eig'ner Schicht,
ihm offenbart sich nur im werkgetreuen
Ganz-auf-sich-selber-stehen Recht und Pflicht.
Drum, Freunde, so ist's recht, dass alle heut' gekommen,
die seines alten Zeichens Ihr Gesell und Meister seid,
dass Ihr für diese Feierstunde Euer bestes Kleid genommen
und Euch des Sinnbilds Eures Handwerksstandes tief erfreut.
Tut Ihr wie er! Vor Menschen sich nicht beugen,
als Mann und Meister keine Drohung scheu'n,
im Werke Eurer Hand den Herrgott und sich selbst bezeugen,
wo Ihr beharrt, da mag's Euch nie gereu'n!
Ja, was in dieses Badersmeisters Werkstatt einst geschehen,
wie Liebeskraft Gesetz und Enge sprengt
und weltgewaltig jedes Herz durchdrängt,
soll nun in ew'gen Sinnes Schönheit vor Euch stehen.
Doch seht! – der Vorhang wallt. Da gilt es schweigen;
Denn Friedrich Hebbels Muse selbst will Euch das
Schauspiel zeigen:
Sie führt die Baderstochter bei der Hand,
erregt um ihre Anmut Stadt und Land,
ein edler Herzogssohn zu ihr in Lieb' entbrennt;
denn Hoheit ist und Schönheit nur verwandelt' Element.
Und wo der Gottheit gleich sich liebend Mann und Weib
erkennen,
kann keine Macht der Welt den Schicksalsknoten trennen.
Den Bund von Fürstensohn und Meisterstochter segnend,
ragt Kaspar Bernauer empor, der Vater, –
durch die Jahrhunderte uns meisterlich begegnend,
– in die Unsterblichkeit, – Augsburgs Barbier und Bader. [68]

Kapitel 2

„Frau Nessen“ – Geliebte und Gemahlin

Die Legende erzählt …

Von München her kam 1428 zur Faschingszeit der junge Herzog Albrecht geritten. Er nahm an einem Turnier in der Reichsstadt Augsburg teil, maß sich mit dem Adel des Landes und den Patriziersöhnen. Bei dieser Gelegenheit lernte Albrecht die schöne Agnes Bernauer kennen. Beide verliebten sich leidenschaftlich ineinander und gingen schließlich sogar über alle Standesschranken hinweg heimlich die Ehe ein.

Die Historie überliefert …

Vier bayerische Herzöge

Im Bayern des 15. Jahrhunderts bestanden vier Teilherzogtümer, die aus dem mehrfach durch Erbfälle aufgeteilten Hausmachtsbesitz des Wittelsbacher Kaisers Ludwig hervorgegangen waren. Zur Zeit Ludwigs des Bayern († 1347) hatte das Haus Wittelsbach seinen Zenit als stärkste Territorialmacht in Mitteleuropa erreicht. Allerdings spalteten sich bald die Wittelsbacher in zwei Linien, die Rheinpfalz und die Oberpfalz wurden dabei abgetrennt, auch Tirol und Brandenburg konnten nicht behalten werden und schließlich ging zudem 1425 der niederländische Teil des Herzogtums Straubing-Holland verloren.

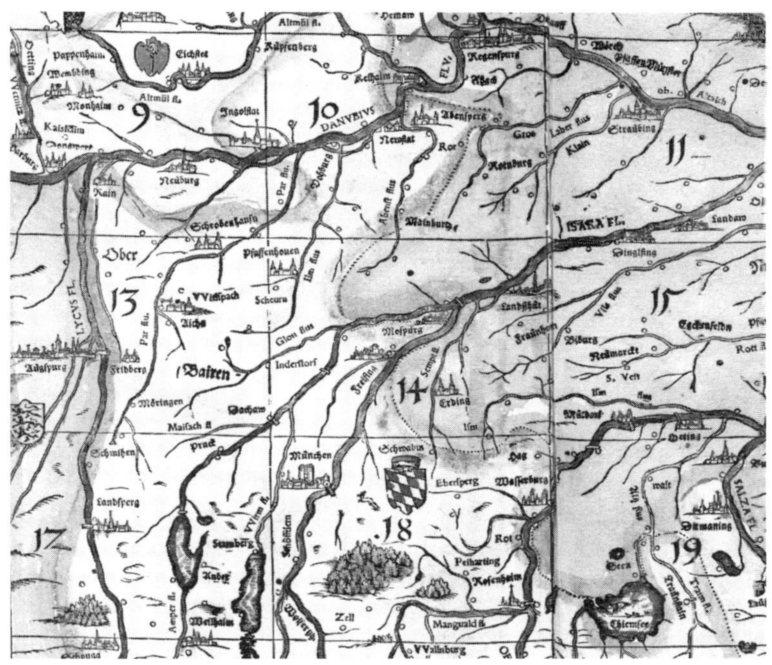

Die Karte zeigt die bayerischen Residenzstädte München, Landshut, Ingolstadt und Straubing sowie die wichtigsten Orte auf dem Lebensweg Albrechts III. und der Bernauerin. (Ausschnitt aus den „Landtafeln“ von Philipp Apian, 1568)

Dennoch bewahrte sich die Dynastie ihr europäisches Ansehen, wie es eine Reihe von Eheschließungen mit dem Königshaus von Frankreich und den Mailänder Stadtherren zeigt.[1]

Damals regierten im Herzogtum Bayern-München gleichberechtigt die Brüder Ernst I., Albrechts Vater, und Wilhelm III., Albrechts Onkel. Herzog Ernst trat entschlossen und mit großer Härte auf; „er widmete sich in erster Linie den inneren Angelegenheiten seines Landes, während Wilhelm außenpolitisches Geschick entfaltete und sein Herzogtum mit großer Diplomatie gegenüber Kaiser und Reich vertrat.“[2] Ernst war „gar ein starcker Herr“, ritterlich im Auftreten und leutselig im Umgang mit den Untertanen.[3] Sein Bruder Wilhelm war nach Meinung des Chronisten Ulrich Füetrer „gar ain weyser wol geordneter fürst".[4] Er wurde 1432 von Kaiser Sigismund zum Protektor des Basler Konzils ernannt und hielt sich die folgenden zwei Jahre auch dort auf. Die Zeitgenossen lobten Wilhelm als Muster eines christlichen Fürsten, redlich, mildtätig, fest, friedfertig, gewandt, vornehm und weise. Wilhelm, dem Diplomaten, sagte man gute Aussichten auf die Königswürde im Reich nach.[5] Beide Brüder, Ernst und Wilhelm, regierten ihr Herzogtum Bayern-München einträchtig, ein jeder kundig in seinem zugewiesenen Bereich.

Im Herzogtum Bayern-Ingolstadt herrschte Ludwig VII., der Gebartete oder der Bärtige genannt (geb. 1368), Graf von Mortain, der Bruder und Berater der französischen Königin Isabeau (Elisabeth). Nacheinander mit zwei französischen Prinzessinnen vermählt, erwarb er umfangreichen Besitz in Frankreich, war der französischen Sitte und Kultur eng verbunden. Auch in Bayern bemühte er sich um weiteren Landerwerb, was zu zahlreichen, oftmals kriegerischen Händeln mit seinen benachbarten Vettern führte. Der Chronist Burkhard Zink urteilt über ihn widerstrebend anerkennend: „In rechter Wahrheit zu reden, so ist er ein herrlicher, gefürchteter Fürst und ein so männlicher Herr gewesen, wie ich keinen je sah; dazu war er gewaltig, reich und mächtig wie kein Herr in diesen Landen."[6] Ludwig selbst verstand sich als „der eltist und wirdigst fürst von Bayrn".[7]

Im Herzogtum Bayern-Landshut saß Heinrich der Reiche (geb. 1386). „Ihn beherrschte leidenschaftliche Energie, die sich bis zur Gewalttätigkeit steigerte"[8]; sparsam bis zum Geiz hinterließ er bei seinem Tode 1450 eine gut gefüllte Staatskasse. Seine konsequente Landfriedenspolitik machte das Herzogtum Landshut-Bayern zu des „Reiches Rosengarten", wie es die durchreisenden Kaufleute lobend benannten.

Alle regierenden Herzöge konnten sich nicht recht leiden und wachten eifersüchtig darüber, wie nun das verwaiste Straubinger Land aufgeteilt werden würde. Nach längeren Streitigkeiten erhielt 1429 jeder seinen Anteil, wobei die ehemalige Residenzstadt Straubing an Bayern-München fiel.

Immer wieder gerieten sich die Herzöge in die Haare, vor allem der Ingolstädter zeigte sich recht kampflustig. München und Landshut schmiedeten schließlich gegen ihn und andere Unbill 1435 ein Bündnis, aber Ruhe kehrte erst mit Albrecht IV. und dem Primogeniturgesetz (Erbrecht für den Erstgeborenen) von 1506 ein. Aufgrund dessen und einiger glücklicher Erbfälle gelangte Altbayern in die Hände der Münchner Linie, verblieb dort und machte den Weg frei zu einer modernen Staatlichkeit.

Jedoch in der ersten Hälfte des 15. Jahrhunderts kündigte sich bereits der ‚Herbst des Mittelalters' mit dem Aufbrechen von unverrückbar geglaubten Grundfesten an. Neue ‚ketzerische' Gedanken und religiös-revolutionäre Bewegungen – wie die Hussiten – kamen auf, welche schon die nachfolgenden Epochen der Reformation, des Frühabsolutismus und der Renaissance ankündigten. Die hussitischen Kriege griffen von Böhmen aus auch nach Bayern über und versetzten dort die Bewohner in Angst und Schrecken. Die aufgebotenen kaiserlichen Heere, an denen auch Bayern-München seinen bescheidenen Anteil stellte, zeitigten keine andauernden Erfolge. Nach dem Reichstag zu Nürnberg im Februar 1431 zog Albrecht im Gefolge des päpstlichen Legaten im Juli mit einem gewaltigen Heer (man sprach von 100 000 Mann) gegen die Hussiten. Aber bei Taus desertierten die bayerischen und anderen Soldaten in Panik vor dem anrückenden Feind.[9] Die zermürbenden Kriege endeten erst mit den Friedensschlüssen von Prag 1433 und Iglau 1436.

Doch auch innerhalb der Stadtgemeinden brodelte es kräftig. Nicht nur in München kam es zu einem gewaltsamen Ringen zwischen dem Patriziat und den erstarkten Zünften um die Teilhabe an der Macht im Stadtrat. In diese Kämpfe eingebunden waren auch die Herzöge. Herzog Ernst unterstützte die mächtigen Patrizier, und der Ingolstädter half den aufstrebenden Handwerkern in der Hoffnung, doch noch in München Fuß fassen zu können. Denn München galt im Urteil der weitgereisten Zeitgenossen als „schöne Stadt". So beschrieb 1433 ein burgundischer Edelmann, der sich auf der Heimreise von seiner Pilgerfahrt ins gelobte Land befand, München als „die hübscheste kleine Stadt, die (er) jemals sah."[10]

Vertrieben von den Aufständischen brachte Herzogin Elisabeth ihren Sohn nicht in der herzoglichen Residenzstadt München zur Welt. Vielmehr wurde Albrecht am 27. März 1401 im Schloss zu Wolfratshausen geboren. Der Münchner Stadtkämmerer hielt dazu fest: „Item 4 Gulden rheinisch gaben wir der Herzoginn kaplan zu potsprot von irer gepurd, da sy herzog Albrechts genaß."[11] Stahleders Münchner Chronik erläutert dazu: „Dem Herzog Ernst wird ein Sohn, der spätere Herzog Albrecht III., geboren, aber sicher nicht – wie überall in der Literatur zu lesen – in München. Dafür war für Ernst die politische Situation in der Stadt zu dieser Zeit zu ungünstig, ein Aufenthalt ist auch sonst für diese Zeit nicht belegt. Außerdem widerspricht dem die Bezahlung eines Botengeldes in beträchtlicher Höhe an den Kaplan der Herzogin für das Überbringen der Nachricht von der Geburt, und dies erst Ende Mai."[12]

Albrechts Mutter war eine Visconti von Mailand. Dynastische Beziehungen bestanden zwischen den Wittelsbachern und den Visconti bereits durch mehrere eheliche Verbindungen, und so war diese Vermählung 1395 zwischen dem Münchner und der Mailänderin[13] durchaus nicht verwunderlich. Aus dieser Ehe gingen neben Albrecht noch drei Töchter hervor: Beatrix (1403–1447), Elisabeth (1406–1468) und Amalie (1408–1432).

Herzog Albrecht III. von Bayern-München als jugendlicher Held. (Kupferstich von J. A. Zimmermann, 1773)

Erbprinz Albrecht kam kaum dem Kindesalter entwachsen wie üblich mit etwa sechs oder sieben Jahren zur standesgemäßen Erziehung an einen fremden Hof – nach Prag zu seiner Tante Sophie, der Königin von Böhmen. Die Schwester Herzog Ernsts hatte 1389 König Wenzel geheiratet, nachdem dessen erste Ehe mit Johanna von Bayern-Straubing kinderlos endete. König Wenzel, auch „der Faule" genannt, war hübsch und gebildet, galt aber den Zeitgenossen als wankelmütig, labil, wenig tatkräftig. Ohne Ehrgeiz bevorzugte er die schönen Seiten des Lebens wie Musik, Kunst und Frauen.

Desgleichen liebte der junge Herzog Albrecht, der später den Beinamen „der Fromme" erhielt, die Musik, Literatur und die Jagd, turnierte gerne, war ein „gar frölicher herr" und „ain liebhaber der zarten frawen und ains mandlichen hertzens",[14] d. h. er verehrte das schöne Geschlecht und tapfere Männer. Er selbst erwies sich auch als mutiger Kämpfer, sowohl im Krieg als beim Turnier. Wenn aber Schönheit und Beherztheit bei einer zarten Frau zusammentrafen, dann war Albrecht verloren – wie die Geschichte mit der Bernauerin verrät.

„Von weichem Gemüt und leicht empfänglich für alles, was sehens- und liebenswert erschien, wuchs der junge Prinz zu einem vielversprechenden Thronfolger heran."[15] Albrecht verließ etwa sechzehnjährig den Prager Hof in Begleitung des böhmischen Adeligen Jan von Sedlec (Sedlitz) und kehrte jugendlich hübsch, gut und hoch gewachsen, geübt in allen ritterlichen Fertigkeiten und Tugenden an den Münchner Hof zurück. Er pflegte außerdem eigenhändig zu musizieren und sprach fließend Tschechisch. Später als regierender Herzog machte er seinen Hof und München zu einem literarisch-kulturellen Zentrum, das sich neben Wien und Heidelberg behauptete.[16]

Piccolomini beschrieb Herzog Albrecht III. um 1450 in seinem Buch über damalige Berühmtheiten: „Dieser Mann ist kundig in der Musik und hat sehr viel Freude am Gesang. Kein Vergnügen bedeutet ihm mehr als die Jagd. Die Wölfe haben ihn zum Feind. Auf den Bäumen richtet er sich kleine Unterstände ein und stattet sie wie Stuben aus. Dort versteckt er sich mit seinen Pfeilen im Anschlag. (...) Damit verbringt er den ganzen Winter seine Zeit, solange es Schnee und Frost gibt. Zu Hause jedoch läßt er Gerechtigkeit üben und duldet es nicht, dass selbst dem geringsten Untertan Unrecht getan wird. / Als der römische König Albrecht, der auch Böhmen innehatte, gestorben war, kamen Gesandte Böhmens mit 400 Rittern zu ihm und baten ihn, er solle ihr König sein, sowohl wegen seiner Kenntnis ihrer Sprache wie wegen der Verwandtschaft und wegen des Adels seines Hauses. Aber in großer Besonnenheit sagte er, er wolle keine Herrschaft übernehmen, zu der ein anderer das Recht habe. Und er sagte, er könne nicht wieder über Ketzer herrschen. Ich glaube auch, dass er mehr Gefallen an der Ruhe hatte."[17]

Der Chronist Ulrich Füetrer charakterisiert Herzog Albrecht folgendermaßen: „Item hertzog Albrecht der güetig was gar ain frölicher Herr. Er hett grosse lieb zu der kunst musica; erkundt ihr auch selber vil. Er hett auch gross lieb und lust mit aller waidenhait. Er was vast ainer wolgemachten person, vast wol künnent, verr vor andern fürsten weis in seinen räten und diemüetig gegen allen lewten, ain liebhaber der zarten frawen und ains manlichen hertzens."[18]

Kein Wunder, dass man bald Ausschau nach einer passenden Gemahlin für ihn hielt. Aber erst Anfang 1428 kam es zu einem förmlichen Eheverlöbnis zwischen dem Münchner Erbprinzen und Elisabeth, der Tochter des Grafen Ludwig von Württemberg. Das Herz der Prinzessin hatte sich aber bereits einem anderen zugewandt und so brach sie den förmlichen Vertrag, floh mit ihrem Auserwählten und heiratete Graf Johann von Werdenberg schließlich heimlich. Trotz Strafmaßnahmen musste diese Ehe anerkannt werden, und die Württemberger zahlten schließlich wegen Vertragsbruch das vereinbarte Reuegeld.

Nach diesem missglückten Heiratsprojekt, das politisch höchst wünschenswert gewesen wäre, soll der Herzogssohn noch im Frühling 1428 Agnes Bernauer kennengelernt haben. Ein Jahr später heiratete sein Hofmeister Jan von Sedlec (Sedlitz) Margarete von Waldeck. Da Albrecht am 2. Juli 1429 für die Braut 600 ungarische Gulden als Heiratsgut bewilligte; könnte dies auf die übliche Abfindung einer abgelegten Mätresse hinweisen;[19] darüber hinaus ist über eine Liebesbeziehung zwischen Albrecht und Margarete nichts bekannt.

Faschingsturnier in Augsburg

Erbprinz Albrecht hatte 1428 auf dem Augsburger Faschings-Turnier gekämpft, wie der Chronist Mülich festhielt: „Des jars was ein stechhof hie und stach darinn hertzog Albrecht von München und ander edelleut und burger."[20] Anschließend soll er ein Bad aufgesucht haben, um sich zu erholen oder seine etwaigen Kampfwunden versorgen zu lassen. Über dieses erste Treffen, überhaupt über die Umstände des Kennen- und Liebenlernens von Agnes und Albrecht schweigen leider die verlässlichen Quellen. Der Bernauerforscher Horchler glaubt daher: „Sehr nahe liegt die Vermutung, Albrecht sei öfters in die Badstube Bernauers gekommen und habe dort Agnes kennengelernt."[21] Auch der Historiker Riezler meint: „Es hat nichts Unglaubwürdiges, dass Agnes im väterlichen Geschäfte als Bademagd zur Hand ging und dass Albrecht eben bei diesem Anlass ihre Bekanntschaft gemacht hat."[22]

Alle anderen Erzählungen von der ersten Begegnung des zukünftigen Paares beim festlichen Tanz in der Geschlechterstube zu Augsburg, bei der Überreichung eines Geschenkes oder Ehrenpreises auf dem Turnierplatz u. ä. entspringen gänzlich der Phantasie des Schreibers und können nicht einmal die Wahrscheinlichkeit für sich in Anspruch nehmen. Denn die Tochter eines – wenn auch ehrbaren Baders – wurde nicht zum Tanz der Patrizier, der Reichen und Mächtigen der Reichsstadt Augsburg, geladen. Desgleichen bot ein Turnier – selbst wenn es zur Faschingszeit stattfand – für eine Bürgerstochter aus dem Mittelstand keine Möglichkeit, dem bayerischen Herzogssohn und Ehrengast offiziell vorgestellt zu werden. Sollte allerdings ihr attraktives Aussehen der Schlüssel für einen über die Standesschranken hinwegsehenden städtischen Auftrag sein, beispielsweise dem Herzogssohn einen Trunk oder ein Geschenk zu reichen, so steht davon nichts in den damaligen Berichten verzeichnet.

Wo und wann diese leidenschaftliche Liebe begann, darüber schweigen die Quellen. Umso mehr wird von Agnes Bernauers Aussehen geschwärmt. Langes goldenes Haar soll sie besessen haben, eine ebenmäßige und feingliedrige Figur, weiße, zarte Haut; auch ihr feines Wesen soll ihrer äußeren Attraktivität nicht nachgestanden haben. Was stimmt nun wirklich und was ist erzählerische Ausschmückung?

Übereinstimmend wird uns von den Chronisten die unvergleichliche Schönheit der Agnes Bernauer überliefert. Um 1450 schrieb bereits Piccolomini: „Noch zu Lebzeiten seines Vaters verliebte er (Albrecht) sich in eine nicht adelige Frau von schöner Gestalt, die alle anderen ausstach."[23] Man rühmte ihre „engelgleiche Erscheinung" und zwar umso mehr „als von ihrem Haupte ein langes, goldglänzendes Haar herniederwallte."[24]

Aber: Engel war nur ein schwäbisches Kosewort für Agnes, wie wir schon festgestellt haben, und bezog sich nicht ursächlich auf ihr Äußeres. Desgleichen erfahren wir von den goldenen Haaren der Agnes Bernauer erst viel später, wohl als Ausschmückung ihrer verbürgt außergewöhnlich schönen Erscheinung. Zu einer herausragenden weiblichen Schönheit gehörte damals langes, lockiges und blondes Haar. Die wirkliche Agnes kann aber auch brünett oder dunkelhaarig gewesen sein, denn ursprünglich findet sich in den zeitlich nahen historischen Quellen nichts über ihre Haarfarbe. Als einer der Ersten verband Sunthemius um 1510 ihr gepriesenes Haar mit der Farbe des Goldes: „Sie war überaus liebreizend, hatte eine sehr hübsche und wohlgeformte Figur, war eine sehr feinfühlige Frau und trug langes goldenes Haar."[25] Der Chronist Arnpeck fügte noch hinzu: „Man sagt, das sy so hubsch gewesen sey, wann sy roten wein getrunken hett, so hett man ir den wein in der kel hinab sechen gen."[26] Wenn sie roten Wein getrunken, habe man diesen in ihrer Kehle hinabfließen sehen – dieses anschauliche Bild ist aber nicht für Agnes erfunden worden, um die Zierlichkeit ihres Halses und ihre weiße, durchscheinende Haut zu beschreiben, sondern gilt im Mittelalter als gängige Metapher für die Charakterisierung weiblicher Schönheit.[27]

Vor allem die Literaten konnten sich nicht genug tun, die Attraktivität der Baderstochter zu schildern. Friedrich Wilhelm Bruckbräu hat es in seinem „deutschen Volksbuch" von 1854 besonders das blonde Haar der Agnes Bernauer angetan: „Über

Agnes Bernauer,
der
Engel von Augsburg.

Historisch-romantisches Zeit- und Sittengemälde
aus dem fünfzehnten Jahrhunderte.

Ein deutsches Volksbuch
von
Friedrich Wilhelm Bruckbräu.

Zwei Theile in einem Bande.

Mit dem Bildnisse der Agnes Bernauer.

München, 1854.
In Commission bei C. A. Fleischmann.

Agnes Bernauer, der schöne „Engel von Augsburg", im Schmucke ihres vielbesungenen Goldhaares.
(Zeichnung von Christoph Fries in Friedrich Wilhelm Bruckbräus Volksbuch von 1854)

ihren Rücken und ihre Schultern wogte wellenförmig bis zu den Kniekehlen hinab ihr bewundernswürdiges, üppiges Goldhaar, glänzend wie das Gefieder eines Paradiesvogels; wie man ungestüme Gewässer durch Dämme einenget, damit sie nicht über ihre Ufer brausen, hatte sie den Strom ihrer gescheitelten Haare auf jeder Seite ihres wunderschönen Hauptes in drei gewaltige Flechten, gleichsam wie in drei Arme, geschieden, und jeden dieser Arme mit einem vierfingerbreiten, aus eben diesen Haaren geflochtenen Ringe, zur schützenden Abwehr bewältigend gefesselt. So oft sie ihr Haupt wendete, schimmerte das Meer ihrer Goldlocken wie das Gefunkel eines ungeheuren Straußes orangefarbener Brillanten im sanftwogenden Lichte des Vollmondes."[28]

Von den Geistesgaben und dem Charakter der Agnes Bernauer ist uns nichts überliefert, wie bereits Horchler befand: „Von ihren Gemüts- und Geisteseigenschaften haben wir aber nicht, wie Westenrieder und Lipowsky angeben, Zeugnisse, die sie uns auch in diesen Punkten bewundern lassen, denn die Historiker gehen darüber stillschweigend hinweg."[29] Nur Konrad Mannert formulierte in seiner Geschichte Bayerns von 1826, dass Agnes „ein engelschönes Mädchen, unbescholten und rein in ihren Sitten, bescheiden in dem einfachen Anzug" war. Ergänzend fügte Horchler hinzu: „Wir finden aber auch nirgends Bemerkungen, die sie als leichtfertiges Mädchen erscheinen ließen, nur der ihr besonders abgeneigte Adlzreiter drückt sich dahin aus, als ob sie sich absichtlich bloß durch ihre leiblichen Reize bemühte, den jungen Fürsten ganz an sich zu fesseln."[30] Doch nicht allein der Chronist Adlzreiter beschreibt die Bernauerin negativ, auch Albrechts Schwester Beatrix fand sie bei ihrem Besuch 1432 in München anmaßend und arrogant.[31] Beatrix hatte im Oktober 1427 standesbewusst den Pfalzgrafen Johann von Neumarkt geheiratet und deshalb war ihr die sozial weit unter ihr stehende Agnes ein Dorn im Auge.

Am Münchner Hof

Jüngst wird die Augsburger Herkunft der Agnes Bernauer wieder in Zweifel gezogen. Man verweist dabei auf eine Steuerliste – nachträglich, aber glaubwürdig datiert auf das Jahr 1428. Damals scheint Agnes bereits am herzoglichen Hof zu München geweilt zu haben, denn besagte Steuerliste des „Hofgesindes" von Herzog Albrecht führt eine Bernauerin auf. Allerdings ist daraus nicht ersichtlich, welchen Rang sie bei Hofe innehatte, denn „Hofgesind" bezeichnete alle Personen, die Herzog Albrechts Hofstaat bzw. Hofgemeinschaft zugerechnet wurden. Darunter befand sich auch seine noch nicht verheiratete Schwester Elisabeth: „Frau Elsbet die junge Herzogin". Daher aus dieser Liste abzuleiten, dass Agnes Bernauer eine Bedienstete am Münchner Hof, ja sogar eine Bademagd der Herzogin gewesen sei, ist doch eher der Phantasie zuzuschreiben.[32] Vielmehr sieht es so aus, dass Albrecht Agnes in Augsburg kennenlernte, sie kurzerhand mitnahm und als seine Geliebte am Münchner Hof installierte. Dies geschah offenbar noch im Frühjahr des Jahres 1428. Denn das sogenannte Hussengeld wurde ab 1428, gemäß dem Reichstagsbeschluss vom Dezember 1427, erstmals als allgemeine direkte Reichssteuer erhoben. Jeder Geistliche, Graf, Freiherr, Ritter, Edelknecht, Jude und alle übrigen Laien über fünfzehn Jahre ohne Unterschied des Geschlechts mussten nach Maßgabe ihres Vermögens diese Steuer entrichten.[33] Letztere zahlten einen Groschen bei einem Vermögen unter 200 Gulden, bei 200 bis 1000 Gulden Vermögen war ein halber Gulden fällig und bei über 1000 Gulden Vermögen ein ganzer Gulden. Die Bekanntmachung der Steuererhebung erfolgte in München mittels eines Anschlags erstmals im Februar 1428 und am 17. Februar des gleichen Jahres fand in Augsburg zur Fasnacht ein Turnier statt, bei welchem Albrecht Agnes erstmals getroffen haben soll.[34] Die Eintreibung der Hussensteuer dauerte das ganze Jahr 1428 und noch das folgende hindurch, da Herzog Ernst es damit gar nicht eilig hatte. Im November 1429 ließen die Münchner Herzoge sogar die eingesammelte Steuer des Oberlandes nicht wie angeordnet an den Erzbischof von Salzburg, sondern an sich selbst aushändigen.[35]

Im Zusammenhang mit dem „Hussengeld" wurde auch Agnes Bernauer mit weiteren 64 Personen in der Liste von Albrechts „Hofgesind" steuerlich erfasst. Sie zahlte einen Groschen – „Item pernawin dt 1 gs"[36] – und war damit in der untersten Vermögensklasse eingestuft, desgleichen allerdings auch Elisabeth, die junge Herzogin. Dieser Vermerk in der Steuerliste von 1428 ist die früheste urkundliche Nachricht zu Agnes Bernauers Leben, die bisher aufgefunden wurde.

Die Einträge der Jahre 1432/1434 des herzoglichen Leibarztes[37] Hans Rosenbusch, der zugleich Münchner Stadtschreiber war, zeigen uns, dass Agnes Bernauer damals am herzoglichen Hof eine gewisse Rolle spielte und sich nicht etwa verschämt im Hintergrund hielt.[38] Denn trotz des fortschreitenden Baus der „Neuen Veste" an der Nord-Ost-Ecke der neuen Stadtbefes-

Die herzogliche Residenz in München. Hier im „Alten Hof" verbrachte Agnes Bernauer nicht ganz unbeschwerte Tage. (Stich von Carl August Lebschée, um 1830.)

tigung, diente diese zunächst in erster Linie noch als Fluchtburg. Sicherlich half der neue Palas dem drängenden Raummangel im Alten Hof etwas ab, die Hofhaltung selbst blieb aber bis ins 16. Jahrhundert hinein in der alten Burg.[39]

Im Sommer 1432 trug sich nämlich folgendes Ereignis zu, bei dem sich Agnes Bernauer als tatkräftig und entschlussfreudig erwies: Damals wurden einigen Bauern Pferde von einem Münchauser (Münnhauser, Münchhauser) und seinen Gesellen von der Weide entwendet. Münchauser wurde verfolgt, konnte sich allerdings in den herzoglichen Hof und damit vor dem Zugriff der städtischen Schergen retten. Nun hielten sich aber Herzog Ernst und sein Sohn Albrecht zu dieser Zeit gerade in Straubing wegen wichtiger Verhandlungen mit dem Landtag[40] auf und Agnes Bernauer sah sich allein mit diesem unwillkommenen Gast konfrontiert. Darüber war sie recht zornig, wie der Münchner Stadtschreiber notierte. Um die unangenehme Situation schnellstens zu beenden, veranlasste sie die Stadt, einen Boten zu den Herzögen nach Straubing zu schicken. Dieser bat dort um Erlaubnis, den Raubritter, der im Alten Hof herzogliches Asyl suchte, festnehmen zu dürfen. Ursprünglich war der Pferdedieb ein Untertan Herzog Ludwigs von Bayern-Ingolstadt; vielleicht handelte er in dessen Auftrag, um Unfrieden in München zu stiften. Dazu hielt Stadtschreiber Hans Rosenbusch, studierter Doktor der Medizin und seit 1411 bereits als Stadtwundarzt tätig, im Kammerbuch fest: „Item eine halb Pfund Pfennige haben wir zallt zerung dem Mossmair gen Strawbingen mit der stat brieffen zü der herrschafftv ze reyten, do der Münnhawser in die alten vest entrann und darinnen lag und do die Bernawerin gar zornig darumb was worden, do pracht der Mossmair gnedig brief herwider von herrschafft, damit der Münnhauser in die scherg stuben kam, post Kiliani 1432 (= nach dem 8. Juli)."[41]

Dieser bemerkenswerte Vorfall beweist, dass Agnes Bernauer nicht nur schön, sondern auch selbstbewusst und zielstrebig war. Daher meinte die Historikerin und Schriftstellerin Ricarda Huch auch, indem sie Agnes und Albrecht verglich: „Manches deutet darauf hin, dass ihr Charakter stärker als der seinige war; wenn das so ist, war es seiner Weichheit beglückend, sich von ihr beherrschen zu lassen."[42]

Morgengabe in Menzing

Gleich am Anfang muss festgestellt werden: Es gibt kein zeitgenössisches Schriftstück, keinen Ehevertrag, keine anderweitige Zeugenaussage, welche direkt von einer Vermählung sprechen. Allerdings deutet einiges doch auf eine mehr oder weniger geheim gehaltene Ehe hin, die Albrecht und Agnes im Stillen geschlossen hatten. Im Mittelalter konnten diese clandestinen Heiraten gänzlich ohne Zeugen und ohne Priester stattfinden. Dabei spendete sich das zukünftige Ehepaar allein durch seine gegenseitige Einwilligung das Sakrament der Ehe. Dennoch waren diese Winkelehen gültig und nur durch den Tod eines der Ehepartner zu scheiden. Obwohl Obrigkeit und Kirche sich gegen solche Eheschließungen ohne Zeugen und geistlichen Segen wandten, da sie schwer zu kontrollieren und zu beweisen waren, blieben sie trotzdem Bestandteil der Hochzeitstradition bis weit ins 16./17. Jahrhundert hinein.[43] Das Mitwirken der Kirche bei der Trauung kam erst infolge der Reformation allgemein auf, davor war die Eheschließung eine rein weltliche Angelegenheit. Allerdings konnte das Brautpaar auf Wunsch einen Priester hinzuziehen. Das gegenseitige Eheversprechen wurde zumeist durch ein Ehepfand und durch die Hochzeitsnacht, die fleischliche Vereinigung (copula carnalis), unauflösbar. Nur in besonderen Krankheitsfällen, bei Ehebruch oder später auch bei Konfessionswechsel konnte eine Scheidung gerichtlich durchgesetzt werden.[44] Die gegenteilige Behauptung des Juristen Schlosser, dass sich das öffentliche Traurecht bereits im 15. Jahrhundert allgemein durchgesetzt hätte, bleibt historisch unbewiesen und daher wenig glaubwürdig.[45]

Bei Albrechts Vermählung mit Agnes handelte es sich vermutlich um eine Eheschließung im privaten Kreis, die zudem noch den Makel der Unebenbürtigkeit der Braut trug. Das heißt, sie gingen eine Winkelehe sowie eine Mesalliance ein – und zwar im Frühling 1432, kurz nach dem Tod der Herzogin Elisabeth. Albrechts Mutter starb am 2. Februar 1432 und wurde in der Frauenkirche, dem Münchner Dom, beigesetzt.

Ein weiteres Indiz für eine im ersten Halbjahr 1432 bereits bestehende Ehe ist das gescheiterte Heiratsprojekt, das Albrechts Vater und sein Onkel Wilhelm für ihn schmiedeten: Denn im Sommer 1432 schien sich offenbar eine politisch herausragende Gelegenheit zu bieten. Die Münchner Herzöge „strebten eine Verbindung Albrechts mit der letzten Nachfahrin des Herzogtums Straubing-Holland, Jakobäa von Bayern, an. Diese vereitelte die altbayerischen Pläne aber ebenfalls durch eine heimliche Ehe mit einem Ritter. Und ob Albrecht selbst wirklich zur Hochzeit mit Jakobäa bereit war, erscheint angesichts der Vorbehalte, die er dem Projekt entgegenbrachte, als eher unwahrscheinlich. Nicht zuletzt stellt sich die Frage, ob er überhaupt zu einer solchen Hochzeit fähig war, oder ob ihn schon heimliche Ehebande mit Agnes Bernauer verknüpften, Bande, die nur unter schwerster Sünde oder durch den Tod auflösbar waren", überlegt der versierte Bernauer-Forscher Werner Schäfer.[46]

Horchler nahm als Zeitpunkt der Eheschließung ebenfalls das Jahr 1432 an und auch Riezler, der noch heute anerkannte Biograf der Bernauerin, ist der Überzeugung, dass Albrecht und Agnes spätestens im Frühjahr 1432 Ehegatten waren.[47] Er hält zudem an einer Ehe mit kirchlichem Segen fest und führt, entgegen aller Notwendigkeit, aus: „Die Frage, ob eine kirchliche Trauung stattgefunden hat, ist von den meisten Forschern verneint oder unentschieden gelassen worden. Unseres Erachtens läßt sich nicht bezweifeln, daß eine kirchliche Ehe bestand, von der nur wenige Eingeweihte, besonders die nächsten Verwandten, auch die mit Herzog Ernst aufs engste stehenden regierenden Kreise Münchens Kenntnis hatten, während in die große Menge nur unsichere Gerüchte über das Verhältnis gedrungen sind."[48]

Im August 1432 besuchte Albrechts Schwester Beatrix München. Der Rat der Stadt lud wie üblich zu Speis und Trank. Für fast 20 Schillinge wurden Fisch und je acht Kannen Rot- bzw. Weißwein kredenzt. Vom Wein beflügelt, sprach Herzogin Beatrix erbost und abfällig über Agnes Bernauer, wie die Münchner Kammerrechnung ausführlich vermerkt: „Item 20 Schilling minus 10 Pfennig haben wir zallt für fisch und für 16 kandell weins halb rott und halb weiss schanckung, die man unser gnedigen frawen, der hertzogin frawen Beatrix schanckt, herzog Johanss gemahel, da die vor sand Lorentzentag hie was und newr zu wunder mit hertzog Albrecht ganz zornig was von fraw Nessen wegen der hoch- und grosfaisten Bernawerin wegen. Actum vor Laurenti anno etc. 32 (= vor dem 10. August 1432)."[49]

Pfalzgräfin Beatrix beschimpfte bei diesem Umtrunk mit den Repräsentanten der Stadt München Agnes herabwürdigend als Frau (Ag-)Nessen, die hochmütige und aufgeblasene Bernauerin. Also war zu diesem Zeitpunkt zumindest Albrechts Schwester klar, dass Agnes nicht nur die Geliebte, sondern die Gemahlin des Erbprinzen, also ihre Schwägerin, war. Denn über eine Mätresse hätte es die Fürstin niemals für nötig befunden, sich öffentlich zu äußern. Zudem bezeichnete sie Agnes als „Frau" und nicht als Jungfrau oder Geliebte.

Fast zwei Jahre später, als Pfalzgräfin Beatrix der jungen Gemahlin ihres Onkels Wilhelm im Dezember 1434 einen Besuch abstattete, beklagte sie wiederum im Kreise der Münchner Patrizier voller Zorn, dass ihr Bruder Albrecht nicht auch eine so schöne, das heißt standesgemäße, Ehefrau habe. Der Stadtschreiber hielt damals fest: „do die (Beatrix) hie was im Advent und geschawet unser gnedige frawen, herzog Wilhelms gemahlin, und tet ir etwas zorn von irs pruder, herzog Albrechts wegen, das der nit auch ain schonen frawen het."[50]

War Agnes Bernauer nun Geliebte oder Gemahlin? Amasia oder honesta Domina? Liebchen, „Schlafweib" oder ehrbare Frau?

Die Chronisten überliefern uns zumeist die Gerüchte, welche über die Verbindung zwischen Albrecht und Agnes in Umlauf waren. So teilt uns Andreas von Regensburg als Zeitgenosse mit: „Einige aber sagten, dass sie dessen wirkliche und rechtmäßige Gattin war."[51] Und der Landshuter Chronist Veit Arnpeck (um 1440–1505) berichtet, dass Albrecht und Agnes in heimlicher Ehe verbunden waren.[52] Wilhelm Rem, Augsburger Chronist, hielt fest, dass man meinte, „er hatz zu der ee genommen", und Farrago „nennt sie eine ehrbare Frau (honesta Domina)."[53] Angelus Rumpler († 1513) sagt: Albrecht habe Agnes „so heftig liebgewonnen, dass er ihr sogar Hoffnung auf Verehelichung machte."[54] Und Adlzreiter (Vervaux) zeterte 1662: „Albrecht nahm, von jugendlicher Begierde verleitet, ein Weib namens Agnes Bernauerin, Tochter eines Augsburger Wundarztes."[55]

Die meisten Chronisten und Historiker vermuten, dass Albrecht mit Agnes eine unebenbürtige Ehe eingegangen war. Die Forderung der Standesgemäßheit einer Ehe kam aus den germanischen Rechtsvorstellungen und berührte vor allem die Erbfolge. Kinder aus ungleichen Ehen folgten danach immer der

„ärgeren Hand", also dem niedrigeren Stand. Beispielsweise heiratete König Philipp II. in dritter Ehe 1196 „nur" eine Gräfin von Meran. Ihr gemeinsamer Sohn Graf Philipp von Clermont galt damit nicht als ebenbürtig bzw. erbberechtigt und wurde daher bei der Thronfolge übergangen.[56]

„Sich mit der unebenbürtigen Angetrauten am Münchner Hof aufzuhalten, war wohl auf Dauer wenig erquicklich."[57] Da empfahl es sich, eine andere Unterkunft für die junge Frau zu suchen. Die Blutenburg bot sich an. Zunächst als Jagdschloss von den Münchner Herzögen genutzt, lag sie etwa eine Wegstunde von München entfernt, am diesseitigen Rand des Dachauer Mooses bei dem Dorf Menzing, an einem fischreichen Wasser. Um 1430 bestand die Blutenburg aus dem sogenannten Herrenhaus, das von einer Mauer mit vier Türmen (in einem war eine Kapelle untergebracht) sowie einem Wassergraben umgeben war. In den folgenden Jahren entstanden unter Albrechts Regie der Pfortenbau mit Wehrmauer und Torturm sowie das Ökonomiegebäude. Es sieht nun so aus, dass Albrecht seine Agnes in die Blutenburg brachte und sich beide dort von Anfang

Wohl bereits als heimliche Gemahlin Herzog Albrechts bewohnte Agnes Bernauer die Blutenburg. (Fresko von H. Thonauer d. Ä. im Antiquarium der Münchner Residenz, um 1590)

1433 bis Anfang 1435 häufig aufhielten. Fernab von den Anfeindungen der herzoglichen Residenz, aber doch so nah, dass zumindest Albrecht innerhalb eines Stundenritts in München sein konnte. Albrecht tätigte noch im Oktober und Anfang Dezember 1432 Geschäfte zu München, die er dort urkundlich bestätigte.[58] Anschließend scheint er sich mit Agnes nach der Menzinger Blutenburg begeben zu haben. Der Kunsthistoriker und Ausstellungsmacher Erichsen schreibt deshalb gleich romantisch verklärend von einem „Idyll zu Menzing."[59] Denn an urkundlichen Hinweisen auf die Blutenburg und Menzing fehlt es in diesen zwei Jahren 1433/34 (bis Jan. 1435) nicht: „Am 14. März 1433 befiehlt der Herzog seinem Kastner zu Vohburg, Saamhaber – Saatgut – nach ‚Mentzingen' zu schicken, notfalls in München zu diesem Zweck zu erwerben. Am 30. Mai 1433 quittiert er eine Summe Geldes,[60] geschehen ‚zu Pluedenburg'. Für den 21. November des Jahres wird seine Anwesenheit in Blutenburg erwähnt. Am 13. Juli 1434 ist von einer Rechnung die Rede, die am 27. Januar zu Menzing abgelegt worden sei. Vom 15. Januar 1435 datiert schließlich aus Menzing eine Bitte um Darlehen."[61]

Eine noch nicht erwähnte Nachricht besagt, „dass Albrechts Kastner zu Vohburg am 25. Januar wohl des Jahres 1434 dem herzoglichen Hofmeister zu Menzing 5 Gulden rheinisch übergeben hat, ‚die hat er der pernawerin geantwurt.' Wir sehen daraus, dass der Herzog nicht allein zu Menzing weilte, sondern zusammen mit seiner Lebensgefährtin. So wird man auch die bekannte Urkunde vom 7. Januar 1433, mit der der Pfarrer zu Aubing und die Kirchenpröpste der Ulrichskirche zu Laim – unter Nennung zweier Menzinger (für die Handlung) und zweier Münchner (für das Siegel) Zeugen – der Bernauerin aus dem Besitz der Kirche einen halben Hof und eine Hofstatt zu Untermenzing verkauften, nicht dahin interpretieren müssen, dass die Dame dort eigenhändig ‚ihren Kohl gebaut und das Brotgetreide geerntet' hat. Zweifellos handelte es sich um ein Renditeobjekt in der Nähe des Wohnsitzes, und schon die Herkunft aus Kirchenbesitz ist Indiz dafür, dass dem Handel sanfter Druck seitens Albrechts zugrunde lag. Wohl zu Recht hat man vermutet, dass es sich bei dem Hof um ein verdecktes Geschenk des Herzogs an die Bernauerin gehandelt hat."[62]

Der besagte Urkundentext lautet: „Ich Herr Hainrich Haydel, die Zeit Pfarrer zu Aubing, und ich Hanns Jacob und ich Eberl Puchler, die Zeit Kirchpröpste (der) sant Ulrichskirche zu Laim, bekennen, … dass wir … zu kaufen gegeben haben für rechtes Lehen sant Ulrichs Hube, darauf jetzo sitzt der Taurel, zu Niedermenzing gelegen, der Ehrsamen Jungfrau Agnes der Pernawerin und allen ihren Erben um 25 Pfund … Münchner Pfennig, deren wir von sand Ulrichs wegen mit ganzer Zahl von ihr ausgerichtet und bezahlt sind. Und die obgenannte Hube und Hofstatt sind Lehen von … Ernst, Pfalzgraf bei Rhein und Herzog in Bayern, unserem genedigen Herrn … Des zu Urkund geb ich obgenannter Herr Hainrich Haydel und wir vorgenannten zwei Kirchpröpste ihnen (?) den Brief mit des ehrbaren, weisen Mannes Hanns des Endelhausers, die Zeit gesessen zu München, eigenem anhangendem Insiegel besiegelt … Des Kaufes sind Taidinger gewesen Hanns Pfennigmann und Georgi Stulporck zu Menzing. So sind der Bitte um das Insiegel Zeugen auch die ehrbaren, frummen Hainrich Stertz der Metzger und Chunrad Rayd der Peck, beide Bürger zu München … Der Brief ist (ge)geben am Pfintztag nach der heiligen dreu Kunig Tag 1433 (= 7. Januar)."[63]

Jetzt sehen manche diesen Kauf und den Umstand, dass Agnes Bernauer in der Urkunde als Jungfrau bezeichnet wird, als Beweis für die kurz vorher stattgefundene Heirat an. Das Hofgut sollte ihre Morgengabe sein. Dass Agnes dabei als „ehrsame Jungfrau" bezeichnet wurde, ist nicht von Bedeutung, da Herzog Albrecht seine Ehe mit ihr geheim halten wollte und sein Vater den Kauf besiegeln musste. Agnes hatte natürlich das Kaufgeld von Albrecht erhalten.[64]

Dass der Erwerb des landwirtschaftlichen Gutes als Morgengabe für Agnes gedacht war, ist nicht eindeutig zu belegen und damit auch nicht eine Heirat in Blutenburg zu Beginn des Jahres 1433. Die Urkunden der Jahre 1433/34 benennen allerdings Agnes Bernauer ausdrücklich und beweisen damit zumindest einen zeitweiligen Aufenthalt derselben in der Menzinger Blutenburg.

Kapitel 3

Agnes – „Gräfin von Vohburg"

Die Legende erzählt …

Herzog Albrecht brachte Agnes Bernauer nach Vohburg und verlebte dort mit ihr im Verborgenen ein kurzes Eheglück. Während dieser gemeinsamen Jahre wurden dem gräflichen Paar auch Kinder geboren. Im Jahre 1434 luden die bayerischen Ritter Herzog Albrecht zu einem Turnier nach Regensburg und verwiesen ihn dort wegen seiner unehrenhaften Beziehung zu Agnes Bernauer vom Kampfplatz. Empört darüber, offenbarte er der Öffentlichkeit, dass Agnes Bernauer sein angetrautes Eheweib sei.

Die Historie überliefert …

Keine Idylle in Vohburg

1424 erhielt Albrecht von seiner Mutter Elisabeth ein wichtiges Geschenk:[1] Sie hatte im Jahre 1413 die Grafschaft Vohburg von den „Seiboltstorfern um 9500 ungerscher Gulden" ausgelöst „und vermachte dieselbe am Sonntag Reminiscere im J. 1424 ihrem Sohne, Herzog Albrecht (…) Auf die nämliche Art gab sie ihm auch Pfaffenhofen, Geisenfeld und Hohenwart."[2] Seit dem Tod der Herzogin Elisabeth 1432 besaß Albrecht die Grafschaft und anderen Märkte wie Herrschaften allein. Daher nannte sich

Albrecht und Agnes sollen in Vohburg ein friedliches Eheglück genossen haben.

Albrecht auch „Graf von Vohburg".[3] Außerdem hatte die Herzogin bereits 1417 bestimmt, dass ihr Sohn, den sie offenbar beständig unterstützte, nach ihrem Tode „ihre goldene Krone mit allem Zubehör" erhalten solle.[4]

Dass sich Agnes Bernauer in Vohburg aufgehalten habe, schrieb erstmals 1801 ihr Biograf Lipowsky: „An der Seite seiner geliebten Agnes verlässt Herzog Albrecht die Reichsstadt Augsburg, und eilt mit ihr nach seinem Schlosse Voheburg. Hier ließ er sich mit ihr in geheim trauen, und nannte Agnes das erstemal sein trautes, liebes Weib."[5] Des Weiteren behauptete er, dass der damalige Pfleger von Vohburg Hans Zenger wohl „bei dieser geschlossenen Ehe als Zeuge gewesen seyn" mag.[6]

Offenbar wurde im Verlauf des 19. Jahrhunderts diese unbelegte Äußerung Lipowskys immer wieder aufgegriffen und so zur „Idylle von Vohburg" stilisiert. Beispielsweise berichtete Heinrich Zschokke in seinen „Baierischen Geschichten" 1821: „Er führte die ihm heimlich Anvermählte auf sein Schloß Vohburg, welches er aus dem Vermächtnisse seiner Mutter Elisabeth von Mailand besaß. Da wollt er in verborgener Liebe glücklich sein, bis er sie einst, vielleicht nach seines Vaters Hinscheiden, offenbaren könnte."[7] Zehn Jahre später (1831) veröffentlichte Andreas Buchner seine „Geschichte von Bayern“ und führte aus: „In dieses sehr schöne Mädchen hatte sich der Herzog Albrecht verliebt und es heimlich nach Vohburg geführt, einem festen Schloß an der Donau, welches ihm seine Mutter Elisabetha schon am 11. März 1424 eigenthümlich geschenkt hatte.“[8] Auch der „Kalender für katholische Christen“ für das Jahr 1848 teilte der Leserschaft mit, dass Albrecht Agnes „auf sein Erbschloß Vohburg“ geführt habe.[9] Die Reihe der von Lipowsky Abschreibenden lässt sich von den Veröffentlichungen der Jahre 1859, 1865, 1873, 1881 und folgende[10] fortsetzen bis hin zum Vohburger Heimatforscher Max Kirschner, der diese Tradition aufgreift und behauptet, dass sich Albrecht und Agnes im letzten Drittel des Jahres 1432 kurz vor der Geburt ihres ersten Kindes heimlich auf der Vohburg vermählt haben. Als Indizien für seine Annahme führt er an, dass Albrecht zwei herzogliche Beamte ausgetauscht habe, die nicht Zeugen der Hochzeit sein wollten. „Herzog Albrecht, Grave zu Vohburg“ bestellte nämlich zum neuen Landrichter am 10. September 1432 Thomas Schambeck und zum neuen Kastner ebenfalls 1432 Cunrad Sanspek. Der alte Landrichter bzw. Kastner, Stephan der Saller und Stephan Urfarer, mussten Vohburg den Rücken wenden, nur der Pfleger Jorg der Schilwatz von Ilmendorf blieb.[11]

Allerdings stellte zur vermeintlichen Vohburg-Idylle bereits Horchler 1883 richtig: „Einige Geschichtsschreiber, besonders Buchner und Lipowsky behaupten, der Herzog habe die Erwählte seines Herzens auf die Veste Vohburg an der Donau gebracht (…) Dort habe er an ihrer liebevollen Brust selige Tage des Glücks genossen. Wir haben aber nicht die geringste Aufzeichnung von einem Aufenthalte der Verliebten in Vohburg, wohl aber ergibt, wie schon Mittermüller hervorhebt, eine Durchsicht der von Albrecht in jener Zeit gezeichneten Urkunden, dass er in den Jahren 1431 und 1432 in der Regel zu München und dessen Umgebung, ausnahmsweise in Böhmen und Straubing, 1433 und 1434 und in der ersten Hälfte des Jahres 1435 fast nur in Straubing und sehr selten in München und dessen Umgebung war. Von uns wurden sämtliche uns zugängliche, von Albrecht im fraglichen Zeitraume ausgestellten Urkunden und die diesbezüglichen Regesten, dann aber auch die im K. allgemeinen Reichsarchive aus jener Zeit vorhandenen Urkunden des Landgerichts Vohburg, die Berichte des Schlossverwalters an den Herzog und dessen Weisungen an denselben durchgegangen, und daraus konnten wir abnehmen, dass sich Albrecht damals wirklich nicht in Vohburg aufhielt und erst am 24. Juni 1435 urkundlich dessen Anwesenheit daselbst nachzuweisen ist."[12]

Die Anwesenheit von Agnes und Albrecht in Vohburg lässt sich also vor dem 24. Juni 1435 urkundlich nicht nachweisen.[13] Mittermüller, Albrechts Biograf, verneint einen früheren Aufenthalt sogar „entschieden".[14]

Inschriften auf alten Postkarten von Vohburg und auch die mündliche Tradition der Stadt berichten dagegen, dass Agnes Bernauer 1435 die Burg bewohnte.[15] Ein Wandgemälde im Nebenzimmer der Gaststätte „Zur Bernauerin" führt dem heutigen Besucher anschaulich vor Augen, wie sich der Künstler den prächtigen Einzug der schönen Bernauerin auf Vohburg vorgestellt hat.[16]

Einzig die eingemeißelte Inschrift auf dem Gedenkstein im Burghof, der heute ungefähr an der Stelle des fürstlichen Herrensitzes steht, mag als Beleg von historischem Interesse sein. Sie teilt mit: „Diese Burg bewohnte 1435 die unglückliche Agnes Bernauer, getraut mit Herzog Albrecht III." Das „Erinnerungsblatt an die Aufstellung des Denkmals auf der Schlossruine zu Vohburg am 17. April 1854" berichtet, dass sich Albrecht mit der Baderstochter Agnes Bernauer heimlich trauen ließ. „Um seinem Vater diese Heirath zu verbergen, eilte Albrecht mit seiner Gemahlin auf das neuerbaute Schloss Vohburg. Hier hielt er sie sicher in der Mitte der treuen Bewohner und geraume Zeit sah Vohburg das Glück des jungen Ehepaars."[17] Leider wurde uns nicht überliefert, wie es zur Errichtung dieser granitenen Stele und dem Eintrag der Jahreszahl 1435 kam und auf welche Quellen man sich bei dieser, schier für alle Ewigkeiten festgehaltenen Inschrift stützte. Besagtes „Erinnerungsblatt" überliefert nur die patriotisch-lehrhafte Absicht der

Der Gedenkstein im Hof der Vohburg wurde erst 1854 als Treuebekenntnis zum bayerischen Herrscherhaus gesetzt. (Foto: Panzer, 2005)

Steinsäule: „Die Ringmauern des mächtigen Schlosses stehen noch, das inner denselben errichtete Denkmal soll die glorreichen Tage der Vorzeit, wo Bayerns Herzoge in unserer Mitte weilten, stets in unser Gedächtnis rufen./ Wie damals Vohburg in unerschütterlicher Treue an seinen Herrn und Fürsten hielt, und Freud und Leid mit ihm theilte, so glüht dieselbe Treue noch jetzt, wo Vohburgs glorreiche Herzoge die Königskrone ziert. Die Treue der Unterthanen bleibe fortan der schönste Stein in Bayerns königlicher Krone!“[18]

Laut dem Gedenkstein[19] soll Agnes Bernauer im Jahre 1435, also in ihrem Todesjahr, in Vohburg geweilt haben. Nach Mittermüller bestätigte Albrecht in diesem Unglücksjahr mit der Unterzeichnung zweier Schriftstücke seinen Aufenthalt auf der Vohburg und zwar am 24. Juni und 21. September 1435.[20] Dennoch ist ein monatelanges gemeinsames Leben auf der Vohburg damit nicht belegt. Desgleichen kann nicht nachgewiesen werden, dass sich Albrecht kurz vor dem Wassertod seiner Gemahlin in Straubing im Oktober 1435 noch auf der Vohburg aufgehalten habe. Möglich wäre aber eine gemeinsame Reise des Paares nach Vohburg zumindest im Sommer des Jahres 1435.

Dass Albrecht im Oktober 1435 von Vohburg nach Landshut weggelockt wurde, damit die Schergen Agnes dort ergreifen konnten, erscheint völlig aus der Luft gegriffen. Denn der entscheidende Brief vom 8. Oktober 1435 weist keine Ortsangabe auf. Der ausgewiesene Bernauerforscher Schäfer meint aber dennoch: „Am 8. Oktober 1435 sagte Herzog Albrecht in Vohburg der Jagdeinladung Herzog Heinrichs nach Landshut zu, darauf hinweisend, dass er am 16. Oktober auf Anordnung des Vaters zum Trauergottesdienst für Herzog Wilhelm in Straubing zu sein hatte und dies auch sein wollte."[21] Und bereits Joseph von Hormayr tat in seiner „vaterländischen Geschichte" von 1848 kund: „Die Gemahlin Albrechts des Frommen, Herzogs von Bayern-München, (wurde) in seiner Abwesenheit in seinem Schlosse zu Vohburg verräterisch überfallen,"[22] verhaftet und nach Straubing gebracht. Warum Agnes dann aber nicht umgehend von der Donaubrücke zu Vohburg – die heute übrigens eine Gedenktafel trägt – ins Wasser gestürzt wurde, sondern dazu erst nach Straubing verfrachtet werden musste – diese wichtige Frage bleibt von allen unbeantwortet.

Die Vohburger Lokaltradition zeigt noch heute einen Turm am Gemäuer des alten Burgringes, in welchem die Bernauerin angeblich in Haft gehalten wurde.[23] Eine dort angebrachte Tafel verkündet: „Diese Burg bewohnte 1435 die unglückliche Agnes Bernauer, vermählt mit Herzog Albrecht III. von Bayern. In diesem sogen. Hungerturm soll sie in Abwesenheit ihres Gemahls auf Veranlassung ihres Schwiegervaters, des Herzogs Ernst von Bayern, gefangen gehalten und von hier aus nach Straubing verbracht worden sein. Dort wurde sie andern Tages zum Tode verurteilt und in die Donau gestürzt."

Von zeitweiligen Aufenthalten der Agnes Bernauer in anderen Orten des Grafen von Vohburg wie Pfaffenhofen, Geisenfeld und Hohenwart erfahren wir fast nichts. Merkwürdig ist allerdings die Tatsache, dass Albrecht (III.) im Jahre 1428 (am 9. Januar) eine Badestube, das Inner-Bad, zu Pfaffenhofen (am Platzl Nr. 10) dem Bürger Heinrich Pader und seiner Ehefrau abkaufte,[24] was vielleicht in Zusammenhang mit der Badertochter Agnes steht, vermutet der Erforscher des deutschen Badewesens Alfred Martin.[25] Dieses „Herzogliche Bad" überließ dann 1482 Herzog Albrecht IV. wiederum der Stadt Pfaffenhofen zur Nut-

Im ehemaligen Gebäude des herzoglichen Pflegers, dem heutigen „Ritterhaus“, sollen die Bernauerin und Albrecht als Liebespaar geweilt haben. (Foto um 1900)

zung.[26] Überliefert wird in Pfaffenhofen auch, dass Agnes Bernauer ein geräumiges Haus am Marktplatz, später genannt das „Ritterhaus“, bewohnt haben soll. Heimatforscher Heinrich Streidl und der frühere Kreisheimatpfleger Franz Rutsch vermerken, dass Albrecht III. „das Ritterhaus ab 1428 etwa vier Jahre lang als ‚Liebesnest‘ mit der Augsburger Baderstochter Agnes Bernauer genutzt hat, ehe sich die beiden in Vohburg niederließen.“ Als Beleg wird der Erwerb des Badehauses in Pfaffenhofen angeführt.[27] Damit allein ist allerdings nichts bewiesen. Eventuell übernachteten sie hier einmal im Haus des herzoglichen Pflegers. Letzteres ist durchaus wahrscheinlich, da Albrechts Freund aus Prag, Jan von Sedlitz, Pfleger in Pfaffenhofen war.[28]

Vermuteter Kindersegen

Manche Historiker übersetzten die Worte „hoch- und großfaist“, mit denen Pfalzgräfin Beatrix die Bernauerin einmal beschimpfte, als „hochschwanger“ und sahen darin den ersten wie einzigen Hinweis auf Nachkommenschaft. Auch der Historiker Riezler nahm dies zunächst an, korrigierte aber seine irrige Interpretation später.[29] Dennoch spricht der Heimatforscher

Kirschner bis in unsere Gegenwart hinein von zwei Kindern, die angeblich auf der Vohburg geboren worden seien – nämlich Sibylle (Sibilla) und Albert vom Hof.[30] Die „Genealogischen Hefte" veröffentlichten dazu ausführlich: „Unter der Überschrift ‚Kinder der Bernauerin' berichtet Walter Scheidler (1993) in der Augsburger Allgemeinen über Forschungen von Emely Koller-Hartlieb (Innsbruck) betreff der Herkunft ihres Ahnen Dr. med. Johannes Hartlieb, hzgl. Leibarzt in München. Sie konnte im Vatikanischen Archiv in Rom ein Gesuch vom 4. 10. 1451 ermitteln, in dem der Arzt um die Erlaubnis bat, ein Minoritenkloster in München gründen zu dürfen und sich dabei als Schwiegersohn Herzog Albrechts III. v. Bayern bezeichnete. / Aus der Anfang 1432 heimlich geschlossenen Ehe des Herzogs (* 1401, † 1460) mit Agnes Bernauer († 12. 10. 1435) kamen Ende 1432 eine Tochter Sibylla und 1433 ein Sohn Albrecht (Albert) in der hzgl. Burg Vohburg zur Welt. Der Sohn wurde Geistlicher und u. a. Pfarrer in Deggendorf, Propst des Stifts Pfaffmünster (= Münster bei Straubing). Er starb 1508 als Domherr in Freising (Epitaph im dortigen Kreuzgang). Die Herzogstochter Sibylla wurde 1451 Gattin des oben genannten Dr. med. Hartlieb. Drei Kinder des Paares wurden zwischen 1451 und 1455 geboren: 1. Eucharius, der Geistlicher wurde; 2. Dorothea, Gattin des Patrizier Tichl in München; 3. Gotthard, der hzgl. Bayer. Beamter wurde, und von dem die o. gen. Emely Koller-Hartlieb abstammt. / Diese Zuschreibung an Agnes Bernauer dürfte weniger richtig sein als die Zuschreibung an den Herzog."[31]

Privatforscher Gut legte zur Frage der Kinder völlig plausibel dar[32], dass Sibilla Neufarer eine natürliche Tochter Herzog Albrechts III. war und aufgrund ihres Alters kaum von Agnes Bernauer zur Welt gebracht werden konnte, wenn auch Hartliebs ausführlichster Biograf Karl Drescher fälschlicherweise Sibilla als Tochter der Agnes Bernauer ansieht.[33]

Bekannt ist, dass sich Sibilla mit Dr. Hartlieb vermählte. Die Hochzeit muss vor 1444 (nicht erst 1451 wie im Zeitungsartikel angegeben) erfolgt sein, denn in einer Klosterurkunde vom 18. Mai 1444 wurde sie bereits als Ehefrau Hartliebs bezeichnet, nämlich als: „hartlieb und sibilla, sein hawsfraw."[34] Hartlieb und Sibilla verkauften 1444 zwei Häuser in der Münchner Schrammergasse an Perchtold Maurer.[35] Dieses Geschäft ist ein Beweis für ihren angesehenen gesellschaftlichen Status und ihr beträchtliches Vermögen.

Außerdem wies Gut nach, dass Sibilla bereits einmal verheiratet war und zwar mit Martin Neufa(h)rer.[36] Aus dieser ersten Ehe brachte sie einen Sohn namens Lienhart mit in ihre zweite Ehe ein. Mit ihrem zweiten Gatten Hartlieb hatte sie einen weiteren Sohn Eucharius, der uns über seine familiären Besitzverhältnisse mitteilte: Das Leibgeding habe zugestanden „mynem obgenannten lieben herrn und vatter meister hannszen Hartlieb, Sibilla siner huszfrowen, myner lieben muter, lienharten Newfarer, mynem broder von der muter, aller dryer selligen gedechtnisz, und mir obgenanten Eucharien hartlieb, jr beider eelichen liplichen sune."[37] Von einer Tochter Dorothea, wie sie der Zeitungsartikel benennt, ist hier nicht die Rede und auch in der Forschungsliteratur nichts bekannt.[38]

Wenn Sibilla bereits vor 1444 einen Sohn gebar, dann kann sie unmöglich aus der Beziehung der Bernauerin zu Albrecht stammen. Denn der einzige Hinweis auf eine bestehende Schwangerschaft wäre die Aussage der Pfalzgräfin Beatrix im August 1432, als sie die Bernauerin als „hoch- und großfaist" bezeichnete. Falls damit tatsächlich „hochschwanger" und nicht, wie inzwischen überwiegend angenommen, „hochmütig und aufgeblasen" gemeint war. Eine 1432 geborene Tochter der Agnes Bernauer wäre aber bei ihrer zweiten Vermählung 1444 erst 12 Jahre alt gewesen und damals bereits Mutter aus einer ersten Ehe. Selbst wenn Sibilla gleich nach der Aufnahme der Liebesbeziehung zwischen Agnes und Albrecht um 1429 geboren wurde, dann wäre sie spätestens mit 13/14 Jahren erstmals Mutter gewesen, denn 1444 war sie schon zum zweiten Mal vermählt. Dieses frühe Heiratsalter ist selbst für mittelalterliche Verhältnisse höchst unwahrscheinlich, zumal die Mädchen im Durchschnitt einige Jahre später als heute geschlechtsreif[39] und allein bereits deshalb Ehen selten in so frühen Jahren geschlossen wurden. Das durchschnittliche Heiratsalter betrug für Frauen, nach florentinischen Quellen für die Zeit von 1340 bis 1530 errechnet, 17,2 Jahre mit einer Tendenz nach oben; die jungen Männer ehelichten durchschnittlich mit über 27 Jahren.[40] Gemäß den Forschungen van Dülmens vermählten sich in der Frühen Neuzeit die Frauen sogar erst mit 24/25 und die Männer gleichbleibend mit 27/28 Jahren.[41]

Sibillas zweiter Gemahl war weit über München hinaus berühmt. Hofarzt Dr. Hans Hartlieb († 1468) mitbegründete den Ruf Münchens „als Pflegestätte gelehrter und literarischer Bestrebungen".[42] 1440/41 wurde er Leibarzt von Herzog Albrecht III. und erhielt als Besoldung vierteljährlich 30 rheinische Gulden. Zudem schenkten ihm Herzog und Herzogin „ihre Gerechtigkeit am Haus in München an der Judengasse, darin vor Zeiten die Judenschule (‚synagoga judeorum') war, die der Beschenkte bis zum Frühjahr zu einer Liebfrauenkapelle umbauen" ließ.[43] Johann (Hans) Hartlieb,[44] aus Neuburg an der Donau stammend, studierte in Wien Medizin und wurde zu einem der gesuchtesten Ärzte seiner Zeit. Hof- und Weltmann zugleich, genoss er das Vertrauen Herzog Albrechts, der ihn zu seinem Berater in politischen und kulturellen Fragen, ihn auch mehrmals zu seinem Gesandten in diplomatischer Mission machte. Hartlieb kann als Frühhumanist gelten, er war belesen, Freund alter Klassiker, Übersetzer schöngeistiger wie gelehrter Literatur, Verfasser medizinischer und anderer Schriften. Seine 1444 übertragene „Historie von dem großen Alexander" wurde zu einem viel gelesenen Buch; Herzogin Anna widmete er 1448 seine Chiromantie, das „Buch von der Hand". Er beschäftigte sich sowohl mit wirtschaftlichen Fragen wie auch mit religiösen Erbauungswerken, mit Wundergeschichten, Alchemie und Okkultismus. Als Albrecht III. 1460 starb, besaß sein Schwiegersohn Hartlieb eine Apotheke und zwei Häuser am Rindermarkt in München. 1465 ernannte ihn Herzog Sigmund zu seinem Leibarzt und mit der Herzoginwitwe Anna betrieb er gewinnbringend ein Bergwerk.

Auch das zweite Kind, welches Albrecht III. angeblich von Agnes Bernauer erhalten hatte, nämlich Albert vom Hof, stammte nicht aus dieser Beziehung. Es ist zweifelsfrei nachgewiesen, dass Albert vom Hof, der nachmals im Freisinger Dom prächtig beigesetzt wurde, ein unehelicher Sohn Herzog Albrechts IV. war. Diese falsche Annahme klärte Keim bereits 1969 auf: „Auch männliche Nachkommenschaft wollte man der Bernauerin zuschreiben. Am 27. Dezember 1954 erschien im Straubinger Tagblatt ein Artikel von A. Alckens, gegen den 2 Tage später Stellung genommen wurde. Freilich war der 1508 als Domherr zu Freising und Propst zu Pfaffenmünster verstorbene Albertus de curia ein natürlicher Sohn eines Herzogs, als den ihn sein Grabstein im Freisinger Domkreuzgang heraldisch ausweist. Nachdem er aber erst 1493 in den Akten der Universität Padua erscheint, bezeichnet als Doctor in utroque iure, generosus dominus Albertus de Bavaria, canonicus Frisingensis prepositus in Pfaffenmünster, und 1494 als illustrissimi ducis Bavariae filius, demnach als Sohn des damals regierenden Herzogs in Bayern, kann dieser Herzog nicht der bereits 1460 verstorbene Albrecht III., sondern nur der 1465 an die Regierung gelangte Albrecht IV. sein."[45] Schlussendlich sind weder in Vohburg noch anderswo Nachkommen der Agnes Bernauer nachzuweisen.

Affront in Regensburg

Eine anonyme Erzählung von circa 1880 mit dem beziehungsreichen Titel „Agnes Bernauer oder Die Ruinen von Vohburg" schildert uns phantasievoll die vermeintliche Idylle auf der Vohburg, bevor uns die schrecklichen Folgen dieser ungleichen Verbindung vor Augen geführt werden: „An die Zukunft dachten die Glücklichen nicht; im Schlosse Vohburg an der Donau, dem Eigenthum Albrechts feierten Agnes und ihr Auserwählter das Vermählungsfest. Zwar sprach der Vater Agnesens, der edle Bernauer zu seiner Tochter feierlich folgende Worte: ‚Noch hör' ich's, daß Albrecht dich liebt und weiß es dass er dich heirathet, das glaube ich, dass du ihn behältst das gebe Gott!' Der gute Greis hatte es geahndet, er dachte an den Vater des Herzogs und war überzeugt, dass dieser mit der Wahl seines Sohnes nicht zufrieden sein könne (...). Die Ehe zwischen Albrecht und Agnes wurde so geheim gehalten, dass Herzog Ernst in München nicht sogleich erfuhr, was auf der Vohburg vorgefallen war (…). Indessen schwand Albrechts Liebe nicht, ja sie nahm immer mehr und mehr zu, denn dieser entfernte sich gar nicht mehr aus seinem Schlosse Vohburg und lebte nur für Agnes, genoß der süßen Ruhe eines Privatmannes."[46] Dieses befremdliche Benehmen eines ritterlichen Mannes erregte nun die Aufmerksamkeit des herzoglichen Vaters. Er wollte dem unerhörten Zustand abhelfen und lud zu einem Turnier nach Regensburg, um den müßiggängerischen Sohn in aller Öffentlichkeit zur Rede zu stellen. So will es die Legende.

Was wissen wir nun über diese folgenschweren Ereignisse in der Reichsstadt Regensburg?

Der Jesuit Vervaux veröffentlichte unter dem Namen des verstorbenen Hofarchivars Johann Adlzreiter 1662 seine bayerischen Annalen, in denen er mitteilte: „Der Vater Ernst war über die Verblendung des jungen Mannes höchst ungehalten, weil er dadurch von einer standesgemäßen Ehe abgehalten wurde und sich, was die Hauptsache ist, den Unwillen Gottes und Schande vor den Menschen zuzog. Allenthalben wurde nämlich davon gesprochen, dass er sich mit einem niedrigen Weib wie mit einer rechtmäßigen Frau abgebe und sie sogar zur Ehe nehmen wollte. In der Tat hatte er ihr bereits ein Schloß geschenkt. Herzog Ernst hielt mit seinem Zorn nicht zurück. Wiederholt hatte er ihn aufgefordert, wieder vernünftig zu werden und nicht weiter durch eine so schändliche Gesellschaft sein Geschlecht zu verunehren. Da er tauben Ohren gepredigt hatte und im Jahre 34 in Regensburg ein Turnier abgehalten wurde, ließ er ihn sogar mit Schlägen bestrafen."[47]

Laurentius Hochwart wusste schon um 1569 darüber zu erzählen: „Im selben Jahr 1434 fand am Tag des hl. Clemens (= 23. November) ein Turnier in Regensburg statt, an dem die Herzöge Johannes und sein Sohn Christoferus sowie Herzog Albrecht von Bayern teilnahmen. Auf diesem Turnier wurde Herzog Albrecht, der Sohn von Ernst, wegen seiner Freundin und Geliebten Agnes Bernauerin, die später im Jahre 1435 in Straubing ertränkt wurde, von den anderen Teilnehmern verhauen, weil er in seinem Liebeswahn für eine standesgemäße Ehe offenbar zu wenig Interesse zeigte."[48]

In der Gemeinerschen Chronik von Regensburg, die im 19. Jahrhundert entstand, heißt es zu besagtem Turnier 1434: „Um Kathreyn ließ die Stadt ihr Panier aufwerfen und einen Stechhof in Regensburg ausrufen. Noch während des Kaisers Anwesenheit waren Hans Zenger von Zangenstein, Dietrich Staufer zu Ernfels, Hans Frauenberger zu Zaizkofen und Degenhart der Hofer zu Sinching vor den Rath gekommen und hatten ihn im Namen der Ritterschaft in Bayern gebeten, einen Hof zu Turnier und Schimpf in der Stadt zu vergönnen, und sie des Schirm zu halten. Der Rath willigte in ihr Begehren unter dem Vorbehalt, dass sie bey einer Poen von 1000 fl. Rheinisch die Stadt sicherstellen sollten, ‚dem Hof gewiß nachzukommen, denselben nicht nachzulassen, noch verrer zu schieben oder zu verlängern', auch bey sich ergebender Zwietracht dem Rath treulich zu helfen und beizustehen. Dessen verschrieben sich die Voreyser und Werber, und setzten die weisen vesten, Herrn Wilhelm von Wolfstein zu der Sulzburg, den Ritter, Heinrich Gumpenberger zu Gumpenberg, Pangraz Puchbergern zum Neuen Haus, Hietschig den Pflueg zu der Swarzenburg, Erasin Satelpogern zu Lichteneck und Wilhelm Auern zu Brennberg deshalben zu Bürgen. Ueber den Turnier selbst und über die Weigerung der Ritter, den Heerzog Albrecht wegen seiner Liebschaft mit der holden Agnes für einen Turniergenossen anzuerkennen, welcher andere Chronicisten gedenken, geben die Acten und Urkunden, aus welchem ich diese Annalen verfasse, keine näheren Umstände an; doch bezeugen sie die Anwesenheit des jungen Heerzogs, dem sammt seinen Vettern den Heerzogen Johann, Christoph und Hans, jedem ein Fässchen Rainfall als Ehrenwein, im gewöhnlichen feyerlichen Zug aufgetragen wurde. Mit demselben Ehrengeschenk war auch in der Zeit des Turniers dreien jungen Markgrafen von Brandenburg aufgewartet worden."[49]

Dem Chronisten Gemeiner stand noch Material zur Verfügung, das heute nicht mehr auffindbar ist. Er überlieferte uns, dass neben der Verwandtschaft aus Neumarkt auch Albrecht auf diesem Turnier zugegen war. Dazu teilte bereits um 1438 Andreas von Regensburg mit: „Bei diesem Turnier wurde ein an

Vorzügen ausgezeichneter Fürst wegen seiner Geliebten, deretwegen er, wie man meinte, es aufschob, eine rechtmäßige Gemahlin zu nehmen, angegriffen und verhauen."[50] Den Namen des geschlagenen Herzogs nannte der Chronist nicht, „wohl aus Rücksicht auf das Herrscherhaus", aber es besteht wenig Zweifel, dass es sich hierbei um Herzog Albrecht handelte. Im Jahre 1469 identifizierte zudem ein anderer Chronist die namenlose Geliebte mit Agnes Bernauer.[51]

So ritt also Herzog Albrecht in prächtiger Rüstung vor die Turnierschranken. Er hatte sich von seinem Vater extra Silbergeschirr zum Schmuck von Ross und Reiter ausgeliehen.[52] Nun verwehrte ihm aber der Turnierleiter den Zugang zum Stechhof, schlug ihn wohl eher symbolisch mit dem Kolben einer Streit-

Auf dem Turnier in Regensburg wurde Albrecht wegen der Bernauerin schimpflich der Schranken verwiesen. (Holzstich, 19. Jh)

waffe auf die Schulter und verwies ihn wegen Verletzung der ritterlichen Ehre des Platzes. Angeblich wurde dabei seine Verbindung mit Agnes Bernauer als schimpflich, eines Ritters und Fürsten unwürdig und schändlich für sein Haus Wittelsbach verurteilt. Dieser demütigende Auftritt geschah in aller Öffentlichkeit, vor den Augen und Ohren der bayerischen Ritterschaft, vor den Patriziern und Handelsherren, den Kaufleuten, Handwerkern und kleinen Leuten, den Geistlichen und Laien sowie den zuschauenden Frauen und Männern der Reichsstadt Regensburg.

Der Bernauer-Biograf Lipowsky beschrieb die folgenreiche Turnierszene ausschmückend: „Schon wollte er den Kampfplatz in voller Rüstung betreten, als man ihm eröffnete: er dürfe nicht Turnieren, für ihn wären die Schranken geschlossen, weil er ein Mädchen unehrlich hielt, und mit ihr Unzucht triebe."[53] Rasend vor Wut soll da Herzog Albrecht zum Erstaunen aller „mit hallender Stimme" gerufen haben: „Agnes ist meine Gattin, meine Gattin durch das Band der Ehe."[54]

Eine derartige Zurückweisung bei einem Turnier geschah gemäß den Moralvorstellungen des ritterlichen Ehrenkodex. Die Heidelberger und Heilbronner Turnierordnung (von 1482) bestimmte in ihrem 10. Artikel: „Welcher vom Adel geboren und herkommen ist, der für einen Ehebrecher ungezweifelt, und offentlich erkannt wurde, der in eigenem ehelichen Stand, oder ausserhalb desselbigen, mit andern Eheweibern oder geistlichen Personen in solcher Gestalt zu schaffen hätte, auch Frauen und Jungfrauen schwächte oder öffentlich schändete, kann nit thurnieren; item, alle berimte, und offenbare Ehebrecher, und die also in der Unehe sitzen."[55]

„Unehe" ist hier gleichbedeutend mit Mesalliance, der unebenbürtigen Ehe, gemeint. [56] Wegen einer Geliebten hätte man Herzog Albrecht kaum derart gedemütigt und beleidigt, denn die hohen Herrn unterhielten damals nicht selten jahrelange Beziehungen zu Buhlschaften, mit denen sie oftmals mehrere Kinder hatten. So besaß Herzog Ernst, Albrechts Vater, von seiner Geliebten Anna Winzer mindestens drei Kinder, die er angemessen versorgte. Mit einer rechtmäßig angetrauten Ehefrau allerdings, die dem hochadeligen Ehemann nicht ebenbürtig war, sah die Sache schon anders aus. Albrecht hatte sich durch seine Mesalliance mit Agnes Bernauer nicht nur gegen die Standesehre der Ritterschaft vergangen, sondern sich vor allem gegen die von Gott gesetzte Ordnung der Welt versündigt. In der mittelalterlichen Weltsicht baute ein Stand auf dem anderen, wie bei den Stufen einer Pyramide, auf. An der Spitze stand der Fürst. Alle Stände waren von Gott eingesetzt und spiegelten somit auch die göttlich-gewollte Ordnung wider, der sich kein Mensch entgegenstellen durfte. Die einzelnen Gesellschaftsstände – wie Bauern, Bürger, Ritter und Adel, Geistlichkeit, Fürsten – waren nicht gänzlich voneinander geschieden und an manchen Stellen durchaus für einen sozialen Aufstieg durchlässig. Beispielsweise konnte ein höriger Bauer, der in die Stadt floh, das freie Bürgerrecht unter bestimmten Voraussetzungen erwerben. Aber je höher der Stand, umso dünner die Luft, desto exklusiver. Der Hochadel ehelichte ausschließlich untereinander, nur diese Verbindungen galten als akzeptabel. Alles andere war schändlich, befleckte die Ehre des Hauses; eine Heirat aus Liebe und Leidenschaft war unmöglich, bestenfalls lächerlich. Denn Heiraten waren in Fürstenhäusern ein Politikum, wurden allein zur Mehrung des Ansehens und Vergrößerung des Territoriums vereinbart.

Nach dem phantasievollen Bernauer-Biografen Lipowsky kehrte der beleidigte Albrecht noch immer wutschnaubend vom Regensburger Turnier zu Agnes nach Vohburg zurück und bestimmte: „Es ist Zeit dich zu zeigen, wer du bist, es ist Zeit, dich den Rittern, dem Volke von jener Höhe vorzustellen, auf die ich dich erhub. Man hält dich für meine Buhldirne, und verschloß mir deswegen die Schranken beim Turniere; aber ich hab es den Rittern und dem Volke von Baiern öffentlich kundgethan, daß du meine Gattin bist. Das arme verachtete Bürger-Mädchen tritt nun als Herzogin auf, und jene, mit der ich mein Bett theile, findet auch Platz auf meinem Throne."[57]

Sogleich soll er mit ihr ins herzogliche Schloss nach Straubing gezogen sein, um die Bernauerin dort als Herzogin zu präsentieren.

Kapitel 4

Die Bernauerin – „Duchessa“ zu Straubing

Die Legende erzählt …

Nach der Beleidigung auf dem Turnier 1434 in Regensburg brachte Herzog Albrecht Agnes Bernauer auf sein Schloss nach Straubing. Hier hielt sie in aller Öffentlichkeit als Herzogin Hof, war mildtätig und beliebt bei den Untertanen. Vor allem die kleinen Leute verehrten die Bernauerin als ihre Herzogin. Dies erregte den Unwillen des herzoglichen Vaters in München. Auf einer Konferenz zu Kelheim schmiedeten die Herzöge Ernst und Heinrich den Plan, der Bernauergeschichte ein Ende zu bereiten.

Die Historie überliefert …

Neuer Regent und neue Herzogin

Albrechts Biograf Mittermüller meint, dass der junge Herzog sich in den Jahren 1431/32 in der Regel in München und Umgebung aufhielt, in den Jahren 1433/34 und in der ersten Hälfte 1435 fast gänzlich in Straubing und nur vorübergehend in München und Umgebung. Er belegt dies mit Albrechts Unterschrift auf etwa 30–40 erhaltenen Urkunden aus diesem Zeitraum.[1] Unter Münchner Umgebung ist 1433/34 und Januar 1435 wohl hauptsächlich das Blutenburger Schloss in Menzing gemeint.

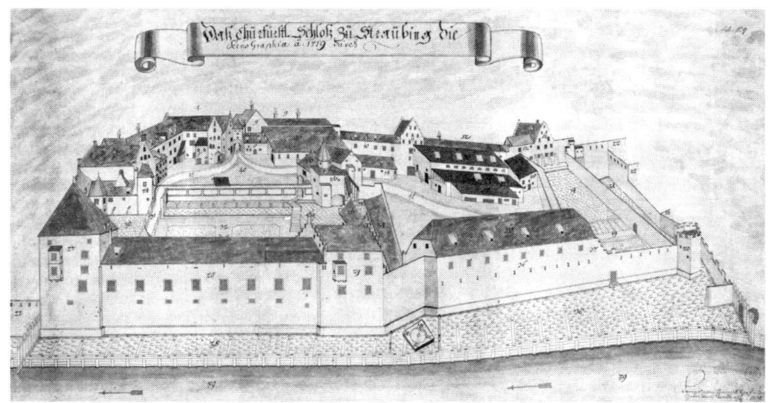

Im Schloss zu Straubing hielten Albrecht und Agnes als Herzogspaar Hof. (Kolorierte Federzeichnung von Lorenz A. Hierneis, 1719)

Im Juni und September 1435 wird Vohburg als Albrechts Aufenthalt genannt.

Seit dem 17. Januar 1433 verwaltete Albrecht für seinen Vater Ernst und seinen Onkel Wilhelm das Straubinger Land. Er gelobte „in Straubing seinen Sitz aufzuschlagen, nach bestem Wissen zu regieren, ohne Wissen und Willen des Vaters keinen Krieg anzufangen, kein Bündnis einzugehen, kein Schloß zu verkaufen, zu versetzen oder zu verleihen und keinen Diener oder Beamten ein- oder abzusetzen. Von einem Theile der Erträgnisse wolle er Hof halten und den Jahressold der unterländischen und zum Theil auch der oberländischen Räthe bestreiten."[2] Trotz dieser Einschränkungen konnte Albrecht in großer Freiheit und Selbstständigkeit in der ehemaligen Residenz der Straubinger Herzöge schalten und walten, zumal die Sonderentwicklung des Straubinger Landes in seiner Verbindung mit Holland schon recht lange angedauert hatte und dadurch bereits das Einheits- bzw. Zugehörigkeitsbewusstsein zu Bayern erschüttert war. Erschüttert wurde das Straubinger Niederland auch durch die Hussitenkriege, die Erbstreitigkeiten und durch das Raubrittertum, das mit dem sozialen Niedergang des Ritterstandes immer mehr aufkam. Die bayerischen Fürsten strebten zu einer Konzentration ihrer Macht, zur Festigung ihrer Teilherzogtümer, wohingegen das Straubinger Land, repräsentiert durch seine Ständevertretung, der sogenannten Landschaft, und durch herausragende Persönlichkeiten, wie den Erbhofmeister Hans von Degenberg, immer häufiger eigene Wege gehen wollte.[3] Albrecht III. gelang es auch als Herzog von Bayern-München nicht, die Straubinger Landschaft mit der oberbayerischen zu vereinen. Die Ständevertretung beharrte auf Eigenständigkeit.

Straubing war seit Mitte des 13. Jahrhunderts eine „Regierungsstadt", ein „Verwaltungszentrum und Sitz von staatlichen Behörden". Die Stadt zählte im 15. Jahrhundert etwa 4000 Einwohner; das Steuerbuch von 1462 nannte um die 800 bewohnte Anwesen.[4] Das Schloss der Regenten des Herzogtums Straubing-Holland, gebildet mit dem Teilungsvertrag zu Regensburg 1353, wurde seit 1356 an der Donau gebaut.[5]

Hier im Straubinger Herzogsschloss installierte Albrecht seine Agnes in aller Öffentlichkeit als Herzogsgemahlin. Er umgab sie mit einem weiblichen Hofstaat würdig einer Herzogin, einer „duchessa". Aventinus sagt dazu in seiner Bayerischen Chronik von 1533: „Und hat ir ain frauenzimmer gehalten wie ainer fürstin."[6] – Über diese Straubinger Zeit berichtet der Geschichtsschreiber weiter: „Dieser (= Albrecht) war so verliebt in Agnes Bernauer, die Tochter eines Augsburger Baders, dass er sie ganz wie eine rechtmäßige Gattin hielt und die Absicht hatte, sie öffentlich mit feierlichen Hochzeitszeremonien sich antrauen zu lassen. Sie selbst nannte sich Gemahlin des bayerischen Fürsten und Herzogin von Bayern und gedachte, ausgestattet mit Kammerjungfrauen, Hofdamen und weiblicher Dienerschaft, sich in der Öffentlichkeit zu zeigen."[7] Der Chronist Adlzreiter hielt Agnes für die aktiv Gestaltende dieser Situation in Straubing und urteilte: „Die Keckheit des Weibes war bereits so hoch gestiegen, dass es sich als Gemahlin des Herzogs ausgab."[8] Seiner Auffassung folgten auch andere, wenn sie schrieben: „Sie selbst gab sich als Gemahlin des bayerischen Fürsten und Herzogin von Bayern aus. Schließlich gedachte sie, ausgestattet mit Hofstaat und weiblicher Dienerschaft, in der Öffentlichkeit aufzutreten."[9]

Albrecht hatte, wie es ein Chronist um 1505 wissen wollte, Agnes „sein Schloß in Straubing als Wohnung überlassen."[10] Adlzreiter sprach sogar davon, dass Albrecht Agnes ein Schloss geschenkt habe.[11] Manche meinen, es hätte sich dabei um das Straubinger Schloss gehandelt.

Noch heute wird in Straubing erzählt, dass sich Agnes Bernauer als Herzogin im Schloss eingerichtet und auch nach außen hin agiert habe. Angeblich sei sie bei der Bevölkerung wegen ihres Eintretens für die unteren Volksschichten sehr beliebt gewesen. Der Autor der Festschrift zur Geschichte des Straubinger Karmelitenklosters meinte dazu 1947: „Agnes Bernauer aber lebt im Volke als guter Schutzgeist Straubings weiter und auch das Karmelitenkloster hat seine Gönnerin nicht vergessen."[12] Historisch belegbare Nachrichten über das Verhalten der Straubinger gegenüber der Bernauerin gibt es leider nicht. Der Straubinger Lehrer und Forscher Horchler stellte allerdings bereits vor einem Jahrhundert richtig: „Nach der Volkstradition nun war Agnes ein segenbringendes, holdes Geschöpf, angebetet von ihren Untergebenen, verehrt von dem sie umgebenden Kreis, in Wirklichkeit aber wissen wir über ihren Aufenthalt zu Straubing eigentlich gar nichts."[13]

Agentinnen

Höchst interessant ist in diesem Zusammenhang ein Vorfall in München. Im März 1434 wurde eine Frau, die Aicherin, dort verhaftet, die in der Residenzstadt Stimmung für Agnes als Herzogin bei den Münchner Neubürgern gemacht bzw. deren Stimmung ausgekundschaftet hatte. Dabei sammelte die Aicherin mit einer Gefährtin hauptsächlich bei den jüngeren Bürgern Unterschriften zugunsten der „Duchessa" in Straubing. Das heißt bei denen, die noch nicht allzu lange das Bürgerrecht erworben hatten und damit sozial aufgestiegen waren. Der Münchner Rat ließ die Agentin einsperren, nach zwölf Tagen wurde sie am 14. März 1434 „samt irer gespilen, der betlerin" wieder entlassen.[14] Darüber wurde im Buch der Münchner

Kammerrechnung 1433/34 eingetragen: „Item 36 d haben wir zalt umb den brief, den die Aicherin uber sich geben müst, do sie die jüngern purger verschrieben het gen dem Bernawerin, vor Judica 1434 (= vor dem 14. März 1434). // Item 5 ß minus 6 d haben wir zalt dem Slegel kostgelt von der Aicherin und irer gespilen, der betlerin, ir paider 12 tag, do sie gevangen lag von der geschrift wegen der Bernauerin getan."[15]

Der Bernauerforscher Riezler meinte dazu: „Es muß sich also um einen Versuch gehandelt haben, unter der jüngeren Bürgerschaft für Agnes als dereinstige Landesfürstin Stimmung zu machen, ja sogar eine schriftliche Erklärung aus diesen Kreisen zugunsten Agnesens aufzubringen."[16] Jüngst vertraten die Professoren Märtl und Schlosser, dass die Aicherin Stimmen gegen Agnes Bernauer gesammelt habe: „Hier eine schriftliche Aktion zugunsten der Agnes Bernauer anzunehmen, die ausgerechnet von zwei Frauen der untersten Schicht bei den Neubürgern ins Werk gesetzt worden wäre, geht entschieden zu weit. Versteht man das ‚gen' nicht im Sinne einer positiven Zuwendung, sondern als negatives ‚gegen', so könnte dieser Eintrag vielleicht sogar auf eine Art Schadenszauber zuungunsten der Bernauerin hindeuten."[17] Diese Interpretation ist jedoch eher spekulativ als wahrscheinlich. Denn warum sollte die Münchner Obrigkeit dann die Aicherin verhaften, wenn die tonangebenden Patrizier selbst gegen die Bernauerin eingestellt waren und ihren guten Anteil an deren Vernichtung hatten?[18] Hermann Glaser kommentierte dagegen an dieser Stelle: „Eine ‚Weibsperson', ‚die Aicherin', samt einer Bettlerin hatten offensichtlich im März unter den dem städtischen Patriziat und Herzog Ernst gegenüber stehenden Volksschichten Stimmen für die Bernauerin als die künftige Landesmutter gesammelt; solche sozialrevolutionären Tendenzen ließen später das Münchner Patriziat den Tod der Bernauerin begrüßen."[19] Es war durchaus nicht ungewöhnlich, dass oppositionelle Kräfte für agitatorische Aufgaben Frauen einsetzten, wie es beispielsweise an die hundert Jahre später im für die Augsburger Stadtspitze gefährlichen „Schillingsaufstand" geschah.[20] Frauen – vor allem Händlerinnen und Bettlerinnen – konnten unauffällig von Haus zu Haus ziehen,

Informationen weitertragen und für eine bestimmte Sache werben. Natürlich standen hinter den Frauen zumeist andere Drahtzieher, die aber im Falle der „Aicherin“ nicht bekannt wurden.

Vom Schalten und Walten der neuen Herzogin erfahren wir aus den Quellen nur Spärliches. Dass sie sich aber als rechtmäßige Herzogin bzw. Herzogsgemahlin gefühlt hat, beweist ihre Altarstiftung im Kloster der Karmeliten zu Straubing.

Das Karmelitenkloster und seine Kirche war die Grablege der Straubinger Wittelsbacher, der wohlhabenden Bürger und des niederbayerischen Adels. Hier wünschte auch Agnes Bernauer beigesetzt zu werden: „In dem Kloster der Karmeliten zu Straubing baute sie sich im Kreuzgange ihr Begräbnis nebst einer Kapelle, um einst dort zu ruhen.“[21] Albrecht selbst stiftete später für das Seelenheil der toten Gemahlin Messen in den Klosterkreuzgang der Karmeliten „zu dem Altar, den die vorgenannt Agnes Pernawerin salig die vorhin bey iren lebentigen Willen hett ihr Grebnus da ze haben.“[22] Dies war nicht verwunderlich, da die Karmeliten bereits seit Herzog Albrechts II. Zeiten die Schlosskaplanei in der Hofkapelle innehatten.[23]

Agnes Bernauer richtete sich also als Herzogin in Straubing ein. Repräsentierte öffentlich und vorausschauend, worauf die Vorsorge für ihr Begräbnis hindeutet. Sie fühlte sich ganz als legitime Herzogin des Straubinger Landes an der Seite ihres Gemahls und neuen Regenten Albrecht. In seinem „Lied von der Bernauerin“ dichtete der Schriftsteller Otto Ludwig anerkennend diese Strophe:

Agnes Bernauer als Straubinger Herzogin. (Ölgemälde des Malers Stössel, 19. Jh.; Foto: Peter Schwarz)

Nie ward ein Weib geboren
Von fürstlich edlerm Sinn,
Zur Fürstin je erkoren,
Als die Bernauerin.[24]

Familienzwist und ein Todesfall

Offenbar unterstützte die Bernauerin eine eigenständigere Politik Albrechts, veranlasste ihn, weniger dem herzoglichen Vater in München und dem oftmals fernen Onkel Wilhelm hörig zu sein. Denn bald schon kamen aus München dementsprechend verärgerte Reaktionen. Zunächst noch eher väterlich besorgt, dann immer ungehaltener und scharf befehlend.

Zu Beginn seiner Regentschaft im Straubinger Land kränkelte Albrecht. Am 25. Februar 1433 schrieb er an seinen Schwager Adolf von Jülich-Berg, dem Gemahl seiner Schwester Elisabeth, aus Straubing: „Wir tun euch zu wissen, dass wir in grosser kranckheit an dem kalten siechtum sein, darinne wir also swärlichen ligen. Doch so hoffen wir zu got, das sich unser ding pald pessern sull."[25] Dieses „kalte Siechtum" brach offenbar im September des gleichen Jahres nochmals aus, da Albrecht seinen Vater in München verständigte, dass er an kaltem Fieber und an Erbrechen leide. Er bat ihn, „Pumbranzen und Margran-Äpfel" zu schicken, da er diese selbst in Regensburg nicht erhalten habe. Ernst sorgte sich um den leidenden Sohn, nicht ohne ihn anzuweisen, sich in seinem Zustand „vor Frauen" zu hüten. Womit wohl nur die Bernauerin gemeint sein konnte. Albrecht gab diesen Ball zurück und antwortete spöttisch, dies solle doch gleichfalls der Vater beherzigen, wenn er wieder einmal „schöne Frauen" aufsuche.[26]

Noch hielt sich die vorsichtige Kritik im Rahmen der Vater-Sohn-Beziehung. Die Lage spitzte sich aber allmählich zu, da Albrechts neue Position als Regent in Straubing Onkel Wilhelm ebenfalls besorgt nachfragen ließ. Dieser wünschte nämlich auf keinen Fall, in seinem Eigenbesitz verkürzt zu werden. Der Grund dafür: Am 11. Mai 1433, während des Konzils in Basel, heiratete der langjährige Junggeselle in fortgeschrittenem Alter die erst 17-jährige Margarete von Kleve. Die jugendliche Herzogin wurde in München mit offenen Armen empfangen, nahm sogleich die verwaiste Stelle der Landesherrin ein und gebar bereits am 17. Februar 1434 einen Sohn. Adolf war zwar seit seiner Geburt kränklich – „ain schwechlich Kind, kombt halb todt zu Weld"[27] – trotzdem gab es seitdem einen Albrecht gleichgestellten Erben im Herzogtum Bayern-München.

Lipowsky meint, dass Herzog Wilhelm immer zwischen Herzog Ernst und Albrecht ausgeglichen und er dem Neffen verständnisvoller gegenübergestanden habe.[28] Er schreibt: „So lange aber Herzog Wilhelm lebte, vermochten alle Kabalen, die an Ernstens Hoflager gegen die Agnes gespielt wurden, nichts gegen sie, und ihren Gemahl; indem Wilhelm ein kluger, sanfter und guter Fürst, immer die Hitze seines Bruders mäßigte."[29] Gegen diese Auffassung steht die mehr und mehr spannungsgeladene Atmosphäre, seit Albrecht sich im Straubinger Land als Regent gebärdete und Wilhelm im fernen Basel glaubte, dass ihm und damit auch seinem kleinen Sohn Adolf ein Teil seiner Herrschaft entzogen werde. Auch betonte Wilhelm jetzt stärker seine Eigeninteressen, verlangte an Ernst verliehene Gelder zurück und forderte die ihm bislang vorenthaltenen väterlichen Erbteile ein.[30] Eine Krise bahnte sich im Hause Bayern-München an. Albrechts Beziehung zu seinem Onkel Wilhelm

Albrechts Onkel, Herzog Wilhelm III. von Bayern-München († 1435). (Kupferstich von J. A. Zimmermann, 1773)

erkaltete zusehends. Erst im April 1435 konnte der Familienzwist gütlich beigelegt werden.

Wenige Wochen danach, am 12. September 1435, starb völlig unerwartet Herzog Wilhelm III. im Alter von 60 Jahren, gerade zwei Jahre nach seiner Verheiratung.[31] Er hinterließ den kleinen Adolf als Mitregenten und seine hochschwangere Witwe. Margarete kam am 25. September 1435 mit einem Sohn namens Wilhelm nieder, der aber nur kurz lebte.[32]

Nach Wilhelms Tod trat der seit langem schwelende Konflikt zwischen Ernst und Albrecht in eine letzte Phase. Des Sohnes eigenständige Politik in Straubing sorgte beim Vater für großen Ärger. Albrecht stand nämlich bei den Rittern des Straubinger Landes im Wort, die einen finanziellen Ausgleich für ihre Kriegshilfe gegen die einfallenden Hussiten verlangten. Diese Gelder forderte er bei seinem Vater mehrfach ein. Herzog Ernst, wie immer knapp bei Kasse, hielt ihn hin und versetzte damit den Straubinger Regenten in eine unmögliche Lage. Dieser hatte deshalb bereits am 19. März 1434 nach München berichtet: „So tun wir Euer Lieb zu wissen, dass uns die Ritterschaft hart anlangt wegen der Schäden in Böhmen, und meint, die Angelegenheit nicht länger stehen zu lassen. Und sie sind uns in allen Sachen unbillig und widerspenstig und sorgen dafür, dass wir deshalb etliche Feinde gewinnen werden."[33]

Mehrmals drängte Herzog Ernst seinen Sohn nach München zu kommen, um alles mit ihm zu bereden und ihm natürlich auch Anweisungen zu geben. Aber Albrecht wich mit reichlich durchsichtigen Entschuldigungen aus. Im Januar 1435 forderte er nochmals die Zahlungen für die Ritterschaft wegen der Böhmenhilfe ein, wieder vergebens. Die Ritter wurden ungehalten, schickten einen Fehdebrief ins Straubinger Schloss, wie Albrecht dem Vater am 9. April 1435 mitteilte.[34] Daraufhin überfielen die Ritter den Markt Bogen, mussten aber wegen rechtzeitiger Gegenwehr der Einwohner unverrichteter Dinge wieder abziehen. Albrecht lehnte, um nicht selbst noch stärker hineingezogen zu werden, eine kriegerische Auseinandersetzung mit dem niederbayerischen Adel ab, zumal er diesen im Recht wähnte. Weiterhin kam kein Geld aus München. Dort beschäftigte man sich vorrangig mit dem Schmieden eines Bündnisses, das am 19. April 1435 mit Herzog Heinrich XVI. von Bayern-Landshut zustande kam, hauptsächlich gerichtet gegen den Unruhe stiftenden Herzog Ludwig den Bärtigen von Ingolstadt. Das „Freisinger Bündnis" sollte nun auch von Albrecht bestätigt werden, was dieser jedoch hinauszögerte.

Das Vater-Sohn-Verhältnis wurde immer angespannter. Herzog Ernst forderte des Sohnes Gehorsam ein. Albrecht dagegen entzog sich den väterlichen und landesherrlichen Weisungen immer mehr, zumal Ernst die Bitten seines verschuldeten Sohnes um Herausgabe des gesamten mütterlichen Erbes geflissentlich überhörte.[35] In dieser prekären Situation ging Albrecht in der Osterzeit gegen die Straubinger Juden vor. Er beschuldigte sie schändlicher Vergehen, nahm einige in Haft und ließ sie gegen Zahlung einer Geldstrafe wieder frei. Offenbar ging es ausschließlich darum, Geld zu erpressen, denn Albrechts Hof zu Straubing war kostspielig und die Finanzen waren knapp. Als Herzog Ernst die Sache mit den Juden zu Ohren kam, ging ihm Albrechts selbstständiges Handeln zu weit. Hart rügte er ihn und forderte sein sofortiges Erscheinen in München. „Er verlangte, den Hof in Straubing ‚nach unserem Rate' zu besetzen und fügte hinzu: ‚So sollt Ihr gewahr und inne werden, dass wir Euch mehr tun wollen, als ein Vater einem Sohn schuldig ist und einen ehrbaren fürstlichen Hof halten. Wollt Ihr uns folgen und tun, was wir Euch schaffen, so wollen wir Euch bald aus den Schulden helfen.'"[36]

Nun interpretiert der Bernauerforscher Schäfer diesen Zwist zwischen Vater und Sohn als Familienstreitigkeit mit dem Ziel, den Sohn von der missliebigen Bernauerin zu trennen. Allerdings widerspricht dem ein Schreiben Albrechts vom 16. Mai 1435, in welchem er seine Politik und Vorgehensweise ausführlich begründete und dem Vorwurf der Misswirtschaft im Straubinger Land energisch entgegentrat. Auch verwahrte er sich dagegen, dass ihn bestimmte Kreise schlecht machten und verunglimpften.[37] Der Brief des Vaters vom 20. Mai 1435 drückte dann überaus deutlich den Anspruch des Herzog auf Gehorsam und Unterwerfung aus: „So sind wir Euch von göttlicher

Albrechts Vater, Herzog Ernst I. von Bayern-München († 1438). (Kupferstich von J. A. Zimmermann, 1773)

Gesetze und väterlicher Treue wegen schuldig, dass wir Euer Würde, Nutz und Frommen stetiglich betrachten und bewahren (…). So seid Ihr uns von söhnlicher Untertänigkeit wegen schuldig, in allen Sachen gefolgig und gehorsam sein. Darum, lieber Sohn, so trauen wir Euch wohl, Ihr kommt unverzüglich zu uns herauf, so wollen Wir über alle Sach, die unser und Euer Notdurft, auch Würde und Frommen antreffend sind, mit Euch treulich und väterlich reden, und darauf Euer Antwort gütlich hören und Euch unseren treuen Rat mitteilen. Wollt Ihr uns dann folgen, so sollt Ihr inne werden, dass wir Euch solchen Nutz, Frommen und Würde schaffen wollen, dass Ihr uns treulich danken werdet, wann uns je nicht größere Freude erstehen möchte, dann wir Euch in großer Würde und Ehre setzeten (…) Darum, lieber Sohn, so lasst Euch von niemand anders raten, dann Ihr kommt zu uns hieher ohne alles Verziehen."[38]

Selbst diesen nur mehr schlecht aus vorgeblich väterlicher Fürsorge verhüllten Befehl, nach München zu kommen und sich in diesem Vorhaben von niemanden umstimmen zu lassen, folgte Albrecht nicht. Vielmehr kassierte er in aller Ruhe die Strafgelder der Straubinger Juden für sich ein, was offenbar das Fass zum Überlaufen brachte. Ende Mai kam Herzog Ernst persönlich nach Straubing, um nach dem Rechten zu sehen. Manche Historiker meinen nun, er habe damals seinen Sohn als Regenten des Straubinger Landes abgesetzt. Näheres ist jedoch nicht darüber zu erfahren. Jedenfalls weilte Albrecht an Pfingsten 1435 in München, um das „Freisinger Bündnis“ zu unterschreiben und begab sich dann in seine Grafschaft Vohburg. Hier, in der Nachbarschaft zu Ingolstadt, versuchte er ein gutes Verhältnis zu Ludwig dem Bärtigen aufzubauen. Sogleich wurde ihm sein Bemühen in München ungünstig ausgelegt. Man munkelte, Albrecht habe sich mit dem Ingolstädter verbündet. Gegen diese Verleumdungen beschwerte sich Albrecht bitterlich bei seinem Vater und meinte, „dass uns solche bösen Leute und Klaffer gern einen ungnädigen Herrn und Vater machen wollten. (...) Lieber Herr und Vater, wegen jenes unrechten Schlechtmachens, das man uns täglich bei Euch antut, sollt Ihr wissen, dass uns das ganz gewiss hart kränkt. Und wir müssen vielleicht vor unserer Zeit sterben, so sehr fressen wir es täglich in uns hinein.“[39]

Die Korrespondenz zwischen Vater und Sohn in der ersten Hälfte des Jahres 1435 zeigt zweierlei: Einmal eine Verschärfung des Umgangstones aufgrund der Emanzipation des Sohnes vom Vater in privaten wie in politischen Dingen. Zum anderen formierte sich offensichtlich in München eine starke Opposition, die nicht allein gegen Albrecht, dem zu unabhängigen Fürsten in Straubing gerichtet war, sondern vor allem gegen seine Ratgeber. Hinter Albrecht aber stand an erster Stelle eine Person, die besonders bei den einflussreichen Patriziern in München verhasst war – die hochmütige und anmaßende Bernauerin! Sie stärkte dem eher labilen und konfliktscheuen Albrecht den Rücken. Agnes Bernauer, klug und zielstrebig, wollte Herzogin im Straubinger Land bleiben, mit der Aussicht, später an der Seite Albrechts auch Herzogin von ganz Bayern-München zu werden.

Konferenz in Kelheim

Die nächsten wichtigen Nachrichten in diesem Kräftemessen erhalten wir vom Münchner Stadtschreiber, der vor dem 16. Oktober 1435 verzeichnete: „Item 13ß 10d haben wir zalt dem

Lysaltz mit unserm gnedigen herrn hertzog Ernsten gen Kelhaim zu zerung, do die fursten und hern ain unterred mit einander heten von herzog Ludwig und von der Bernawrin wegen."[40]

Besagte Unterredung in Kelheim, dem Eigenbesitz Herzog Wilhelms III. von Bayern-München aus der Erbmasse Straubing-Holland, gibt einige Rätsel auf. Wer nahm eigentlich neben Herzog Ernst und dem Münchner Patrizier Ligsalz daran teil? Wer waren diese angeführten „Fürsten und Herren", welche dort zu einer Besprechung zusammenkamen, und wann genau fand die Konferenz statt?

Riezler meinte, dass sich in Kelheim Ernst mit Herzog Heinrich von Landshut, dem er irrtümlich Kelheim zuschreibt, getroffen hätte. Andere, wie vor allem Schäfer, vermuten ein Treffen von Ernst mit Wilhelm und eventuell auch mit Herzog Heinrich. Nun starb aber Wilhelm III. bereits am 12. September überraschend, sodass dieses Kelheimer Gespräch deshalb Anfang September stattgefunden haben müsste. Da oben zitierter Eintrag in die Münchner Kammerrechnung nicht exakt datiert ist, sondern nur den Zeitpunkt der Spesenabrechnung wiedergibt, lässt es sich trefflich spekulieren.

Aber könnten sich in Kelheim nicht auch Vater und Sohn – Herzog Ernst und Albrecht – getroffen haben, um über den Ingolstädter und die Bernauerin zu sprechen? Dies entweder noch zu Lebzeiten Wilhelms oder nach dessen Ableben, um Präsenz in dessen verwaistem Eigenbesitz zu zeigen, eventuell auch mit dem kleinen Erben Adolf im Schlepptau? Vielleicht hat ja auch Albrecht darauf spekuliert, dass nun Kelheim wieder wie vormals dem Straubinger Land zugeschlagen werden würde, dass er das Gebiet für das herzogliche Kind Adolf zusätzlich verwalten und damit seinen eigenen Regentschaftsbereich vergrößern könnte. Sozusagen eine Art Brückenschlag von Straubing über Kelheim nach Vohburg, alles Orte an der Donau. Zudem stritt sich seit einiger Zeit Albrecht mit Herzog Heinrich von Landshut um Neustadt, einem weiteren Ort an der Donau.

In dieser angespannten Zeit erreichte Albrecht ein Brief des Landshuters vom 6. Oktober 1435 vermutlich in Vohburg – sicher ist nur, dass er sich damals nicht in Straubing aufhielt –

mit folgender Einladung: „Unsere freundlichen Dienste zuvor, hochgeborener Fürst, lieber Vetter. Es kommt zu Euch unser Rat und lieber Getreuer Vivian Aheimer, um für ein Anliegen von uns zu werben, dass Ihr wollet ihm vollkommen glauben, worum er Euch diesmal ersuchen wird, und wollet uns nicht abschlagen zu uns zu kommen, da wir mit Euch jagen und fröhlich sein und auch sonst bereden wollen, was wir Euch nicht schreiben können."[41]

Am 8. Oktober kündigte Albrecht sein Eintreffen in Landshut für den 13. Oktober an. Er wies darauf hin, dass er nicht lange bleiben könne, da er sich zur Totenmesse seines Onkels Wilhelm am 16. des Monats in Straubing einfinden müsse. Albrecht berichtete, dass er erst kürzlich in Straubing gewesen sei und dort von seinem Vater „wegen anderer Sachen" gar hart angegangen worden war,[42] das heißt wohl wegen des Streits um Neustadt an der Donau. Albrecht zeigte sich darüber verstimmt. Offenbar sollte dieser Besuch in Landshut einige Missverständnisse zwischen ihm und Heinrich ausräumen. Jedenfalls begab sich Albrecht nach Landshut. Währenddessen zog Herzog Ernst in Straubing wieder die ganze Macht an sich, ließ die Bernauerin gefangen nehmen und am 12. Oktober 1435 hinrichten.

Der Augsburger Professor Schlosser meint dazu: „Als die Bernauerin in München und später auch in Straubing offen und unbehindert Anstalten machte, ihr Regiment an der Seite des Erbprinzen als ‚heimliche' Fürstin zu zelebrieren und künftig auf das ganze Land auszudehnen, hatte sie offensichtlich absolute Grenzen überschritten. Der regierende Herzog Ernst sah sich zum Handeln gezwungen, wollte er nicht sich selbst und seine Dynastie dem Dauergespött der Bevölkerung aussetzen."[43]

Dass Albrecht in einem Komplott, geschmiedet zwischen Herzog Ernst und Herzog Heinrich, bewusst von Straubing ferngehalten werden sollte, lässt sich nicht belegen, wenn auch die überwiegende Zahl der Historiker sich darum bemühte. Riezler vertrat beispielsweise die Auffassung: „Halten wir nun diese Daten und einige Äußerungen in den späteren Correspondenzen der Fürsten zusammen mit der Nachricht vom Kelheimer

Tage, so ist es schwer, die Folgerung zurückzuweisen, dass Heinrichs Einladung in tückischer Absicht erfolgte, dass er in Kelheim in Ernsts Plan einen Schlag gegen Agnes zu führen eingeweiht wurde, dass er damit nicht nur einverstanden war, sondern auch das seinige that, die Ausführung zu fördern, indem er es übernahm, Albrecht in dem kritischen Momente von Straubing fernzuhalten."[44] Dagegen ist einzuwenden, dass weder Heinrichs Teilnahme an dem Treffen in Kelheim verbürgt wird, noch seine unlautere Absicht hinsichtlich der Einladung Albrechts nach Landshut. Im Gegenteil: Später distanzierte sich Herzog Heinrich explizit, „von der Geschicht wegen der Bernauerin" gewusst zu haben.[45]

Agnes hatte sich zu dieser schicksalsträchtigen Zeit im Straubinger Schloss aufgehalten, nicht in Vohburg, wie man noch heute dort zu erzählen weiß. Spätestens mit Albrecht war sie um den 8. Oktober dort abgereist und gleich, ohne Zwischenaufenthalt in Landshut, nach Straubing gekommen. Noch wahrscheinlicher ist aber, dass sie bereits weit vorher in Straubing weilte bzw. von dort überhaupt nicht weggefahren war. Bestimmt wollte sie ebenfalls am Gedenkgottesdienst für den verstorbenen Herzog Wilhelm teilnehmen, der am 16. Oktober 1435 in der Karmelitenkirche feierlich zelebriert werden sollte. Vier Tage vorher am Mittwoch, den 12. Oktober 1435, fand Agnes Bernauer jedoch selbst den Tod.

Kapitel 5

Agnes Bernawer – das „böse Weib"

Die Legende erzählt …

Während Albrecht, absichtlich hinweggelockt, in Landshut weilte, ließ Herzog Ernst Agnes gefangen nehmen und vor Gericht stellen. Als sie zu dreiste Antworten gab, verurteilten sie die Richter, angetrieben von dem intriganten Viztum Nothaft, zum Tode. Also wurde Agnes gebunden von der Brücke zu Straubing am 12. Oktober 1435 in die Donau gestürzt. Dabei löste sich eine Fußfessel, die Ertrinkende rettete sich ans Ufer und rief jämmerlich um Hilfe. Aber der herbeieilende Henker tauchte die Unglückliche mit einer langen Stange unter, bis sie ertrank.

Die Historie überliefert …

Tod durch Ertränken

Nur die Tatsache ihres gewaltsamen Sterbens in der Donau bei Straubing ist zweifelsfrei bekannt. Der einzige zeitgenössische Chronist Andreas von Regensburg teilt uns über das schreckliche Geschehen mit: „Im selben obengenannten Jahr (1435), am 12. Oktober, wurde auf Befehl des Herzogs Ernst von Bayern eine überaus schöne Frau, die Geliebte seines Sohnes Albrecht

– einige aber sagten, dass sie dessen wirkliche und rechtmäßige Gattin war –, die Bernauerin genannt, von der Donaubrücke in Straubing gestürzt. (...) Mit Hilfe des einen Fußes, der nicht gefesselt war, schwamm sie ein Stück und kam nahe ans Ufer, mit heiserer, kläglicher Stimme rufend: Helft! Helft! Der Folterknecht aber, der sie von der Brücke gestürzt hatte, lief am Donauufer hinzu und, weil er den jähen Zorn des Herzogs Ernst fürchtete, wickelte er eine lange Stange in ihr Haar und drückte sie wieder unter Wasser."[1]

Weder von einem vorausgehenden Prozess, in welchem die Bernauerin zum Tode verurteilt wurde, noch von den Beteiligten an dieser Hinrichtung ist bei Andreas von Regensburg in seiner um 1444 verfassten Chronik die Rede.

Hieronymus Ziegler glaubte allerdings über hundert Jahre später (1562) zusätzlich zu wissen: Herzog Ernst soll über die Zustände in Straubing empört gewesen sein. Daher kam er „in Abwesenheit seines Sohnes nach Straubing, rief alle anwesenden Ratsmitglieder zusammen, beratschlagte und fragte, was zu tun sei. Hierauf setzte er sie nach Beschluss des Rates gefangen. Da sie allzu keck mit weiblicher Unbesonnenheit sich verantwortete, ließ er sie nach dem Spruch der Vornehmen vom Scharfrichter in der Donau ertränken."[2]

Auch der Biograf Lipowsky schrieb 1801, dass Herzog Ernst nur den Zeitpunkt abwartete, da sein Sohn Albrecht sich nicht in Straubing aufhielt. Sich selbst dann eilends in die Stadt begab und „Agnes auf dem dortigen Schlosse gefesselt in einem Gefängnis verwahren" und „ihre mit seinem Sohne gepflogene Liebschaft förmlich untersuchen" ließ.[3]

Der Chronist Vervaux schrieb im 17. Jahrhundert über die fast zwei Jahrhunderte früheren Ereignisse: „Während Albrecht abwesend war, ließ Ernst sie (Agnes) in Straubing vom Rat gefangenlegen und die Befragung über ihren Charakter nach dem Gesetz durch die Behörde vornehmen. Als sie zu dreiste Antworten gab, wurde sie nach dem Spruch des Richters zum Tod im Wasser verurteilt. Also wurde sie von der Brücke zu Straubing am 12. Oktober in die Donau gestürzt."[4]

Nun ergeben sich aus obigen Mitteilungen mehrere Fragen:

Der Henker ertränkt die noch schwimmende Bernauerin in der Donau.
(Holzstich nach W. Camphausen, um 1880)

Wurde die Bernauerin wirklich inhaftiert und ihr der Prozess gemacht? Wo genau wurde die Unglückliche in die Fluten der Donau gestürzt? Wer war an der Hinrichtung maßgeblich beteiligt, und warum wurde Agnes Bernauer überhaupt getötet?

In Straubing wird dem Gast noch in unseren Tagen der angebliche Gefängnisturm der Bernauerin gezeigt. Besagter Turm war ursprünglich Teil der Befestigungsanlagen, die allerdings erst von Albrecht IV. 1474, also fast 40 Jahre nach dem Tode der Bernauerin, errichtet wurden. Falls Agnes wirklich inhaftiert wurde, dann saß sie bestimmt nicht in diesem erst viel später gebauten Turm gefangen. Wahrscheinlich hatte man sie in ihren Gemächern des Schlosses arretiert und dann mit ihr kurzen Prozess gemacht.

Prozessakten sind jedoch nicht vorhanden. Lipowsky bekennt bereits 1801, dass er die Mitglieder des vorgeblichen Gerichts nicht herausfinden konnte, „zumal ich die Proceß- oder Inquisitions-Akten, trotz aller mir gegebenen vielen Mühe, nicht auszufinden vermochte."[5] Daher zog Riezler am Ende des 19. Jahrhunderts den Schluss: „Es bleibt zweifelhaft, ob ein Gerichtsverfahren vor dem Straubinger Hofgerichte vorausging. Das Schweigen, das Ernst hinsichtlich dieses Punktes später in einem alle vermeinten Rechtfertigungsgründe sammelnden Schriftstücke beobachtet, lässt nur die zwei Erklärungen zu, dass entweder kein gerichtliches Verfahren stattgefunden hat oder dass der Herzog selbst kein Gewicht darauf legte. Sollte auch eine rechtliche Form gewahrt worden sein, jedenfalls war das Urteil so gut wie voraus entschieden."[6]

In einer anonym um 1580 verfassten Genealogie der Bayerischen Herzöge, die Lipowsky anscheinend noch vorlag, steht: „Das Weyb wardt so in Poshayt verhartet, daz sy den Herzog Ernst nit als iren Richter undt Herrn halten wollt, da sy selbst Herzogin zu seyn angab; undt daz erposte Herzog Ernsten wider sy, daz er das Weyb nemmen last, undt ersauffen."[7] Sich darauf beziehend warf Lipowsky 1801 eine flammende Verteidigungsrede der Bernauerin aufs Papier, als ob er sie im Gerichtsraum selbst erlauscht hätte: „Mit Würde und einem edlen Selbstgefühle, wiewohl in Fesseln, und herabgewürdiget bis zur gemeinsten Verbrecherin, erschien Agnes vor dem niedergesetzten Gerichte. Wer vermag des Herzog Albrecht's Gattin, – sprach sie –, wer seine rechtmäßige, von ihm anerkannte Frau mit Ketten zu belasten, sie einzukerkern, sie sogar zur Verantwortung zu ziehen, wenn es nicht mein Gemahl, oder der Kaiser befahl? – Unterthanen des Herzog Ernst's können nicht über mich richten, denn ich bin nicht mehr jenes Mädchen, das ich in Augsburg war, ich bin nicht nur Herzog Albrecht's, eueres künftigen Fürstens, Geliebte, sondern ich bin noch mehr, ich bin sein angetrautes Weib. Der des Herzogs Gemahlin unanständig, und nicht mit der gebührenden Achtung behandelt, vergeht sich gegen ihn, und beleidiget selbst seine Würde (...) Als Gattin kenne ich meine Pflichten gegen den Herzog, sie heißen ewige Liebe, und unverbrüchliche Treue (...) Trennen könnt ihr uns, aber das ist auch alles, denn nie könnt ihr die Bande lösen, die mich und Albrecht binden. Diese Bande, von Gott so enge verwebt, vernichtet nur der Tod. (...) In der Abwesenheit meines Gemahls, mich, ein wehrloses Weib zu überfallen, zu knebeln, und sogar einem Gerichte zu unterwerfen, kann ich weder für edel, noch für gerecht erkennen. (...) Ich, des Herzogs Weib, bin nicht Verbrecherin, und erkenne in keiner Rücksicht des Herzogs Ernst Gerichte. (...) Indessen verlange ich nichts, als dass mich der Herzog Ernst, und seine Räthe als jene anerkennen, die ich nunmehr bin (...), und dass man mich sogleich frei lasse, und dem Herzog meinem Gemahl zurück gebe."[8]

Der dem Münchner Hof nahestehende Chronist Hans Ebran behauptete, „Herzog Ernst habe ihr eine anderweitige Verheiratung vorgeschlagen, aber sie habe unbedingt einen Degenberger gewollt, das heißt einen Mann aus einer der ersten Familien des Herzogtums, worüber Ernst so ergrimmt sei, dass er sie ertränken ließ."[9]

Die Degenberger standen mit dem Straubinger Land in enger Verbindung. Sie waren die Reichsten und Mächtigsten in Niederbayern. Hans von Degenberg führte als Erbhofmeister die Delegation der Straubinger Landschaft bei den Teilungsverhandlungen 1429 an.[10]

Sollte Agnes Bernauer wirklich diesen Wunsch nach Einheirat in die Degenberger-Familie geäußert haben, so ist dies ein starkes Indiz für ihre politische Rolle und Zielvorstellung, die sie mit Straubing verbunden hatte. Denn die Degenberger waren ein stolzes, unabhängiges niederbayerisches Adelshaus. Sie wurden im späteren 15. Jahrhundert zum Haupt des unruhigen niederbayerischen Adels, die sich in den Bünden der Löwler und Böckler zusammenfanden, sich der Oberhoheit des Herzogs entziehen wollten und nach dem freien Reichsritterstand strebten.[11] Wenn sich nun die Bernauerin tatsächlich mit den Degenbergern vereinen wollte, dann kann dies eigentlich nur bedeuten, dass sie die Verselbstständigung des Straubinger Landes anstrebte bzw. sich als Gegenspielerin des Münchner Herzogs verstand.

Obwohl von einer Gerichtsverhandlung jegliche Akten oder andere Hinweise fehlen, führte Lipowsky für das Jahr 1433 folgende herzogliche Räte in Straubing namentlich auf und setzte sie mit den Richtern der Bernauerin gleich: „Hans von Degenberg Erbhofmeister, Jan Ramsperger, Wernhard Waldegker, Friderich Ramsperger, Haymeran (Emeran) Nusperger, Ritter Caspar Torrer, Peter Rainer, Hans Satlpoger, Wiguläus Tegenperger, Paulus Aresinger Cammermeister, Ulrich und Conrad Dachawer, Jorg Waldegker und Hans Pelhamer."[12]

Der damals amtierende Straubinger Richter hieß entweder Emeram Nusperger zu Kalmperg oder Hans den Haibecken zu Wiesenfelden, den Albrecht am 26. April 1435 zu seinem Richter in Straubing und Umgebung gemacht hatte.[13] Hans von Degenberg, der Erbhofmeister, wird manchmal als Vorsitzender des Hofgerichts genannt, wenn Herzog Ernst diesem nicht selbst vorsaß.[14] Mittermüller zweifelte nicht daran, dass Herzog Ernst „durch seine persönliche Gegenwart den Gerichtspräsidenten Johann von Degenberg in Straubing" veranlasste, ein bloß „summarisches Verfahren" einzuleiten, damit die Bernauerin schnell abgeurteilt und hingerichtet werden konnte.[15]

Nun verdächtigt aber hauptsächlich die dramatische Literatur den Viztum Heinrich Nothaft, das Todesurteil der Bernauerin durch Intrigen herbeigeführt zu haben. Lipowsky meinte dazu richtigstellend: „Da es unter der Würde eines Vitzthums von Niederbaiern war, der Vollziehung des Todesurtheils von Amtswegen beizuwohnen, und daher solches dem Richter von Straubing oblag, da Agnes nach den von mir angezeigten Stellen der Chronikschreiber nicht von dem Vitzthumgerichte sondern von einem von Herzog Ernst eigends niedergesezten Gerichte abgeurtheilt, und zum Tode verdammt worden; so werde ich keine irrige Meinung wagen, wenn ich behaupte, dass der Vizedom von Straubing (…) gar keinen Antheil an der Aburtheilung der Agnes Bernauerin hatte. Diese Meinung dürfte auch dadurch noch mehr bestärkt werden, weil Herzog Albrecht bei seinem Regierungs-Antritt den Heinrich Nothhaft von Wernberg nicht nur als Vicedom von Niederbaiern bestättigte, sondern auch nach seinem Tode (1440) den Emeran von Nothhaft, und nach diesem im J. 1446 den Albrecht Nothhaft von Wernberg zu Vizedomen in Straubing ernannte."[16]

Von der maßgeblichen Mitwirkung des Straubinger Viztums

Nothaft am Todesurteil der Bernauerin kann also keine Rede sein.[17] Alles deutet eher darauf hin, dass Agnes bestenfalls in einem Schnellverfahren abgeurteilt und umgehend hingerichtet wurde. Das Urteil – Tod durch Ertränken – stand bereits von Anfang an fest.

Aber welches Gericht hätte denn die Bernauerin zum Tode verurteilen können? Welche Instanz wäre für sie überhaupt zuständig gewesen?

Zumeist galt damals der Grundsatz, dass man an seinem – modern ausgedrückt – Hauptwohnsitz vor Gericht gestellt wurde. Das Straubinger Stadtgericht kam allerdings für die Gemahlin des Herzogs nicht infrage, da sie im herzoglichen Schloss residierte und man sie deshalb vor dem herzoglichen Hofgericht hätte anklagen müssen. Diese höchste Instanz im Herzogtum bestand aus bis zu fünfzehn Räten unter Vorsitz entweder des Herzogs oder eines von ihm bestimmten Vertreters. Wie überliefert wird, habe die Bernauerin das zusammengetretene Gericht, welches über sie befinden wollte, nicht anerkannt. Sie habe verlangt, als Herzogsgemahlin und damit dem reichsfreien Hochadel angehörend, vor das kaiserliche Reichsgericht zitiert zu werden. Welches Gericht die Bernauerin nun zum Tode verurteilte bzw. ob überhaupt ein Prozess stattfand, bleibt ungewiss. Sicher ist jedoch, dass es sich dabei nur um ein Schnellverfahren – um den sprichwörtlichen kurzen Prozess – gehandelt haben kann, bei dem das Todesurteil gemäß dem Willen ihres herzoglichen Schwiegervaters von vornherein feststand.

Im Mittelalter wurden Straftaten nicht überall gleich geahndet. Jede Stadt, jeder Gerichtsbezirk, jedes Territorium hatte seine eigene Rechtsprechung. Dabei sollten die verhängten Strafen hauptsächlich abschrecken und nicht der Buße dienen. In vielen Städten wurden Frauen milder bestraft als Männer, da sie nicht als voll straffähig galten. Zumeist fand der Prozess öffentlich statt, entweder als Akkusationsverfahren von privater Seite oder als Inquisitionsgericht von amtlicher, staatlicher bzw. kirchlicher Seite ausgehend. In der Stadt wurde zumeist ein Stadtrichter, ein Vogt als Rechtsprechender bestellt, der von

Ratsherren und anderen „waffenfähigen Männern" bei der Urteilsfindung unterstützt wurde. Damals gab es kein gleiches Recht für alle. So wurden beispielsweise Bürgerinnen anders abgeurteilt als bloße Einwohnerinnen ohne Bürgerrecht. Die überwiegende Zahl der Strafen belegte man mit Geldbußen, Leibstrafen und Freiheitsentzug gab es zumeist für Arme und Zahlungsunfähige. Übliche Freiheitsstrafen für Frauen waren Haus- und Gefängnishaft sowie für schlimmere Vergehen – vor allem in Süddeutschland verhängt – die Einmauerung. Zu den Leibstrafen gehörte das Ausstäupen, das heißt die Delinquentin erhielt eine bestimmte Anzahl von Hieben und Schlägen mit Stock, Peitsche oder Rute. Oftmals wurden ihr zusätzlich noch die Haare abgeschnitten. Für geringere Vergehen, die mit sogenannten Ehrenstrafen belegt wurden, musste die Verurteilte am Pranger stehen, Schandsteine oder den Schandmantel tragen. Bei Störung des Stadtfriedens oder Verstößen gegen die Sitte konnte das Gericht befristete oder unbefristete Ausweisungen verhängen. Mit dem Tode bestraft wurden Raub, Mord/Totschlag, schwerer Diebstahl und erst seit dem 16. Jahrhundert Hexerei/Ketzerei und Kindsaussetzung bzw. Kindsmord. Die Todesart unterschied sich klar nach Geschlecht: Männer wurden erhängt, gerädert oder enthauptet, Frauen dagegen lebendig begraben, verbrannt oder ertränkt.[18]

Die zum Tode durch Ertränken verurteilte Bernauerin wurde von einer Straubinger Brücke in die Fluten der Donau gestürzt. Aber welche Brücke kam dafür in Frage? Damals gab es zwei Donaubrücken bei Straubing, die innere und die äußere. Allerdings ist die innere Holzbrücke beim Herzogsschloss wider Erwarten nicht der Hinrichtungsort der Bernauerin. Denn damals floss am Schloss und somit im Norden Straubings nur ein schmaler, wenig Wasser führender Donauarm vorbei. Erst 1474 schloss Herzog Albrecht IV. die Befestigung der Stadt vorläufig ab[19] und begann wenig später mit dem Bau des Steindammes (Bschlacht), um den wasserreichen Hauptarm der Donau als zusätzlichen Schutz an die Mauern der Stadt und des Schlosses heranzuleiten.[20] Daher ist 1435 die äußere Donaubrücke, welche sich zu jener Zeit über den breiteren Lauf der Donau

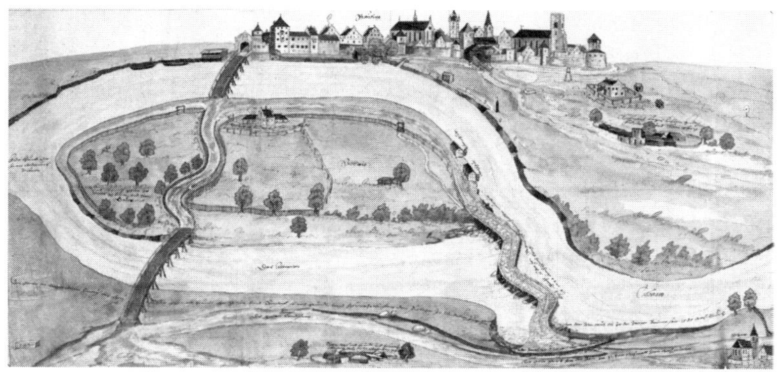

Von der äußeren Donaubrücke (links unten) wurde Agnes Bernauer in die Donau gestürzt. Der gemauerte Damm (rechts), genannt Bschlacht, wurde erst später gebaut, um den Hauptarm der Donau an die Stadtmauern heranzuführen. (Kolorierte Zeichnung von Michael Ersinger, 1577)

spannte, als Hinrichtungsstelle anzusehen. Jedoch führte die damalige Brücke etwa 20 Meter weiter stromabwärts von der modernen Agnes-Bernauer-Brücke über die Donau.[21]

Ob Agnes Bernauer unter Ausschluss der Öffentlichkeit oder vor Publikum von der äußeren Donaubrücke in die Fluten gestürzt wurde, ist nicht überliefert. Allerdings weisen die genauen Schilderungen des zeitgleichen Andreas von Regensburg auf Augenzeugen hin, welche die schrecklichen Umstände ihres Sterbens weitergegeben haben.

Ebenso unklar ist, ob sich Herzog Ernst in den letzten Tagen oder Stunden der Bernauerin überhaupt in Straubing aufgehalten hat. Vielleicht hatte er es auch vorgezogen, außerhalb der Stadtmauern den befohlenen Wassertod der Bernauerin abzuwarten.

„Also wurde sie von der Brücke zu Straubing am 12. Oktober in die Donau gestürzt. Regensburger Berichte sagen, sie sei ans Ufer geschwommen und habe jämmerlich um Hilfe gerufen, vom Henker aber mit einer langen Stange untergetaucht worden," berichtet der Chronist Vervaux alias Adlzreiter im 17. Jahrhundert. Von einer Säckung, das heißt einem Einnähen der Todeskandidatin in einen Sack zusammen mit kleinen Tieren, wie Hund und Katze, ist nicht die Rede. Nicht nachvollziehbar ist, warum der berühmte Aventin im 16. Jahrhundert diese Todesart festhielt: „Ernst entbot alle anwesenden Ratsherren, ließ sie (Agnes) nach Ratsbeschluß gefangen setzen, und da sie in weiblicher Leichtfertigkeit zu dreisten Bescheid gab, nach dem Spruch der Herren in einen Sack nähen und vom Henker in der Donau ertränken."[22]

Damals im ausgehenden Mittelalter war das Ertränken eine gebräuchliche Hinrichtungsart für Frauen, welche gleichfalls den verurteilten Klerikern zukam. So wurde 1393 der Beichtvater der böhmischen Königin, der nachmals als Märtyrer heiliggesprochene Johannes von Nepomuk, in Prag gebunden von einer Brücke in die Moldau gestürzt. Frauen egal welchen Standes übergab man dem Wasser, damit kein Blut floss. Man sah in dieser Todesstrafe eine mildere Form als beispielsweise die Hinrichtung durch Enthaupten oder Erhängen. Dass der Wassertod nur den Hexen vorbehalten war, ist – wenn auch immer wieder verbreiteter – Unsinn, wie folgende schrecklichen Geschehnisse verdeutlichen: Nach der Niederwerfung des Lütticher Aufstandes hatte Johann von Bayern-Straubing-Holland die Frauen und Kleriker unter seinen politischen Gegnern von der Maasbrücke aus ertränken lassen, „mit gebundenen Händen und Füßen, nicht in einen Sack gehüllt."[23] Auch die Bernauerin war nicht in einem Sack verschnürt,[24] sonst hätte sie nicht ans vermeintlich rettende Ufer – wie berichtet – schwimmen können.

Der Bernauerin ins Wasser voraus ging eine Leidensgefährtin: 1424 „wurde das schöne Fräulein Veronica von Desinze, die der junge Graf Friedrich von Cilly heimlich geheirathet hatte, auf Befehl seines Vaters, Graf Hermann, und seines Schwagers, des Kaisers Sigmund, nachdem sie sich lange in tiefen Wäldern verborgen hatte, endlich ergriffen und ertränkt."[25] Womöglich hatte man dieses Vorgehen gegen unerwünschte Schwiegertöchter hier abgeschaut, zumal Herzog Ernsts Tochter Beatrix in erster Ehe mit einem Grafen von Cilly (Cilli) vermählt war und von der schrecklichen Geschichte wusste. Über die Rolle der Pfalzgräfin Beatrix bei der Hinrichtung der Bernauerin ist nichts weiter bekannt. Dass sie bei der Vernichtung der missliebigen Schwägerin aktiv eingriff, erscheint unhaltbar, wenn auch im neuen Straubinger Historienspiel von Reitmeier und Stammberger eine solche Schlüsselszene vorkommt. Beatrix fordert hierin Herzog Ernst auf, die Bernauerin als Hexe zu verurteilen: „Verklagt das Weib als Hexe, Herr! Laßt sie den bösen Zauber büßen, mit dem sie Euren Sohn seit Jahren schon gefügig macht! Albrecht ist ganz und gar durch Zauberkunst verblendet. Er hat versagt als Statthalter in Straubing. Ihr musstet ihn zurück nach Vohburg schicken. Die Ritterschaft ist gegen ihn verschworen, bei Hof nimmt ihn als Thronfolger kein Mensch mehr ernst. Und um das Maß der Schande vollzumachen, paktiert er nun mit unsrem Erzfeind, Ludwig dem Gebarteten, verbündet sich mit ihm gegen sein eignes Land. Das alles, Vater, ist nur geschehen unter dem Einfluß der Magie. Sie braut ihm Tränke, mischt ihm Kräuter in die Speisen und behext ihn in der Nacht. Albrechts Unglück ist nichts als Teufelswerk und sie allein trägt daran Schuld!“[26]

Ob die grausame Bestrafung der Bernauerin, ihr Ertränken in den Fluten der Donau, angemessen und rechtmäßig war, darin sind sich die Chronisten, Geschichtsschreiber und Bernauerforscher nicht einig. Besonders der dem bayerischen Hofe nahestehende Adlzreiter verteidigte 1662 die Hinrichtung und rühmte das gewaltsame Sterben der Bernauerin als gerecht: „Das Vorgehen von Herzog Ernst erschien manchen überaus hart. Aber er mußte doch gegen die Ursache der Beleidigung Gottes und der Schmach seiner Familie einschreiten! Der Reine durfte doch durch eine Nebenbuhlerin nicht befleckt werden! (...) Herzog Ernst statuierte am niedrigeren Geschlecht ein Exempel und zeigte mit der Beseitigung der Mätresse, welche Strenge man gegen eine solche Pest des Menschengeschlechts an den Tag legen muß.“ Agnes habe sich eines dreifachen Verbrechens schuldig gemacht, nämlich heimlich und gegen den Willen des Herzogs sowie „eine auf der ganzen Welt ihr ungleiche Person geheiratet zu haben und damit die angesehenste Familie in die Gefahr schimpflicher Befleckung gebracht zu haben.“ Dies habe Herzog Ernst durch die Hinrichtung der Bernauerin verhindert und deshalb schulde „das Haus Bayern" ihm Dank, „dass das hochadelige Geschlecht, durch keine niedrige Verwandtschaft oder einen anderen Standesmakel befleckt, heute in einer ebenso altehrwürdigen wie unverfälschten Abfolge von den höchsten und ruhmreichsten Vorfahren ganz Europas abstammt." Dass aber Agnes alleine bestraft wurde, obwohl doch zu einer Verbindung zwei Partner gehören, war nicht ungerecht. Denn Herzog Ernst musste ja seinem Sohn Albrecht verzeihen, „hauptsächlich deswegen, (weil) auf ihm ganz allein die Hoffnung des ernestinischen Stammes ruhte" und daher wurde an „Agnes als einer Person von niedriger Herkunft" die Strafe vollzogen.[27]

Dagegen kam Herbert Rosendorfer, Jurist und Schriftsteller, in seinem Aufsatz über die Bernauerin zum Schluss: „Es war schlichter Mord. Herzog Ernst hat sich offensichtlich nicht einmal die Mühe eines Scheinprozesses gemacht."[28] Auch der Historiker Riezler spricht in seiner Geschichte Bayerns von einem „schlimmen Justizmord".[29] Ein „Fall krasser landesherrlicher Rechtsüberschreitung", fasste schließlich Gilardone die überwiegende Meinung der ernsthaften Forscher zusammen.[30]

Dagegen führte der Rechtshistoriker Ogris jüngst für angehende Juristen in seinem Beitrag „Tatort Rechtsgeschichte" zum Fall der Agnes Bernauer aus: „Blanker Politmord? Nun, das wohl nicht, mit Rücksicht auf den Sohn und Erben und auf die Um- und Nachwelt. Aber ein Schnellverfahren vor dem Hofgericht mit willfährigen Urteilern und ohne viel formaljuristisches Federlesen ließ sich leicht arrangieren. ‚Passende' Anklagepunkte zu finden bot ebenfalls keine Schwierigkeit: Schaden- und Liebeszauber, Giftmordversuch. Da sich das alles direkt oder indirekt gegen den Landesherrn richtete, rückten diese Delikte in die Dimension von Hochverrat, Landesschädigung und Majestätsbeleidigung auf. Vor Gericht stand also eine notorische Verbrecherin, deren umgehende Beseitigung dringend geboten war. So warf man die Delinquentin noch am Tage der Verurteilung in den Fluss."[31]

Warum nun musste die Bernauerin getötet werden? Weshalb genügte nicht ihr Wegsperren in ein Kloster oder in einen entlegenen Gefängnisturm? Diese Fragen beantwortet die viel interpretierte Instruktion, welche Herzog Ernst seinem Gesandten für den Kaiser mitgab, nur in gewisser Weise.

Noch im Oktober des Jahres 1435, um Simon und Judas, sandte also Herzog Ernst den Rat seines verstorbenen Bruders, Friedrich Aichstetter, an den kaiserlichen Hof. Aichstetter sollte Kaiser Sigismund vom Tode Herzog Wilhelms III. unterrichten und „die Gründe vorstellen, welche ihn bewogen haben, die Agnes zum Tode zu verurteilen, und zugleich den Kaiser um Rath, um Hilfe, und um seine Verwendung bitten."[32] Für Aichstetter diktierte Herzog Ernst einige Punkte, die ihn darüber instruierten, wie er vor dem Kaiser in der Bernauergeschichte argumentieren sollte. Diese „Instruktion" ist unsere reichhaltigste und einzige zeitgenössische Quelle, die sich mit der Hinrichtung der ungeliebten Schwiegertochter befasst. Die wichtige Textpassage lautet: „Item er tu auch sein kayserlichen genaden ze wissen, und alz seiner genaden dann wol wissnlich sey, daz sein sun beladen sey gewesen mit einem poesn weyb und daz sey seinem sun so hart und so streng gewesen, daz man daz mit wenig worten nit aussprechen kund. Ez sey auch sein sun in drein oder vier jarn nie recht froelich gewesen, er hab auch seines sunez leben var ir besorgt. Dar zu was im auch ware kuntschaft koemen, daz sy im, auch dem eltern seines pruder sun wolt vergeben haben. Und do sich die sach also in posshayt verlengot und dar inn kain ab lassen verstunden und ye lenger ye mer uebels dar aus gieng, hab er daz selbig weyb ertrencken lassen. / Item wie sy sich auch mit hartnekayt gen den seinen und umb daz sloz Strawbingen gehalten hat, ways im der wol ze sagen."[33]

Hierin führt nun Herzog Ernst folgende Anklagepunkte auf, welche den Wassertod der Bernauerin zwangsläufig nach sich gezogen hatten. Einmal wird Agnes Bernauer als „böses Weib" dargestellt, das so „hart und streng" mit Albrecht umgesprungen sei, wie man es gar nicht mit wenigen Worten ausdrücken könne. Offenbar war Agnes die Tonangebende in der Ehe, eine energische Frau und kein sanftmütiges Heimchen. Ernst beklagt dann weiter, dass sein Sohn in den drei bis vier Jahren, welche die Beziehung (besser die Ehe) nun schon währte, nie mehr so fröhlich wie früher gewesen sei. Offensichtlich hatte sich Albrecht in seinem Verhalten verändert; er war ernsthafter geworden, nicht mehr nur am lustigen Jagen und an lieblichen Frauen interessiert. Schließlich muss man dazu auch bedenken, dass der Herzogssohn inzwischen 34 Jahre alt und somit kein Jüngling mehr war. Trotzdem hatte er unverwandt an Agnes, dem bösen Weib, festgehalten. Das könne doch nicht mit rechten Dingen zugehen. Er, der Herzog, habe schließlich Angst um das Leben seines Sohnes gehabt. Hier ließ Herzog Ernst einigen Spielraum für Verdächtigungen, die in die Richtung des Liebes- und Schadenzaubers zielen. Unausgesprochen meinte er, die Bernauerin habe wohl verbotene Mittel angewandt, um Albrecht an sich zu fesseln, und damit dessen Gesundheit beeinträchtigt. Außerdem beschuldigte Herzog Ernst die Bernauerin des geplanten Giftmordes an dem kleinen Herzog Adolf, des verstorbenen Herzog Wilhelms Sohn und Erben, und an ihm (Herzog Ernst) selbst. Er habe zumindest solche Gerüchte vernommen. Herzog Ernst wies mit dieser Verdächtigung auf zwei Kapitalverbrechen hin, nämlich auf Mord und auf Hochverrat.

Da dem „bösen Weib“ nicht anders beizukommen war, die unerfreulich-gefährliche Situation sich immer mehr in die Länge zog und kein Ende abzusehen war, habe er eingegriffen und das „Weib“ ertränken lassen. Zudem habe sich Agnes Bernauer „mit Hartnäckigkeit“ im Straubinger Schloss und Gebiet aufgehalten, wie sein Abgesandter dem Kaiser ausführlich beschreiben könne. Dieser Punkt ist in der überlieferten Instruktion ohne nähere Erläuterungen aber gesondert aufgeführt. Es wird nur auf den mündlichen Bericht Aichstetters verwiesen. Nun scheint es aber, als käme dem Satz eine Schlüsselstellung zu, denn der Hinweis auf Schloss und Leute des Straubinger Landes eröffnet eine politische Dimension des ganzen Geschehens. Am Anfang sollte der Gesandte die üblichen Verdächtigungen gegen eine missliebige Frau anführen und Agnes in die Reihe der Zauberinnen (nicht der Hexen) und Giftmischerinnen stellen. Zum Schluss dann wird die eigentliche Sache angeführt: die Bernauerin bemächtigte sich mit Hilfe seines fast willenlos gemachten Sohnes des Straubinger Landes bzw. der Straubinger Residenz. Der Schmälerung seines Territoriums konnte der Herzog als Landesherr nicht weiter zusehen und ließ die gefährliche Widersacherin ein für alle Mal aus dem Wege räumen.

Nach Lipowsky verleumdeten Feinde die Bernauerin bei Herzog Ernst und beschuldigten sie dreist, die Krankheit des seit seiner Geburt schwächlichen Kindes Adolf durch Gift herbeigeführt zu haben. Man flüsterte zunehmend lauter, dass sie den jungen Erben Herzog Wilhelms habe „tödten wollen."[34] Solches lässt zumindest später Herzog Ernst dem Kaiser mitteilen: „Darzu was im (Herzog Ernst) auch ware Kuntschaft komen, daß sy (Agnes) im auch den eltern seines Bruders Sun wollt vergeben (= vergiften) haben."[35] Wichtig bei der Anschuldigung des versuchten Giftmordes an den Herzögen Ernst und Adolf ist, dass es sich bei ihnen um die Herrscher von Bayern-München handelte. Wer sich aber eines derart schwerwiegenden Vergehens schuldig machte bzw. ein solches auch nur plante, wurde des Hochverrats angeklagt.[36] Auf dieses Verbrechen an der gottgesetzten Majestät stand auf jeden Fall der Tod.

Manche Historiker und Literaten interpretierten den Ausdruck „böses Weib" als gleichbedeutend mit Hexe. Auch der Vorwurf des Giftmischens wird in diesem Zusammenhang als Schadenszauber gewertet. Eine Zauberin ist aber nicht identisch mit einer Hexe. Eine Hexe wurde in der theologischen Lehre immer im Zusammenhang mit Ketzerei gesehen, das heißt ein zentrales Element war die Buhlschaft mit dem Teufel. Eine Zauberin dagegen übt zwar Magie aus, aber vereinigt sich nicht geschlechtlich mit dem Gottseibeiuns. Zu beachten ist bei dieser Hexen-Deutung auch, dass erste Hexenprozesse zwar seit dem 15. Jahrhundert belegt sind, allerdings in der Schweiz, in Italien und Frankreich. So wurde vier Jahre vor der Hinrichtung der Bernauerin die Jungfrau von Orléans in Frankreich als Hexe auf dem Scheiterhaufen verbrannt. Sie war auch eine junge Frau niederen Standes mit politischer Zielsetzung, allerdings wurde Johanna dabei von angeblich himmlischen Stimmen geleitet. Bei der Bernauerin fehlt dieser wichtige religiöse Aspekt, um sie zu einer ketzerischen Hexe machen zu können.

Deutschland blieb bis Ende des 15. Jahrhunderts von Hexenverfolgungen verschont; hier kannte man „nur die Strafverfolgung und Hinrichtung – durch Feuer und Wasser – von einzelnen Schadenzauberern."[37] Nach der damals verbreiteten Auffassung der christlichen Theologen handelte es sich bei den Hexen „um eine organisierte Sekte vornehmlich von Frauen, die sich mit dem Teufel verbündeten und dank der von diesem erlangten zauberischen Kräfte ihren Mitmenschen aus reiner Bösartigkeit an Leib, Leben und Besitz Schaden aller Art zufügten."[38] Die Verbindung von Zauberei mit dem häretischen Verbrechen des Teufelpakts begann seit dem 13. Jahrhundert, aber erst im 15. Jahrhundert wurde dieser neue Hexenglaube schriftlich niedergelegt. Das „Formicarius" des Dominikanerpriors Johannes Nider, während des Baseler Konzils 1435–37 verfasst, wurde 1487 zur wichtigsten Quelle für den berüchtigten „Hexenhammer" des päpstlichen Inquisitors Heinrich Institoris. Das heißt 1435, im Todesjahr der Agnes Bernauer, konnte man noch nicht überall auf ein theologisch und kriminologisch gefestigtes Hexenbild zugreifen und die Bernauerin als Hexe verbrennen. Wohl aber war der Zauberglaube weit verbreitet. Neben Schutz-, Abwehr- und Heilzauber gehörte auch der Liebeszauber zur Palette der volkstümlichen Magie. Im Mittelalter zauberten sowohl Männer als auch Frauen, das heißt sie übten Magie aus mit Segenssprüchen, Verwünschungen, Drohungen, Beschwörungsformeln, bereiteten Heiltränke und Arzneien, mischten auch Gifte. Man unterschied damals nicht zwischen Magie und Volksmedizin. In diesem Zusammenhang ist bedenkenswert, dass Agnes Bernauers Vater ein Bader, Barbier oder Chirurg war, der sich auch mit der Herstellung von Heilmitteln auskannte. Diesbezüglich ist der Vorwurf der Giftmischerei nicht unbedingt glaubhaft, aber doch naheliegend. Im Denkmuster der Zeit konnte eine Frau, die einen Mann zu fest an sich fesselte und beeinflusste, leicht des Liebes- und Schadenzaubers, der schwarzen Magie, verdächtigt und ihr gewaltsamer Tod nachträglich allgemein verständlich begründet werden. Denn magische Handlungen und Deutungsmuster waren im Mittelalter und auch noch später „alltägliche und allgemeine Phänomene der volkstümlichen Kultur."[39] Selbst der gebildete Johann Hartlieb, herzoglicher Leibarzt und Schwiegersohn, verfasste 1456 ein okkultistisches Werk, das „Buch aller verbotenen Kunst, Unglaubens und der Zauberei".[40]

Im Zusammenhang mit dem Tod der Agnes Bernauer kann also nicht von einem Hexenprozess gesprochen werden; allein der Vorwurf der Giftmischerei könnte auf den Tatbestand der Zauberei hinweisen, meinte der Historiker Riezler in seiner „Geschichte der Hexenprozesse in Bayern".[41] Albrechts Biograf Mittermüller äußerte sich bereits Mitte des 19. Jahrhunderts dazu unmissverständlich: „Von einer Anklage auf Zauberei und Hexerei, von der man oft faselte (...), findet sich nicht die leiseste Spur in den Quellen."[42] Dennoch lassen von dieser verlockenden, aber falschen Geschichte vor allem die Literaten nicht ab, wie erst jüngst der Schriftsteller Böckl in seinem Roman mit dem Titel „Agnes Bernauer: Hexe, Hure, Herzogin".[43]

Viel wurde und wird immer noch gegrübelt über die Beweggründe, welche der Bernauerin den Tod brachten. Die einen sehen in ihr eine Verführerin, ein ehrgeiziges Biest, die anderen eine Märtyrerin treuer Gattenliebe und Opfer der Staatsräson, das zum Erhalt der Dynastie wie der herrschenden Gesellschaftsordnung sein unschuldiges Leben lassen musste.

Ertl gab 1687 in seinem Kurbayerischen Atlas Agnes Bernauer selbst die Schuld an ihrem gewaltsamen Tod, da sie zu lebens- und liebesgierig gewesen sei. Deshalb habe Herzog Ernst „ihr geiles Herz, welches mit lauter schnöden Begierden und Liebesflammen schwanger (ge)gangen, in der Wasserflut ersticken lassen müssen."[44] Der Jurist und Schriftsteller Rosendorfer wagte, nach seinen Worten, „eine gegen jede der Legenden gerichtete Version". Danach war die Bernauerin „ein Biest, eine die den Herzog Albrecht mit ganz irdischen Mitteln behext und umgarnt hat, und als der ohnedies nur an Turnieren und Jagden (und Weibern) interessierte (heute würde man sagen: sportlich-dynamische) Albrecht sich hoffnungslos in den Reizen der schönen Baderstochter verfange hatte, zwang sie ihn zuerst, sie förmlich zu heiraten, da ihr der Stand der Maitresse nicht genügte (was man verstehen kann) und dann, als ihr auch der Stand der Ehefrau zur linken Hand nicht mehr genügte, zeterte und schmeichelte sie so lang, bis Albrecht sie zur Duchessa erklärte. Damit aber hatte sie den Bogen überspannt."[45] Der Chronist Veit Arnpeck erklärt den Wassertod der Bernauerin mit ihrer ehelichen Treue, weil sie Herzog Ernstens Sohn „heimlich geheiratet hatte und dies nicht rückgängig machen wollte."[46] Piccolomini, der spätere Papst, begründete 1450 die Vernichtung der Agnes Bernauer mit dynastischer Notwendigkeit, wenn Agnes auch nicht ganz schuldlos daran war; er schrieb: „Sowie nun aber für Ernst feststand, dass sein Sohn durch die Liebe zu dieser jungen Frau zugrunde gehe und überhaupt kein Interesse mehr an einer adeligen Ehe habe, schickte er Albrecht aus der Stadt und ließ die Frau in der Donau bei Straubing ertränken. Wahrlich eine überaus harte Entscheidung, einen Menschen zu töten, damit ein anderer am Leben bleibt! Aber jener (= Agnes) brachte also wohl dieses Verbrechen, die Eltern zu verachten, den gewaltsamen Tod."[47]

Dass Herzog Ernst die Bernauerin töten ließ, ist das stärkste Indiz für eine bestehende Ehe mit Albrecht. Eine Geliebte, die den Herzoginnentitel erstrebte oder sich anmaßte, hätte man für den Rest ihres Lebens auch in Gefangenschaft halten können. Was stand also dagegen? Eben eine rechtsgültige Ehe, die nicht so leicht geschieden werden konnte. Selbst wenn Albrecht sich von Agnes losgesagt hätte, wäre immer noch der Rest eines Zweifels geblieben. Deshalb hätte Ernst seinen Nachfolger Albrecht nicht so leicht standesgemäß verehelichen können, ohne diesen dem Verdacht der Bigamie auszusetzen, und das Herzogtum hätte keine gänzlich unanfechtbaren Erben erhalten können.

In diesem Sinn äußerte sich auch Falckenstein 1763 in seiner Geschichte des bayerischen Herzogtums zu den ausschlaggebenden Motiven Herzog Ernsts, die Bernauerin ins Jenseits zu befördern: Als alles Zureden, Schimpfen und Beleidigen nichts half, sondern Albrecht nur desto mehr zur Bernauerin stand, wurde „diese dadurch so dreuste, dass sie sich nicht scheuete, sich öffentlich eine Herzogin von Bayern zu nennen, und dass ihr Gemahl nächstens eine eigene Hofstatt für sie formiren und errichten würde. Hierdurch wurde vollends der alte Herzog Ernst zum äussersten Zorn gereitzet, so gar, dass er beschloß, die Agnes aus dem Weg zu räumen, und in die andere Welt zu schicken: weil er glaubte, dass er sonst seinen Sohn nicht würde von ihr abbringen können."[48] Der große bayerische Historiker Karl Bosl schlussfolgerte im 20. Jahrhundert, dass Agnes mit der Heirat eines Herzogssohns die von Gott gesetzte Ordnung der Gesellschaft verletzt habe und sie deshalb geopfert wurde: „Als Tochter eines Bademeisters und als Bademagd übersprang sie als Gemahlin Albrechts III. die größten gesellschaftlichen Schranken, die in den Augen der Menschen dieser Welt als gottgewollt und selbstverständlich gewertet wurden. Darin liegt ihre Tragik."[49] Die meisten Historiker und Literaten sahen in Agnes Bernauer „das arme Opfer der Staatsraison".[50] Sie wurde aus dynastischen Gründen getötet, damit Herzog Albrecht eine standesgemäße Ehe eingehen und erbberechtigte Nachkommen zeugen konnte und somit die Ordnung der Welt und der Gesellschaft wiederhergestellt war.

Aber es kam noch ein weiterer Grund hinzu und, wie ich meine, der wichtigste! Nämlich ein politischer Grund mit großer Sprengkraft für das gesamte Herzogtum, den Herzog Ernst etwas verschleierte, wenn er seinen vor dem Kaiser berichterstattenden Gesandten instruierte: „(…) und do sich die sach also in posshayt verlengot und dar inn kain ab lassen verstunden und ye lenger ye mer uebels dar aus gieng, hab er daz selbig weyb ertrencken lassen. Item wie sy sich auch mit hartnekayt gen den seinen und umb daz sloz Strawbingen gehalten hat, wys im der wol ze sagen."[51] Der letzte Satz scheint ausschlaggebend, die Bernauerin residierte im Straubinger Schloss als Fürstin und verfolgte offensichtlich zielstrebig und hartnäckig eine eigene Politik, die der Gesandte dem Kaiser ausführlich darlegen soll. Da die Bernauerin ihre Position und ihre Pläne nicht aufzugeben gewillt war und dabei noch von ihrem Gemahl Albrecht unterstützt wurde, sah sich Herzog Ernst zum Eingreifen gezwungen. Herzog Ernst sah in Agnes Bernauer eine politische Widersacherin, deren „böse“ Pläne für ihn und sein Herzogtum übel ausgehen konnten, je länger die Bernauerin am Leben blieb. Aber was fürchtete Herzog Ernst denn politisch am meisten? Eine neuerliche Teilung des Herzogtums, die Separierung des Straubinger Landes unter Herzog Albrecht und seiner Herzogin Agnes Bernauer. Dieser gefährliche Zustand war jedoch nur zu ändern, wenn dieses „böse Weib“ ein für alle Mal beseitigt wurde.

Auch der bekannte Geschichtsforscher Riezler erkannte bereits im 19. Jahrhundert die Schlüsselworte in der Instruktion für den Kaiser, ohne allerdings diesen weiterführenden Schluss zu ziehen. Er schreibt: „Während der Vorwurf des versuchten Giftmords eher aufgesetzt erscheint, zeigt sich in wiederholten Formulierungen, dass die besondere Bosheit der Bernauerin nach Ernsts Meinung hauptsächlich in der Hartnäckigkeit lag, mit der sie auf ihrer Verbindung zu Albrecht und auf ihrer Nähe zu ihm bestand (…) Es war dies ein Zustand, der – so möchte es Ernst jedenfalls darstellen – nicht zu ändern war, solange die Frau am Leben blieb.“[52]

Diese „Hartnäckigkeit“ des Aufenthalts im Straubinger Schloss deutet aber nicht nur auf das Festhalten an einer bestehenden Ehe hin, sondern ist gleichsam eine verbrämte Umschreibung des Herrschaftsanspruchs der Bernauerin über das Straubinger Land. Das „böse Weib“ demonstrierte damit, dass sie Herzogin und Herrin in Straubing ist und bleiben will. Auch der Vorwurf des versuchten Giftmordes an dem kleinen Herzog Adolf und sogar an Herzog Ernst selbst steht nicht nur in der Tradition des Schadenzaubers, sondern zieht zudem eine Parallele zum letzten Wittelsbacher der Linie Straubing-Holland, Johann III., der 1425 angeblich mit Gift ins Jenseits befördert wurde. Danach hatte es jahrelange Erbstreitigkeiten gegeben, die nur durch das Eingreifen des Kaisers geschlichtet werden konnten. Hierauf wird nochmals angespielt, was es wohl für widrige Folgen für Bayern sowie Kaiser und Reich hätte haben können, falls man dieses anmaßende, „böse Weib“ am Leben gelassen hätte.

Herzog Ernst bat den Kaiser abschließend um einen friedenstiftenden Brief an Albrecht, in welchem stehen sollte, „daz er im das nit für ain schand für näm, wann daz nem in kurz ein end, daz niemad mer da von sagt, well er anderez selb dar zu sweygen, daz er auch pillich tu. Und er solt doch pillich versten, das man imz zu nucz und frumen getan hab, aber der handl, den er mit der frawn, weyl die pey leben gewesen ist, sey im ein schand und smach gewesen, daz in und all fürsten von Payrn in frömden landen geswecht hab und die weyl sy gelebt hiet, wär der schand nimer vergessen worden.“[53] Bisher wurde diese Stelle so interpretiert, dass die Winkelehe mit der unstandesgemäßen Bernauerin, weil sie gegen die von Gott gesetzte Gesellschaftsordnung war, nicht nur Albrecht, sondern auch allen bayerischen Fürsten Schande und Schmach im In- und Ausland eingebracht habe. Der Bernauerbiograf Schäfer führte dazu aus: „Gerade die Eindringlichkeit der Schlusspassage in der Instruktion belegt noch einmal die Wahrscheinlichkeit einer heimlichen Ehe, einer morganatischen Verbindung. Die Liebe zwischen Albrecht und Agnes wurde nicht nur zur peinlichen Privatsache, sondern zu einer auch nach außen wirkenden Staatsangelegenheit erklärt, ihre Bereinigung zur Staatsnotwendigkeit.“[54]

Nun gibt es aber noch gänzlich andere Auffassungen, welche die Bernauerin als eigentliche Erbin des Herzogtums sehen, als einen verheimlichten Spross der bayerischen Herzöge. So berichtet Graf August von Platen in seinem Tagebuch von einem Besuch der Bernauer-Kapelle 1822: „Die Messnerin erzählte uns, dass ein Buch mit ihrer Geschichte in der Kirche vorhanden gewesen, das aber die Franzosen mit sich genommen hätten. Darin sei gestanden, dass Agnes eigentlich des Herzogs Tochter gewesen sei, Albrecht hingegen der Baderssohn. Nach ihrer Geburt seien sie vertauscht worden, wahrscheinlich weil der Herzog Ernst einen männlichen Erben gewünscht hatte. Diese Sage oder Thatsache giebt nun freilich der ganzen Geschichte eine ganz andere Wendung und macht sie wahrhaft poetisch und das Verhältnis höchst eigentümlich.“[55]

Desgleichen vermutet der Straubinger Autor Spanner in seinem mehrfach aufgelegten Büchlein zu den Straßennamen Straubings, dass Agnes Bernauer ein illegitimer Spross „der 1425 im Mannesstamm ausgestorbenen Wittelsbacher des Herzogtums Straubing-Holland" war. Dass sie bei ihren Verwandten in der Münchner Residenz lebte und Ansprüche auf ihr Straubinger Erbe erhob und deshalb beseitigt werden musste.[56] Könnte Agnes wirklich eine illegitime Tochter der Wittelsbacher im Herzogtum Straubing-Holland gewesen sein? Der letzte Wittelsbacher Herzog von Straubing-Holland starb ohne männlichen Erben, hinterließ aber eine Tochter. Jakobäa lebte in den Niederlanden und versuchte mittels ihrer Ehemänner vergebens, dort ihr Erbe zu retten. Im Straubinger Land gab es keine weibliche Nachfolge, daher wurde dieses unter die bayerischen Herzöge 1429 aufgeteilt. Spanner vermutete, dass Agnes eine natürliche Tochter der letzten Straubinger Herzöge war. Manche illegitimen Kinder wurden heimlich zur Pflege gegeben, wenn auch ebenso viele im Umfeld ihrer adeligen Väter aufwuchsen. So könnte es durchaus sein, dass Agnes entweder in Augsburg bei der Familie des Kaspar Bernauer in Pflege gegeben oder auch am herzoglichen Hof in München aufgewachsen war. Für Augsburg spräche die enge Verbindung zwischen Straubing und der schwäbischen Reichstadt: Der Augsburger Klerus hatte damals nämlich in Straubing weitläufigen Grundbesitz und andere Rechte inne.

Auch die Schwere der Strafaktion gegen die Bernauerin könnte ein Hinweis auf beanspruchte Herrschafts- und Erbrechte sein. Als Frau war sie allerdings nach dem salischen Recht nicht erbberechtigt, hoffte aber durch die Ehe mit Albrecht ausreichende Legitimität zu gewinnen. Die ganze Tragödie der Bernauerin wäre damit eine reine Erbauseinandersetzung (ähnlich der von Jakobäa in Holland), in der Agnes als Frau und Herzogin unterlag. Dies alles ist natürlich reine, wenn auch anregende Spekulation. Aber ein Aspekt scheint bedenkenswert: der Griff der Agnes Bernauer nach der Macht im Straubinger Land!

Dazu musste Agnes allerdings kein Spross der Straubinger Herzöge gewesen sein, um den Herzoginnentitel zu beanspruchen. Sie war eben eine starke Frau und kein Opferlamm, keine demütig Liebende, sondern ein fordernde, eine energische Frau, die durch körperliche Attraktivität, Mut und Intellekt Albrecht an sich fesselte und aus dem ziellos herumstreifenden Herzogssohn einen vorausschauenden Landesfürsten machte. Mit der Bernauerin im Rücken trat Albrecht gegenüber seinem allzu häufig Gehorsam und Unterordnung fordernden Vater wie Landesherrn selbstbewusst und selbstständig auf. „Manches deutet darauf hin, dass ihr Charakter stärker als der seinige war; wenn das so ist, war es seiner Weichheit beglückend, sich von ihr beherrschen zulassen," beurteilte die berühmte Schriftstellerin und Historikerin Ricarda Huch das sich ergänzende Paar.[57] Sogar Herzog Ernst fiel auf, dass sein Sohn nicht mehr der lustige Musikus, der fröhliche Jäger, der Herzog Leichtfuß war, wie er dem Kaiser – allerdings anklagend – mitteilen ließ.[58] Gilardone, der sich über die Haltung Münchens zur Bernauerin Gedanken machte, schlussfolgerte in ähnliche Richtung, wenn er schrieb: „Auch die politischen Schwierigkeiten mit dem schwer nach München zurückfindenden Straubinger Anteil, die durch den drohenden Abfall seines Sohnes drohende Machtverschiebung zugunsten des Ingolstädters verschleierten dem Herzog Blick und Verstand."[59]

Herzog Ernst ließ den Ursprung allen Übels, seine politische Widersacherin, für immer beseitigen.

Unheimlich rasch brachte ein Bote die Nachricht von der Bernauerin Tod nach München. Der Stadtschreiber hielt fest: „Item 60d haben wir zalt nach rats geschäft unsers gnedigen herrn hertzog Ernsts etc. poten zu der getzung seiner müden payn, das er als reschlichen von Straubing her was geloffen und die mär pracht, das man die Bernawerin gen hymel gefertigt hett."[60] Stahleder bemerkte dazu in seiner Münchner Chronik: „Der Zynismus in der Formulierung des Stadtschreibers Rosenbusch ist unverkennbar und die Genugtuung über die Lösung dieses Falles offensichtlich groß."[61] Gilardone wies daher auch nach, dass die „Hauptschuldigen und Nutznießer im Münchner Rathaus" saßen.[62] Die Angst vor einer neuerlichen Verbannung aus der Stadt, vor einem Verlust der einflussreichen Positionen, vor einer Schmälerung des Vermögens saß bei den Patriziern und Wohlhabenden tief. Der letzte gewaltsame Umsturzversuch war nur wenige Jahrzehnte her. Man dachte an die Aicherin (s. S. 65 ff.) und ihr Werben für die Bernauerin, an städtische Schichten, die zu mehr Teilhabe an der Macht drängten – und wohl im zukünftigen Herzogspaar, vor allem in der Bernauerin, eine für ihre Zwecke nutzbare Verbündete sahen. Endlich war die gefährliche Bernauerin „gen hymel gefertigt", eine Bedrohung beseitigt, die alte Ordnung wiederhergestellt. Erfreut schickte man eine Boten – den Massmair – nach Landsberg, um auch dort das mit Befriedigung vernommene Ereignis zu verkünden: „Item 3ßd haben wir zalt dem Massmair soldner gen Lantsperg zerung des mals, do man in verkündet der Bernawerin ebenlangk in der Tunaw zu Strawbingen underhalb der prugken zü Sand Peter im kirchlyne."[63]

Die Bezeichnung „ebenlangk" gab nun Anlass zur Interpretation, da das Wort recht unüblich ist. Riezler entschied sich für eine scherzhaft-spöttische Bezeichnung von Begräbnis, „wiewohl es sonst in dieser Bedeutung nicht belegt ist."[64] Andere setzten dafür Grab, der Bernauerin Grab in der Donau unterhalb der Brücke zu Sankt Peter. „Ebenlangk" könnte aber auch ein zynischer Ausdruck sein für: der Bernauerin Flachlegen – im Sinne von Umlegen, Umbringen, Töten – in den Wassern der Donau unterhalb der Brücke, in der Nähe des Kirchleins St. Peter. Horchler übersetzte die Stelle elegant mit, „der Bernauerin Untergang in der Donau zu Straubing unterhalb der Brücke zu St. Peter im Kirchlein."[65]

Der Sage nach wurde die Leiche der Agnes Bernauer von den Donaufluten beim sogenannten Landlsperger-Anwesen, früher Greindlsches Haus geheißen, nahe der Ummauerung des Petersfriedhofes angeschwemmt. Damals im 15. Jahrhundert floss der Hauptarm der Donau mit einem scharfen Knick bei der heutigen Schiffsbrücke steil nach Süden zum Landlsperger-Hof und vereinigte sich dort mit dem kleinen Donauarm.[66]

Eine alte Tonfigur, welche in einer Nische des Hauses stand, galt traditionell als Abbildung der Agnes Bernauer, wie Riezler im ausgehenden 19. Jahrhundert mitteilte: „Noch heute zeigt man am rechten Ufer in der Altstadt die Stelle, wo der Leichnam angeschwemmt wurde. An dem dort stehenden Greindlschen Hause war eine weibliche Figur aus rotem Thon angebracht ..., die dem Ende des 15. oder Anfang des 16. Jahrhunderts anzugehören scheint und von jeher als Agnesens Bild betrachtet wurde."[67] Zu der Figur meint Wimmer in den Sammelblättern zu Straubings Geschichte 1882: „Diese Statue, sichtlich ein Meisterstück der zu Straubing im 16. Jahrhundert wahrhaft künstlerisch betriebenen Hafnerei, erwarb Herr Joh. Stiglmeier sen., welcher sie in seinem Garten in der Nähe des Garnison-Lazarethes aufstellte und 1880, 6. Aug., der historischen Sammlung zum Geschenke machte. (Sie ist) von rothgebranntem Thon, hohl, aus Einem Stück gearbeitet, 88 cm hoch."[68] Manche Kunsthistoriker wollen allerdings in der Plastik nicht die Bernauerin, sondern eine schmerzensreiche Madonna – eine mater dolorosa – erkennen.

Die sogenannte Agnes-Bernauer-Figur aus dem inzwischen abgebrochenen Landlsperger Anwesen in der Nähe des St. Petersfriedhofes. (Tonfigur aus dem 15. Jh., heute im Gäubodenmuseum Straubing)

Die sogenannte Agnes-Bernauer-Figur ist heute im Gäubodenmuseum der Stadt Straubing zu bewundern. Das Landlsperger-Anwesen aber, das noch aus der Zeit der Agnes Bernauer stammte, riss man 1968 ab. Als

„gefährlicher Engpass“ musste es moderner Verkehrplanung weichen.[69] Wohl zur Entschuldigung für dieses brachiale Vorgehen der Verkehrsplaner verlagerte man einen Abguss der Agnes-Bernauer-Figur, welcher lange „achtlos im untersten Stockwerk der Stadtverwaltung“ gestanden hatte, in den Warteraum der neuen Straubinger Kfz-Zulassungsstelle am Hagen.[70]

Kapitel 6

Abschied von Agnes – „nicht wieder eine Bernauerin"

Die Legende erzählt …

Als Albrecht von der Hinrichtung seiner geliebten Agnes hörte, raste er vor Trauer und Wut. Umgehend begab er sich zu Herzog Ludwig dem Gebarteten nach Ingolstadt, um mit dessen Hilfe an Herzog Heinrich und seinem Vater Rache zu nehmen. Herzog Ernst bat Kaiser Sigismund um Vermittlung zwischen Vater und Sohn. Die Versöhnung kam zustande. Zur Sühne baute Herzog Ernst für die tote Agnes Bernauer ein fürstliches Grabmal und Albrecht ehelichte standesgemäß Anna von Braunschweig. Aber Agnes Bernauer, die große Liebe seiner Jugend, konnte er zeitlebens nicht vergessen.

Die Historie überliefert …

Krieg und Frieden

Albrecht soll, nachdem er vom gewaltsamen Tod seiner geliebten Agnes erfahren hatte, aus übergroßer Trauer der Raserei, ja des Wahnsinns verfallen sein. Es wird sogar berichtet, dass er „wie tot ganz regungs- und besinnungslos einige Zeit auf dem Boden gelegen" hätte.[1] Nur die beruhigende Kraft der Musik errettete ihn aus dem Schockzustand, wie der Verfasser der herzoglich-bayerischen „Genealogie“ anführte: „Herzog Albrecht der kunstreichist maister von der Musica fand dadurch sein Verstand, den er verloren hätt, da man daz Weyb vertränkt.“[2]

Eine fromme Legende erzählt noch etwas anderes. Danach hielt der nichts ahnende Albrecht gerade während der Jagd auf einer Anhöhe Rast. Sein Blick fiel auf ein Scheunentor. Darauf stand ein merkwürdiger Reim:

> „Ich habe Kreuz und Leiden,
> dies schrieb ich hier mit Kreiden;
> und wer kein Kreuz und Leiden hat,
> der wische diesen Reimen ab!“

Der Herzog winkte seinem Knappen: ‚Geh' hin und verlösch den Vers, denn ich bin der glückliche Mann. Ich bin überglücklich, ich habe zu Straubing mein liebes Weib und was fehlte mir noch?‘ Der Knappe warnte ihn, aber der Herzog bestand auf seinem Vorhaben, Kreuz und Leid, so meinte er, könne es für ihn einfach gar nicht mehr geben. Doch kaum war der letzte Kreidestrich am Scheunentor ausgelöscht, da stürzte atemlos ein Bote daher und meldete mit zitternder Stimme: ‚Herzog, erschreckt nicht allzusehr und lasst mich nicht entgelten die schlimme Botschaft, die ich zu melden habe. Soeben hat man in Straubing Eure Gemahlin in der Donau ertränkt.‘ Der Herzog stand da wie vom Blitz getroffen, sprachlos, bleich, verstört und starr vor Schrecken. Dann wandte er sich langsam, wie ein müder Kranker, und mit gebrochener Stimme sagte er zum Knappen: ‚Geh hin und schreib den Reim wieder ans Tor.‘[3]

Nach Agnes Tod kam Albrecht nachweislich nicht mehr nach Straubing. Obwohl eine andere Geschichte erfand, dass er gerade das Donauufer erreichte, als man den Leichnam der Bernauerin aus dem Wasser zog.[4] Auch der erste Bernauer-Biograf Lipowsky beschrieb 1801 eine gänzlich seiner Phantasie geschuldete Szene: „Als Herzog Albrecht nach Straubing zurückkam, fand er seine Agnes nicht mehr. Auf den Gesichtern der Höflinge nahm er herben Schmerz, tiefe Traurigkeit gewahr, und auf die Frage: Wo ist Agnes? Stiegen Seufzer aus der Brust, quillten Thränen aus den Augen der Umherstehenden, und mit stotternder Zunge erhielt er die Antwort: Agnes seye tod. – Todt! rief der erstaunte Herzog, todt! Durch die Hand des Henkers, auf Befehl meines Vaters, mit Vorwissen der Gerichte, und stürzte sinnenlos zur Erde. – Als er wieder zu sich kam, weinte, raste, wüthete, tobte er schröcklich. – Nun so will ich den Tod meiner Agnes blutig rächen, so will ich, – brüllte er im heftigsten Ausbruche seines Schmerzens – an meinem Vater, meinem Vaterlande, und an allen, die Ursache dieses grausamen Mordes waren, schröckliche Rache nehmen, will zeigen, was ein beleidigter Gatte, dem man heimtückisch sein bestes Kleinod raubte, vermag, will zeigen, wozu mich Wuth verleiten kann, die man so boshaft, so absichtlich zu reizen suchte."[5]

Albrecht wütete gegen sich, den Vater und den Landshuter, wie die Überlieferung erzählt. Spätere Chronisten malten zudem „mit allen Gräueln und Schrecknissen, mit Mord, Raub und Brand" einen Rachefeldzug aus.[6]

Vielmehr begab sich Albrecht umgehend nach Vohburg, rief seine Leute aus Pfaffenhofen und Geisenfeld zu den Waffen. Bereits am 14. Oktober nahm er persönlich Kontakt zu Herzog Ludwig dem Gebarteten von Bayern-Ingolstadt auf. Im Januar 1436 besuchte Albrecht in Pfaffenhofen seinen Freund und Ratgeber Jan von Sedlitz und die ihm ergebenen Bürger.[7]

Herzog Ernst ließ dem Kaiser durch seinen Abgesandten Aichstetter berichten: „Item als daz weyb nun tod ist, hat sich herzog Ludwig seines suns unterwunden und den zu im gezogen in sein stat Ingolstat (...)" – und weiter beklagte Herzog Ernst, dass sein Sohn eben nicht, wie es besser gewesen wäre, zu ihm nach München gekommen sei. Er bat den Kaiser, Albrecht zu schreiben, es würde ihn befremden, dass Albrecht nach „der geschicht des weybs tod zu herczog Ludwig geritten sey, dann er wär ye pillicher zu seinem vater geritten."[8] Auch habe sein Vater die ganze „Geschicht" ihm nur angetan, damit er hinfort „ein frumer wirdiger furst" sein könne, woran ihn „daz weyb" zeitlebens außerordentlich gehindert hätte.[9] Nochmals versuchte Herzog Ernst den Sohn zur Umkehr zu bewegen, zur Heimkehr unter die väterlichen Fittiche, zu gottgefälligem Gehorsam und zur Aufgabe seiner schädlichen wie schändlichen

Politik, indem Ernst alle Streitigkeiten auf die Bernauerin schob, die nun glücklicherweise beseitigt war.

Am 28. Oktober bestellte Herzog Ernst seinen Sohn nach München und bot ihm an, gemeinsam nach Straubing zu reiten. Wollte er Albrecht dort wieder zum Regenten einsetzen? Der Münchner Stadtschreiber hielt nur fest: „Item 8 Pfund 3 Schilling 19 Pfennig haben wir zallt Peter dem Rudolf und Lorencz dem Schrenken gen Vohburg und gen Ingolstadt zu unserem gnedigen herrn, hertzog Albrechten, in ze weysen, zu seinem vater her gen Munchen zu komen, und darnach reyten sie gen Strawbingen."[10] Jedoch folgte Albrecht dieser Aufforderung nicht. Mit Krieg wollte er das Land überziehen, so heißt es, um blutige Rache zu nehmen.

Aber geschahen die folgenden Auseinandersetzungen zwischen Albrecht einerseits, unterstützt von Herzog Ludwig aus Ingolstadt, und Herzog Ernst bzw. Herzog Heinrich von Landshut andererseits tatsächlich aus reinen Rachegelüsten? Waren sie wirklich eine blutige Vergeltung des Mordes an der geliebten Gemahlin? Oder war es nicht eher ein letztes Aufbäumen des nach Unabhängigkeit strebenden Sohnes gegen den beständig Gehorsam und Unterwerfung fordernden Vater, ein letzter Versuch des aufs Äußerste gereizten Straubinger Regenten und Grafen von Vohburg gegen die Zentralisierungsbestrebungen des Münchner Landesfürsten und die territorialen Gelüste des Landshuters?

Noch immer legte Heinrich seine Hand auf Neustadt an der Donau, das Albrecht beanspruchte, und Herzog Ernst hatte das ihm abspenstig gemachte Straubinger Land von Neuem an sich gezogen. Unterstützt in seinen Bestrebungen wurde Albrecht nur durch die Ingolstädter Ludwige, den Bärtigen und den Buckligen, ebenfalls Vater und Sohn, die zumeist nicht gut miteinander auskamen.

Drohende Kriegsgefahr zwischen den bayerischen Teilherzogtümern bestand bereits während der letzten Jahre hindurch latent, war also keine akut aus Rache hervorgerufene. Der Landshuter und die Münchner Herzöge hatten daher auch ein Vierjahresbündnis am 19. April 1435 gegen etwaige Angreifer – gemeint waren die Ingolstädter – geschlossen. Seit Jahren herrschten zwischen Ludwig von Ingolstadt und Heinrich von Landshut Zwistigkeiten wegen gegenseitiger Gebietsverletzungen. „Im Herbst 1435 schien der Wiederausbruch des großen Krieges unter beiderseitigen Rüstungen und Zusammenstößen der Untertanen unvermeidlich heranzurücken, und tatsächlich brachte das Frühjahr 1436 den offenen Krieg mit dem jungen Ingolstädter (= Ludwig der Bucklige) und – wenigstens im Mai – mit dem jungen Albrecht von München, der sich schon 1434 dem Ingolstädter Hof genähert hatte und nun über Heinrichs Mitwirkung bei dem Justizmord an seiner Gemahlin Agnes Bernauer (12. Oktober 1435) höchst erbittert war."[11]

In dieser Bedrängnis stellte Herzog Heinrich am 15. Januar 1436 brieflich richtig, dass er von dem Vorgehen gegen die Bernauerin nichts gewusst habe, und bat Herzog Ernst, das doch seinem aufgebrachten Sohn mitzuteilen: „Ob aber nach inydert ein unwillen von dem selben unsserm lieben vettern, hertzog Albrechten, gen uns were von der geschicht wegen der Pernawerin, so waiss doch ewr lieb wol, das wir darhinder unschuldigklich komen sein, und auch umb die sach nichts gebest (= gewusst) haben, pis ir selber her zu uns gen Landshut komen seyt."[12]

Selbst ein gemeinsames Treffen der zwei Herzöge mit Albrecht im Februar 1436 in München konnte die Situation nicht entspannen. Zudem spitzte sich im Mai und Juni 1436 die allgemeine Lage durch die Wiederbelebung der Konstanzer Liga und den Kriegseintritt des Passauer Bischofs bedenklich zu. Erst mit dem zweiten Waffenstillstand zu Regensburg vom 21. Juli 1436 konnte den kriegerischen Handlungen schließlich ein Ende gesetzt werden.[13]

Ein halbes Jahr davor, in der Weihnachtszeit 1435, ging in München allerdings noch die Angst vor einem Krieg zwischen Albrecht und seinem Vater Ernst um. Daher stiftete der Münchner Stadtrat fromm Kerzen, verbunden mit der Bitte um Beilegung des Streites: „Item 25d haben wir zalt fur 3 Pfund wachs ze kertzen, die man frümet e machen von anpringung wegen des Ridlers zu der andacht zu begeen desmals, do hertzog Albrecht sich etwas gen seinem vater, unserm gnedigen herrn, hertzogen Ernsten, rewchet, got zu piten, das er sich gnediclichen nider lyes."[14] Am 10. Dezember 1435 ließ die Stadt außerdem „im Heiliggeistspitel Messen und Andachten abhalten und zahlt(e) den Pfaffen 72 Pfennige dafür, ‚do die herrn miteinander stossig sind gewesen'."[15]

Im Dezember 1435 kam Albrecht zu einem Treffen mit seinem Vater nach München gegen Zusicherung freien Geleits. Letzteres erscheint merkwürdig, da man sich fragt, weshalb der Sohn vom Vater diese Zusicherung verlangte. Befürchtete der Graf von Vohburg einen Angriff auf seine Person? In München verlief dann die Zusammenkunft friedlich, eine erste Annäherung zwischen Ernst und Albrecht konnte erzielt werden. Jedoch nicht die gänzliche Aussöhnung, wie auch der Stadtschreiber festhielt: „Aber doch was es dennocht nit gar ain ganczer richtigung."[16] Es hatte sich also nichts dauerhaft eingerenkt. Auch im Januar und Februar 1536 liefen die Versöhnungsversuche, das heißt das Einschwenken Albrechts auf den politischen Kurs seines Vaters, ins Leere.[17] Noch zu Ostern zahlte die Stadt an die Seelnonnen „9 Schillinge und 25 Pfennige für Wachs, ‚ze betten die 32 tausend Ave Maria unser lieben frawen, damit sie dem land ze Bayren gnad und frid zwischen der herren derwerbt von irem lieben kind.'"[18]

Im April 1436 verschärfte sich der Konflikt von Neuem. Herzog Ernst befahl sogar am 16. April der Stadt Straubing mit Hinweis auf ihren Treueschwur, Albrecht und die Seinen nicht einzulassen oder zu unterstützen.[19] Der Landesherr war sich offensichtlich nicht sicher, ob die Stadt Straubing nicht doch zu Albrecht, ihrem Regenten, hielt. Einen Tag zuvor, am 15. April, hatte Albrecht Herzog Heinrich von Landshut den Krieg erklärt. Er hatte nicht auf die eindringlichen Warnungen seines Vaters Ernst vom 7. April gehört, als dieser ihm schrieb, er „möge sich vorsehen, nicht wieder einen Makel auf sich laden, denn jetzt sei er ein frommer makelloser Fürst, aber er wisse wohl, daß man ihm vormals anderes nachgesagt habe."[20] Albrecht blieb dennoch politisch auf der Seite der Ingolstädter Herzöge.

Nur wenig später beriet der Landtag, die Ständevertretung des

Landes, in München wegen der drohenden kriegerischen Auseinandersetzungen. Auch Albrecht erschien und sah seine Chancen, ein eigenes Teilherzogtum mit Straubing und Vohburg als den Hauptorten zu bilden, schwinden. Ohne Agnes Bernauer an seiner Seite und als seine Herzogin erschien ihm dieses politische Ziel nicht mehr so erstrebenswert, zumal sein 63 Jahre alter Vater kränkelte und erste Anzeichen des nahenden Todes zeigte.

Am 14. April 1436 schrieb Albrecht dem kranken Vater aus Vohburg und bat – ganz besorgter Sohn – um Nachricht über sein Befinden: „Auch, lieber herr und vatter, uns hat der Gareisen gesagt, wie ewer lieb vasst kranck sey; darnach hat uns der Ofensteter gesagt, wie ewer lieb gesunt sey worden und nichts mer emprest; so haben wir yetzo von dem Haintz poten vernomen, wie ewer lieb gar plod und unvermogent sey, das uns von hertzen gar laid und als pillich ist. Nu verwundert uns zemal vast, warumb uns ewer lieb von solichem nichts schreibt oder empeut, und vermainen, ir getrawet uns villeicht nit, das uns doch laid und unferschuldet wär, dann wir bitten ewer lieb früntlich, ir wellet uns ettwas von ewern wolmoegen schreiben, dann mocht ewer lieb wol, das bracht uns von hertzen ein große freud, das sol ewer lieb furbar von uns gelauben."[21]

Albrechts Nachfolge im ganzen Herzogtum Bayern-München schien zu diesem Zeitpunkt nur noch eine Frage von wenigen Wochen zu sein. Daher schwankte er in seinen Entschlüssen, daher suchte er auch die Nähe des alten Herzogs und spätestens im Juli 1436 waren Vater und Sohn wieder vereint.[22] Vorausgegangen war der endgültigen Versöhnung im Mai ein Friedensschluss mit dem Landshuter Herzog, in welchem das umkämpfte Neustadt an der Donau in Albrechts Hände überging, und im Juni ein Besuch Herzog Ernsts in Pfaffenhofen bei Albrecht.[23]

Die Wiedervereinigung von Vater und Sohn, die sogenannte Versöhnung, setzte der versuchten Abspaltung des Straubinger Landes vom Herzogtum Bayern-München ein Ende. Der Steinmetz Hans Haldner stellte diese Szene um 1470 im Münchner Dom dar.[24] Die rotmarmorne Deckplatte des neuen Hochgrabs

Die Deckplatte des alten Hochgrabes für Kaiser Ludwig den Bayern im Münchner Dom hält im unteren Teil die Versöhnungsszene zwischen Herzog Ernst I. und seinem abtrünnigen Sohn Albrecht III. fest. (Relief von Hans Haldner, um 1470).

für Ludwig den Bayern zeigt oben thronend den Kaiser und darunter Herzog Ernst, der mit ausgestreckten Armen auf seinen in voller Rüstung stehenden Sohn Albrecht zueilt. Der bayerische Löwe springt an dem verloren geglaubten Sohn (und Land) freudig begrüßend hoch. Der Auftraggeber der Kaisertumba, Herzog Albrecht IV., der Enkel Herzog Ernsts, erkannte die politische – nicht bloß die rein menschliche – Dimension dieses Versöhnungsaktes für das Haus Wittelsbach wie das bayerische Herzogtum und ließ deshalb das Ereignis auch an beziehungsreichem Ort darstellen. Das heißt: „Unter den Augen des großen Kaisers Ludwig überwand das Haus dank der Versöhnungsbereitschaft Albrechts III., so wird man das politische Programm und die moralische Mahnung dieses Denkmals deuten können, eine tiefe dynastische Krise und wahrte die legitime Herrschaft."[25]

Aber mehr noch: Herzog Ernst strebte nach der Herrschaft in einer Hand, nach dem Ende der Zersplitterung der dynastischen Kräfte. Daher sah er auch die Notwendigkeit des schnellen Handelns nach dem Tode Herzog Wilhelms III., seines Bruders und Mitregenten. Rasch musste diejenige, die er für die neuerlichen Spaltungs- und damit Schwächungstendenzen verantwortlich machte, nämlich Agnes Bernauer, für immer aus dem Weg geschafft werden. Ehe sich die Bernauerin zu sehr als Herzogin an der Seite Albrechts in Straubing festsetzte. Ehe die beiden potente Unterstützer fanden, die dem Münchner Landesherrn ernsthafte Schwierigkeiten machen konnten. Wie es sich später in der Regierungszeit der Enkelgeneration noch einmal mit dem Zusammenschluss einer Adelsopposition 1466 im Böckler- und 1489 im Löwlerbund zeigte. Herzog Albrecht IV. gelang 1493/94 die Aussöhnung mit dem selbstbewussten und nach Unabhängigkeit strebenden Adel Niederbayerns – mit den Herrengeschlechtern an der Donau und im Bayerischen Wald, mit den Degenbergern, Nußbergern, den Stauffern von Ehrenfels und den Nothafft. Der Enkel vollendete, was mit der Beseitigung der Bernauerin grundgelegt wurde: Er wahrte die Einheit des Herzogtum Bayerns. Der „Fluch der Landesteilungen" war damit endgültig vorüber.

Nun verwundert es, dass sich der angeblich vor Schmerz um die getötete Gemahlin rasende Albrecht bereits nach einem knappen Dreivierteljahr mit dem verhassten Vater versöhnte. Wenn auch Herzog Ernst den Kaiser ersuchte, dahingehend auf Albrecht einzuwirken, so ist doch nicht bekannt, ob Sigismund dies auch getan hatte. Riezler urteilte daher, „dass Albrechts Natur nicht so tief angelegt war, um den Schmerz nicht bald zu verwinden."[26]

Zu bedenken ist aber, dass die Ermordung der Bernauerin die nachfolgenden politischen Spannungen und kriegerischen Auseinandersetzungen nicht auslösten, sondern nur vertieften und beschleunigten. Der Tod der geliebten Gemahlin war nicht Ursache der Streitigkeiten; denn diese waren nicht emotional, sondern hauptsächlich politisch motiviert. In der brutalen Beseitigung der Straubinger Herzogin erkannte Albrecht, dass sein Vater nicht willens war, eine wie auch immer geartete Schmälerung seiner Herrschaft hinzunehmen. Dass er mit allen Mitteln des Landesherrn kämpfte, um sich den einzigen Erben und sein Territorium zu erhalten. Aber auch Albrecht errang einen Teilerfolg: Der gealterte und gesundheitlich labile Herzog Ernst setzte ihn in München zum Mitregenten ein. Für die Bewältigung seiner persönlichen Trauer fand Albrecht jedoch höheren Trost. Als gläubiger Mensch sorgte er für ein standesgemäßes Begräbnis und das Seelenheil der verstorbenen Gemahlin.[27]

Bereits am 12. Dezember 1435, zwei Monate nach dem gewaltsamen Tod der Bernauerin, stiftete Albrecht bei den Karmeliten zu Straubing „allen gelaubigen selen zu rue und rast und unser sele ze trost und hilf" eine ewige Messe, einen Jahrtag und Seelenämter „der ersamen und erbern frawen Agnesen der Pernawerin, der got von himel gnadig und barmhertzig sej, sel hail willen und haben das kurtz zergäncklich leben betracht (...) Und doruber so haben wir volkomenlich mit gantzer guter vernufft und wissen ein ewige stäte mess zu dem alter, die dy vorgenant Agnes Pernawerin salig die vorhin bej jrem lebentigen willen het jr grebnuss da ze haben von newen dingen in dem closter zu Straubingen unser liben frawen brüder von dem perig carmelj jn dem kreutz gang gepawt hat, gestifftet geördnet und gemacht (...) Zum ersten das der convent und brior des obgenanten closters, der ytz da ist oder hinfür da wirdet, ein ewige stäte mess alltag taglich und ewiglich mit ainem jrem bruder und undertan jn dem closter an allen abganck haben sollen und sollen allwegen derselbig briester, der die mess hat, under der mess der vorgenanten Agnesen Pernawerin sele mit einem pater noster und ave maria alletag taglich gedencken und verkünden und dieselb mess sol allwegen zestünd als dez Egkers messe ein ende hat angefenget und volbracht werden und sullen vorhin, als man des Egkers mess gewandlt hat, eins dortzu leuten. Sy sollen auch der benanten frawen Agnesen der Pernawerin salig begrebnus und jartag järlich an abganck begeen umb sand gallen tag jn derselben wochen loblichen zu abents mit ainer vigilj und des morgens mit ainem selampt und irer sel gedencken mit ainem pater noster und ave maria, desgleichen allwegen auf dem predigstul auch. Sy sollen auch alle quartember ewiclich ein vigilij und sel ambt haben und sullen dortzu vier redlich steck kirtzen auf stellen zu der leich und sunst zu dem altar under mess alltag taglichs zwo redlich steck kertzen (...)."[28]

Auch seiner eigenen Seele gedachte Albrecht und bestimmte nach seinem Hinscheiden dort für sich selbst auch eine ewige Jahrtagsmesse. Den Priestern des Ordens sollen zu den Jahrtags- und Vierteljahrsmessen jeweils ein „Kopf Wein, ein Stück Fisch und eine Semmel" gereicht werden. „Desgleichen sollen sy den armen und dürftigen gen spital zu Strawbingen auch järlich zu dem jartag geben acht gross (= Groschen) und den sundersiechten daselben auch jarlichen zu dem jartag VIII gross" und denjenigen, die die Lichter täglich am Altar anzünden und den Altar ordentlich zurichten, „den sollen die obgenant convendt und brior geben järlich und ewiclich all quartember zwen gross." Albrecht wünschte zudem, dass ein ewiges Licht Tag und Nacht am Altar der gestifteten Kapelle brennen und die Messe mit Messgewand, Kelch, Büchern und anderem „Ornat" wohlausgestattet sein solle. Um all diese Anordnungen durchführen zu können, überschrieb Albrecht dem Karmelitenkloster

„zehen Pfund guter Regenspurger pfennig“ aus seinen Zolleinnahmen zu Regensburg.[29]

Die Seelgerätstiftung bekräftigte und vermehrte Albrecht Jahre später am Agnestag, den 21. Januar 1447. Nochmals wurden die Karmeliten finanziell für ihre religiösen Leistungen bedacht und zwar „mit zwen aigen hof“, der eine zu „Mitternhartshausen“ (heute: Mitterhartshausen, südwestl. von Straubing) und der andere zu „Praitenweintzer“ (heute: Breitenweinzier, südöstl. von Bogen) gelegen. Zudem war es den Karmelitern freigestellt, die heiligen Handlungen der Stiftungen für das Seelenheil der Bernauerin durch einen „layenbriester“ zuverlässig ausführen zu lassen.[30]

Das geschah wohl auch bis zur Säkularisation am 14. Juli 1802, als das Kloster von Staats wegen geschlossen wurde. König Ludwig I. von Bayern bewilligte die Wiedereröffnung des Karmelitenklosters am 19. Juni 1841. Bereits am 31. März 1831 hatte er das Fortbestehen aller Stiftungsmessen und damit auch diejenige für die Seele der ermordeten Agnes Bernauer garantiert.[31] Der „Kalender für katholische Christen“ von 1848 teilte den gläubigen Untertanen dazu mit: „Als Se. Majestät König Ludwig I. in Erfahrung brachte, dass mit der Aufhebung des Karmelitenklosters zugleich auch Albrechts Stiftung eines Jahrtages und Seel-Amtes für sich und seine Agnes erloschen sey, ließ Er unverzüglich durch allerhöchstes Rescript de dato 31. März 1831 den Betrag von 88 fl aus der Staatskasse mit dem Befehle anweisen: hiefür wieder für Herzog Albrecht 2 Wochen- und 3 Monats- d. h. jährlich 140 Messen, und für ihn, wie für Agnes einen eigenen Jahrestag in einem Seel-Amt, Vigil und Todten-Vesper bestehend zu halten, und so den Willen des erlauchten Stifters wie das Andenken an die traurige Veranlassung der Stiftung in gebührender Weise zu ehren.“[32]

„Ein denkwürdiger Tag“ war es für Straubing, als Kronprinz Ludwig (I.) mit seiner Gemahlin Therese die niederbayerische Stadt am 4. Juni 1812 besuchte.[33] Die Zeitung berichtete über dieses Ereignis: „Beide königl. Hoheiten geruhten zu Fuß eine Promenade in- und außerhalb der Stadt zu machen. (Sie besichtigten unter anderem auch) die Kapelle der Agnes Bernauerin in der St. Peters Pfarre, diese für jedes fühlende Herz merkwürdige Stätte."[34]

Der nachmalige bayerische König, dem selbst eine Leidenschaft für schöne Frauen innewohnte, war vom Schicksal der „Agnes Bernauer" derart berührt, dass er dieses pathetische Gedicht verfasste:[35]

Ein holdes Veilchen blühtest du verborgen,
In kindlicher Zurückgezogenheit,
An deines Lebens harmlos stillem Morgen,
Bewusst deiner Liebenswürdigkeit.

Da fiel versengend hin, auf dich gerichtet,
Der Fürstenliebe unheilvolle Gluth
Dein kurzes Leben wurde schnell zernichtet,
Doch deine Liebe endet nicht die Fluth.

Und in des Himmels ew'gen sel'gen Frieden
Ist längst dein Albrecht froh zu dir gesellt.
Dort wirst du nimmermehr von ihm geschieden,
Der Liebe Glück ist nicht für diese Welt.

Der Wonnen höchste hattest du empfunden,
Doch wie du kaum erreicht die Seligkeit,
So war sie dir sogleich auch schon verschwunden,
Sie lebt nicht in dem Raum, noch in der Zeit.

Was von Geschick bestimmt, getrennt zu bleiben,
Beglückend wird's hienieden nie vereint,
In das Verderben immer muß es treiben,
Wenn's gleich im Augenblick besel'gend scheint.

Jahrhunderte hat schon die Zeit verschlungen,
So wie die Fluth, in der dein Leben schwand,
Dein Name doch hat sich ihr hehr entwunden,
Mit Rührung wird derselbe noch genannt.

Im Jahre 1848 dankte mit einem „Sonettenkranz"[36] der Dichter Karl Ludwig Graul dem neuen bayerischen König Maximilian II. für die noble Tat seines Vaters Ludwig; hier eine Kostprobe aus der Widmung des umfangreichen Gedichts:

Dein Vater, Herr, hat wieder angezündet
Die Lampe fromm und treu, gelöscht vom Winde
Der Zeiten, über'm Grab dem schönen Kinde,
Deß Leid und Lieben hier mein Lied verkündet;

Dem mit dem Glauben treu die Kunst verbündet,
Gieb, dass der Dichter vor Dir Gnade finde,
Sein Lied ein Born durch Blumenland sich winde,
Der klar in Deine große Seele mündet:

Von Albrecht sing' ich und Agnesens Liebe,
An deren Grab nun fromme Mönche beten;
Daß nicht des Ahnherrn frommes Werk zerstiebe,
Versammelt' Er, was Stürme rings verwehten.
Den Dichter, der Vergangnes gern beschriebe,
O laß in Hulden, Herr, vor Dich ihn treten.

Da die finanzielle Ausstattung der Bernauer-Stiftungen mit der Zeit verfiel, wurde 1922 bestimmt, dass nur mehr ein Jahramt für Agnes Bernauer abgehalten werden soll. Am 13. Oktober 1924 beschloss das Land Bayern, für diese jährliche Messe der Bernauerin weiterhin die Mittel aufzubringen, wenn auch, so wurde betont, „von Seiten des Staates keine rechtliche Zahlungspflicht bestehe."[37] Noch heute leistet der Freistaat Bayern eine jährliche Reichnis (Zahlung) an das Karmelitenkloster für den „Jahrtag der Agnes Bernauer und Herzog Albrechts III." in Höhe von 7,67 Euro.[38]

Grab und Grabungen

An dieser Stelle erhebt sich nun die Frage, wo liegt eigentlich Agnes Bernauer begraben?

Albrecht ließ die im Januar 1447 nochmals bestätigte und erweiterte Bernauer-Messe vom Dezember 1435 bei den Karmeliten zu Straubing täglich zelebrieren. Denn hier im Klosterkreuzgang stiftete Agnes eine Kapelle mit Altar, in der sie dereinst auf ewig ruhen wollte. Ob der Bau der Grabkapelle im

Kreuzgang noch zu ihren Lebzeiten erfolgte, ist unsicher. Der Stiftungsbrief Albrechts benennt Altar und Kapelle als bereits bestehend, und die Jubiläumschronik des Klosters verzeichnet, dass der Regensburger Weihbischof Nicolaus die Herzogs-(Bernauer-)Kapelle im Kreuzgang am 25. Januar 1436 weihte.[39]

Ebenso fraglich ist, ob Agnes Bernauer bei den Karmeliten in Erfüllung ihres Wunsches begraben wurde bzw. wann sie dort ihr „Ruepetlein" gefunden hatte.[40] Denn traditionell gedenken die meisten der Toten auf dem alten Petersfriedhof, da man davon ausging, dass Agnes Bernauer in der dort errichteten Kapelle beigesetzt wurde. Der Chronist Veit Arnpeck, geboren um 1440, teilte über ihr Begräbnis mit: „Herzog Ernst ließ ertränken zu Straubing Agnes Pernauerin, eines Barbiers Tochter, eine wunderschöne Frau, um dass sie seinen Sohn Albrecht zur Ehe genommen hatte und dies nicht widerrufen wollte (...) Solches tat dem Sohn fast weh auf den Vater und ward des fast leidig. Es hätte auch, sobald es geschah, den Vater hart gereut. Sie (Agnes) ward herrlich begraben mit einem schönen Stein ob ihrem Grab als doch eine Fürstin (...) Sie ward begraben zu Straubing in der Nikolauskapelle des Karmelitenklosters."[41] Später fügte allerdings jemand ergänzend hinzu, dass Agnes bei St. Peter begraben sei. Damit waren Zweifel und Unsicherheit über die letzte Ruhestätte der Bernauerin in die Welt gesetzt, denn auch der bayerische Hofgeschichtsschreiber Aventin, geboren 1477, gab an: „Darauf erbaute er (Ernst)

Die Agnes-Bernauer-Kapelle auf dem St. Petersfriedhof zu Straubing. (Foto: Panzer, 2005)

für ihre (Agnes) Seelenruhe außerhalb der Stadt bei der Kirche St. Peter eine Kapelle und stiftete dazu eine ständige Kaplanei, wo ihre Gebeine mit einem Stein bedeckt sind."[42]

Inzwischen vermutet man, dass die Bernauerin zunächst im Friedhof von St. Peter beerdigt wurde. Daran erinnert noch heute die dortige Agnes-Bernauer-Kapelle. Herzog Ernst hatte „in guter Vorbetrachtung" und gemäß dem Rat seiner Räte „ain kapellen auf dem kirchof zu sant peter pfarrkirchen zu Strawbingen" bauen lassen und stiftete dafür am 16. Juli 1436 „ein ewige mess dorjinn und ainen ewigen jartag" für der „Pernauerin sel und allen kristen glaubigen sel willen und zu hilf und zu trost". Außerdem hatte er in genannter Kapelle „gestift einen alter der geweicht ist den eren aller gotes heiligen auch sand jacob und sand andre der heiligen XII poten." Ein Kaplan sollte Jahrtags- und Quatembermessen, Vigilien und Morgenmessen abhalten und zu jedem Jahrtag „auf dem Grab vier steckkirtzen" anzünden.[43]

Die vor dem Altar im Boden liegende Grabstelle deckte eine Grabplatte aus rotem Marmor. Die lateinische Umschrift des Grabsteins nennt fälschlich als Todesjahr 1436 und nicht das tatsächliche 1435. Sie lautet in deutscher Übersetzung: „Im Jahre des Herrn 1436 (!), am 12. Tag des Oktobers, starb Agnes Bernauerin. Sie ruhe in Frieden."[44] Warum eine falsche Jahreszahl eingemeißelt wurde, bleibt wohl das Geheimnis des Künstlers. Wahrscheinlich wurde die Grabplatte mit Inschrift Jahre später angefertigt, sodass dieser Irrtum erklärlich ist.[45] Als Bildhauer vermutet man den sogenannten „Meister der Albrechtstumba", dem Schöpfer des Hochgrabs Herzog Albrechts II. in der Karmelitenkirche, das um 1410/20 entstanden war.

Das flache Relief des Grabsteins zeigt das etwa lebensgroße Bildnis der Bernauerin. Ihr leicht geneigter Kopf ruht auf einem Quastenkissen. Das Gesicht mit den im Todesschlaf geschlossenen Augen strahlt Ruhe und Ergebenheit aus. Warum manche meinen, dass der Künstler hier das aufgedunsene Antlitz einer Wasserleiche modelliert habe,[46] kann nicht nachvollzogen werden, zumal die vom Henkersknecht mit einer Stange unters Wasser gedrückte Bernauerin wohl kaum tagelang in der Donau getrieben sein dürfte, bis man sie endlich herausfischte und begrub. Auch dass ein Auftragswerk des Herzogs mit einer derartigen künstlerischen Freiheit, fast anklagend, gestaltet werden konnte, erscheint höchst zweifelhaft. Ob das Abbild auf dem Grabstein überhaupt ein authentisches Porträt der Bernauerin darstellt, kann nicht entschieden werden. Wenn auch manchmal die Auffassung vertreten wird, „der Künstler habe Agnes selbst gekannt oder eine Maske oder ein Bildnis von ihr im Besitze gehabt."[47]

Epitaph mit dem fast lebensgroßen Bildnis der Agnes Bernauer in der Kapelle auf dem St. Petersfriedhof zu Straubing, vermutlich aus dem 15. Jh. (Foto: Ronny Lang)

Die Hände der Abgebildeten ruhen übereinandergefaltet. Zwei Ringe schmücken die Rechte, welche zudem einen Rosenkranz hält. In der Ikonographie kennzeichnet das gegenseitige Reichen der rechten Hand bei Paaren den ehelichen Stand. Die Betonung der rechten Hand auf diesem Grabstein wird daher auch als Hinweis auf Agnes' Ehebund mit Albrecht gedeutet. Vielen gelten vor allem die beiden Ringe an dieser Hand als Verlobungs- und Ehering und damit als Beweis für eine Heirat.[48] Denn üblicherweise „wurde das Eheversprechen durch ein Geschenk bestätigt, das der Bräutigam der Braut übergab. Dabei konnte es sich um alles mögliche handeln, um ein Taschentuch, einen Handschuh, ein Geldstück oder Schmuck (und manchmal auch um einen Rosenkranz); am verbreitetsten war als Ehepfand der Ring. Der Ringwechsel allerdings, wie er heute bei der Trauung des Hochzeitspaares üblich ist, wurde als gegenseitiges Treuegelöbnis erst seit dem 16./17. Jahrhundert allgemein gebräuchlich.[49]

Die gesamte Gestalt der Bernauerin umhüllt von Kopf bis Fuß ein nobler Umhang mit Schleier, sehr ähnlich einem Nonnengewand. Manche sehen darin allerdings den mit kostbarem Pelz gefütterten Mantel einer Fürstin, wie Horchler meint: „Sie trägt die Kleidung, durch die sich Fürstinnen und vornehme Frauen von den Jungfrauen unterscheiden. Dieselbe besteht aus einer fein geflochtenen, die Haare umhüllenden Krause, in dem Riesentuche, welches Kopf, Kinn und Schultern umgibt, in dem weiten Mantel, der mit Pelz besetzt ist, dieser zeigt den sog. ‚Kleinspalt', ein besonderes Zeichen hohen Standes."[50]

Anschaulich schilderte 1873 die Zeitschrift „Gartenlaube" ihren interessierten Leserinnen und Lesern den Grabstein der Agnes Bernauer: „Das Haupt der Todten ruht auf einem Kissen; milder Friede lagert sich über das Antlitz, das einer Schlafenden mehr als einer Todten anzugehören scheint. Ein kostbarer Schleier, der nach der Sitte der damaligen Zeit nur Frauen vornehmen Standes zukam, umhüllt züchtig Kopf und Hals; ein langer, mit Hermelin ausgeschlagener Mantel wallt zu den Füßen herab, an denen ein Hund und eine Eidechse, die Sinnbilder häuslicher Treue und Geselligkeit, angebracht sind."[51]

Genannte zwei Tierfiguren stellen eher zwei kleine Hunde dar, einen schlafenden und einen munter emporspringenden. Aber ob Hund oder Eidechse – all diese Tiere drücken in der Bilderwelt des Mittelalters dasselbe aus: Sie hatten die Aufgabe, die Seelen der Verstorbenen sicher ins Jenseits zu geleiten. Sie sind eben nicht Sinnbild ehelicher Treue und schon gar nicht ein Hinweis auf eine eventuelle „Säckung" der Bernauerin, das heißt ihre Tötung eingebunden in einen Sack gemeinsam mit kleinen Tieren, die ihre Todesqual steigern sollten. Vielmehr waren sie gebräuchliches Bildprogramm auf den damaligen Grabsteinen wohlhabender Frauen und Männer.

Woher kommt nun diese Hundesymbolik?[52]

In der griechischen Mythologie war Orion, der Erdgeborene, ein Sohn der Götter und ein tapferer Jäger. Auf seinen Streifzügen begleiteten ihn ein kleiner und ein großer Hund, Procyon und Sirius. Nach der Sagengestalt wurde auch ein Sternbild benannt, dessen Hauptstern Sirius heißt. Sirius, den großen Hund des Orion, setzte man gleich mit dem Kerberos der Mythologie. Der Höllenhund sorgte dafür, dass die Toten den Hades nicht verließen und keine Lebenden ihn betraten. Die Griechen hatten die Hundesymbolik von den Phönikern. In Ägypten verkörperte Sirius den schakalköpfigen Gott Anubis, dessen Aufgabe es war, die Toten in die Unterwelt zu begleiten. Anubis/Sirius wog die Seelen der Verstorbenen auf der Waage der Gerechtigkeit, um über ihr weiteres Schicksal im Reich des Todes zu entscheiden. Diese Tiersymbolik verstand man in vielen Kulturen: Hunde bewachten bei den Indern, den Ägyptern, den Griechen, Römern und Germanen das Totenreich und geleiteten die Seelen der Verstorbenen ins Jenseits. Im christlichen Mittelalter bewachten Hunde, die auf Grabdenkmalen dargestellt wurden, den Weg zu Gott. Sie beschützten die suchende Seele und führten sie sicher auf der Himmelsleiter ins Paradies.

Wenn auf Agnes Bernauers Grabstein zwei kleine Hunde abgebildet sind, dann besagt der schlafende, dass ihrer Seele der Zugang zur Himmelsleiter nicht verwehrt, und der wachende, dass ihr der Weg zum Allerhöchsten sicher gewiesen werden soll. Im Zusammenhang der Grabsymbolik galten Hunde also als Mittler zwischen dem Diesseits und dem Jenseits, der physischen und der metaphysischen Welt.

Heute steht der Epitaph der Agnes Bernauer an der Südseite der Kapelle. Bis 1785 lag der Stein im Bodenpflaster vor dem Altar. Damals ließ Franz von Paula Romayr, kurfürstlicher Rat und Kirchenverwalter bei St. Peter, gegen den Willen des dortigen Pfarrers, aber mit Genehmigung des bayerischen Kurfürsten Carl Theodor, den bereits beschädigten Grabstein heben, „ehe ihr in Lebensgröße eingehautes Bild samt der Aufschrift durch verwüstende Menschentritte vor der Zeit vollends verunstaltet, und gänzlich unkennbar gemacht wird.“[53] Als dabei Wissenschaftler das darunterliegende Grab öffneten, war dieses leer. Franz S. Meidinger teilte 1787 in seiner „Historischen Beschreibung" Straubings mit: „Es wurde einstens ihr Grab zu St. Peter geöffnet, wo man in einer gemauerten Ruhstadt auf der Evangelienseite des Kirchleins nichts als eine Menge Todengebeine entdeckte: es mag also seyn, dass diese Agnes Bernauerinn erhoben, und wie gesagt, zu den Karmeliten begraben worden."[54]

Seitdem wird also angenommen, dass die sterblichen Überreste der Agnes Bernauer entweder gleich im Dezember 1435 oder erst am 21. Januar 1447 anlässlich der zweiten Seelgerätsstiftung durch Herzog Albrecht III. in das Karmelitenkloster überführt und dort im Kreuzgang beigesetzt wurden. Ein Jahrbuch des Karmelitenklosters, das leider nicht mehr vorhanden ist, notierte unter der am Rande stehenden Jahreszahl 1447: „Die 15. Octobris Anniversarium Dominae Agnetis Bernauarin sepulta in capella S. Nicolai, celebrandum cum vigilia, quod fundavit serenissimus Dux Bavariae Albertus."[55] – in deutscher Übersetzung: „Am 15. Oktober wird der Jahrestag der Herrin Agnes Bernauerin, begraben in der Kapelle St. Nikolaus, mit einer Vigil begangen, wie es der durchlauchtigste Herzog Albrecht von Bayern gestiftet hat."

Anscheinend wurde die Bernauerin nicht in erwähnter Nikolauskapelle des Karmelitenklosters beigesetzt, denn Nachgrabungen zu Beginn des 19. Jahrhunderts erbrachten keine diesbezüglichen Hinweise.[56] Kreisrat Lipowsky, zugleich Biograf der Bernauerin, ließ im Karmelitenkloster nachgraben, „um die Gruft der Niklas-Capelle, welche die Karmeliter in neuern Zeiten zu einer Sakristey hatten umbauen lassen, zu finden, und so die Gebeine der Bernauerin zu entdecken; allein wenn man gleich hie und da Spuren eines unterirdischen Gewölbes wahrnahm, war doch alles schon verschüttet und mit Steinen und Erde ausgefüllt. Herr Lipowsky vermuthet, dass bey jenem Umbau die Gebeine in die allgemeine Karmeliten-Gruft gekommen wären."[57]

Auch spätere Nachforschungen ergaben nichts Neues: „Am 22. Mai 1969 berichtete das Straubinger Tagblatt, daß bei der Suche nach dem Grab der Agnes Bernauer in einer Kammer bei

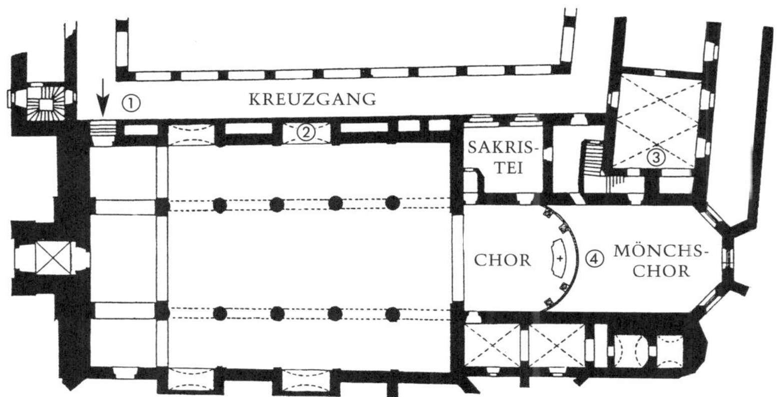

Grundriss der Karmelitenkirche zu Straubing. Hier soll Agnes Bernauer ihre letzte Ruhe gefunden haben. Trotz vieler Nachforschungen blieb ihr Grab bis heute verschollen. ① *Neuer Zugang, früher: Michaelskirche* ② *Alter Zugang, heute: Arme-Seelen-Altar* ③ *Wintersakristei* ④ *Hochgrab Herzog Albrechts II. († 1397)*

der Südostecke des Kreuzgangs im Karmelitenkloster Teile eines sehr alten Skeletts gefunden wurden. Das Skelett ist durch eine bei einer späteren Baumaßnahme darüber geführte Mauer durchschnitten worden, sodaß nur mehr Kopf, etliche Wirbel und untere Fußknochen samt der Zehen in situ blieben. Die Forschungen des Geschichtsschreibers des Klosters, Dr. P. A. Deckert, nach dem so lange gesuchten Grab der Bernauerin hat nun dieses Resultat ergeben, doch soll noch eine mit modernen Mitteln angestellte Untersuchung die bereits gut begründete Vermutung bestätigen, daß es sich wirklich nur um Überreste der Agnes Bernauer handeln kann."[58] Besagte wissenschaftlichen Untersuchungen brachten jedoch einen negativen Befund, wie die Augsburger Allgemeine Zeitung 1969 unter der Überschrift „Es war nicht Agnes Bernauer" berichtete: „Die Hoffnung von Archäologen und Historikern nach einem Skelettfund neben dem Kreuzgang der Karmelitenkirche die Grabstätte der Agnes Bernauer entdeckt zu haben, hat sich nicht erfüllt. Die Untersuchungen des Skelettfundes im Münchner Universitätsinstitut für Anthropologie und Humangenetik ergaben, dass die Knochenteile nicht die sterblichen Überreste einer jungen Frau sind. Wie Professor Gerfried Ziegelmayer vom Anthropologischen Institut und Dr. Georg Glowatzki von der Anthropologischen Staatssammlung berichteten, handelt es sich ‚mit an Sicherheit grenzender Wahrscheinlichkeit um Skelettreste eines Greises.‘“[59]

Der Kreuzgangbereich des Klosters war eine bevorzugte Grablege. Hier wurden in etwa 130 Personen bestattet: Straubinger Bürger, Patrizier und Wohltäter mit ihren Gemahlinnen. Das entdeckte Skelett lag in einem Grab, das vor 1684 angelegt worden war, also vor der umfassenden Neugestaltung der Kirche, des Klosters und des Kreuzganges.

Nun brachte es aber der Klosterneubau an der Wende zum 18. Jahrhundert mit sich, „dass die Kapellen des Kreuzgangs zu Ehren des hl. Nikolaus und des hl. Michael 1692 aufgelassen wurden.“[60] Eben in dieser Nikolauskapelle soll Agnes Bernauer begraben worden sein. Auch der alte Zugang von der Kirche in den Kreuzgang wurde vermauert. Hier befindet sich heute der Arme-Seelen-Altar. Ein neuer Zugang wurde beim abgebrochenen Michael-Altar geschaffen, also im westlichen Teil des alten Kreuzgangs. Hierher in die alte Michaelskapelle stiftete Heinrich Nothaft zu Wernberg am 27. Mai 1461 „eine tägliche Messe, zu der nach der Wandlung in der Bernauerin-Messe zu läuten war; mit dem Ende dieser Messe war die Nothaft-Messe zu beginnen.“[61] Außerdem gibt die Jubiläumschronik der Karmeliten an, dass am 25. Januar 1436 der Regensburger Weihbischof „Kapelle und Altar im Kreuzgang zu Ehren der seligen Jungfrau Maria“ konsekrierte. Neben zahlreichen anderen Heiligen wurden auch Reliquien des hl. Nikolaus in den Altar mit eingeschlossen. Dieser Altar, zu dem Herzog Albrecht III. für das Seelenheil der Agnes Bernauer ein Ewig-Licht, Jahrtags- und Quatembergottesdienste mit 4 Steckkerzen „zu der leuch“ und am Altar stiftete, wurde bereits 1649/55 abgebrochen.[62] „Der Altar des Herzogs muß jedenfalls genügend Platz beansprucht haben,“ so die Karmelitenchronik, denn „nach der Epitome des Provinzials Johannes Sattler vom Jahre 1607 stand dieser Altar ‚in sacello cancellato‘ (in einer eigenen, wenn auch kleinen Kapelle). Nach einer Mitteilung des Priors vom 23. Januar 1655 waren Kapelle und Altar schon nicht mehr vorhanden. Die dafür gestifteten Gottesdienste waren in die Kirche transferiert worden. (...) Man hat mit Einführung der Tourainer Reform (1649) anscheinend den Kreuzgang gesperrt und den Altar abgebrochen. / Bereits im 17. Jahrhundert wußte man schon nicht mehr, wo die Stätte für diesen Altar zu suchen sei. So kam es zu der irrigen Auffassung, die Bernauerin-Kapelle sei im Westen des Kreuzgangs zu suchen und sei identisch mit der Michael-Kapelle, oder sei wenigstens ‚e regione Capellae S. Michaelis' gelegen. Vielleicht kam es zu dieser Ansicht, weil unmittelbar nach der Bernauerin-Messe zur täglichen Messe in der Michaeli-Kapelle zu läuten war."[63]

Wegen dieser Indizien könnte man annehmen[64], dass zwischen dem neuen (alte Michaelskapelle) und dem ehemaligen Zugang (heutiger Arme-Seelen-Altar) das verschollene Grab der Agnes Bernauer tief unter den Mauern liegt. Andere vermuten die Grabstätte der Bernauerin in der ehemaligen Nikolauskapelle, die sich dagegen im östlichen Teil des Kreuzgangs „sub dormitorio" befand und am 16. April 1692 abgerissen wurde.[65] Aber einen gemeinsamen Schlafsaal der Mönche gab es damals nicht, denn diese nächtigten in Zellen. Somit ist die Lagebezeichnung nicht eindeutig. Manche Forscher verorteten die ehemalige Nikolauskapelle in den Bereich der sogenannten Wintersakristei, die heute noch genutzt wird und glaubten hier das verschollene Grab der Bernauerin suchen zu müssen.

Dagegen verzeichnete das Regensburger Visitationsprotokoll von 1508 einen Jakobusalter als den Altar der Agnes-Bernauer-Messe: „Herr Johannes Haberlander ist Kaplan des hl. Jakobus, sonst Bernauerin. Die Verleihung erfolgt durch den Herzog, der Wert der Einkünfte beträgt 17 Pfund Regensburger Pfennige. Davon muß der Kaplan ein Pfund Pfennige für die zwei Jahresgedenktage geben, ebenso muß er davon alle Ornamente unterhalten. Seine Einkünfte bezieht er nicht von der Maut oder vom Zoll. Er hat davon auch seine Wohnung. Er ist gehalten, täglich die Messe zu lesen."[66]

Die Jubiläumschronik des Karmelitenklosters stellte zur Grabstätte der Agnes Bernauer abschließend folgende Überlegungen an: „Wo wäre dieses Grab zu suchen? Zweifellos im Kreuzgang der Karmeliten und höchstwahrscheinlich bei ihrem Altar. Nach Sieghart und Lipowsky befand sich dieser Altar in der Nikolaus-Kapelle, nach Meidinger in der jetzigen Wintersakristei. In beiden Fällen handelt es sich nur um wenig stichhaltige Vermutungen. Gegen die Nikolauskapelle läßt sich einwenden: Sie lag auf der Ostseite des Kreuzgangs. Sie wird häufig erwähnt und von Beerdigungen (…) in ihr ist oft die Rede. Es fällt auf, dass im Zusammenhang mit ihr nie eine Andeutung vom Agnes-Bernauer-Altar gemacht wird. Auch nicht in dem ausführlichen Bericht vom 14. April 1692 (…), den sich das Ordinariat in Regensburg vorlegen ließ, bevor es den Karmeliten am 16. April die Erlaubnis zum Abbruch der Nikolauskapelle gab. (…) Gegen die Wintersakristei spricht: in ihr ist (…) das Eck im südlichen Teil des Kreuzgangs zu finden, in dem der Bolan- bzw. St. Erhard-Wolfgangs-Altar stand. (…) Ob nicht hier zwischen Wintersakristei und Nikolauskapelle unser Altar und das Grab der Agnes Bernauer zu suchen ist? Wie man aus dem Grundriß des Kreuzgangs noch ersehen kann, schloß sich östlich der jetzigen Wintersakristei ein eigener Kapellenraum an. In der Annahme, dass diese Kapelle vom Kreuzgang aus ihren Zugang hatte, dürfte an der gegenüberliegenden Wand der Herzogsaltar gestanden haben. Demnach wäre das Grab der Agnes Bernauer wohl links vom jetzigen Eingang zum Chor der Kirche, in beträchtlicher Tiefe unter dem Treppenpodest, zu suchen. Es ist eben zu bedenken, dass der Kapellenboden früher etwa 5 Stufen (ca. 1 m) tiefer lag als der Chor. Die unmittelbare Nähe der Nikolauskapelle macht es verständlich, dass man sich mit dem Läuten zur Messe bzw. mit dem Beginn der Messe auf dem Bernauer-Altar nach der Frühmesse in der Nikolauskapelle richtete."[67]

Trotz all dieser intensiven Nachforschungen und detailreichen Überlegungen bleibt bis heute die letzte Ruhestätte der Bernauerin verschollen. Desgleichen blieb ihr gewaltsamer Tod unbestraft.

Ein Menschenleben galt damals wie heute oft wenig. Nur das Strafmaß bei einem Mord hat sich geändert, nicht die Bereitschaft dazu, einen zu verüben. So teilt uns die Gemeinersche Chronik aus dem Jahr 1432 beispielsweise mit: „Den Freunden der vaterländischen Geschichten dürfte der Bestrafung wegen ein Mord nicht unmerkwürdig scheinen, den der Bader in der Vorstadt begangen hatte. Er war verurtheilt der Seele des Gemordeten einen Abtrag zu thun durch eine Rom und Achfahrt mit seiner selbst Leib, überdieses 30 Seelenmeßen halten zu lassen, und den Siechen zu S. Lazarus ein Schaf Holz zu geben. Solche Beyspiele von Geldabfindungen für verübten Mord nach uralter Sitte finden sich noch im 16. Jahrhundert vor."[68] Erstaunliche Parallelen zum Mordfall Agnes Bernauer drängen sich hier auf. Herzog Ernst büßte offenbar in gleicher Weise seine Schuld: mit der Stiftung immerwährender Seelenmessen und der Errichtung einer Kapelle für die getötete Schwiegertochter. Danach fühlte Ernst sich wieder reingewaschen. In seinen Augen war die mörderische Tat gesühnt und der Bernauer-Tragödie ein gottgefälliges Ende gesetzt. Jetzt war der Weg frei, Albrecht mit einer standesgemäßen und weniger gefährlichen Ehefrau zu verbinden.

Der fromme Albrecht und seine Erben

Mitte September 1436 weilte hoher Damenbesuch in München: Die beiden Herzogstöchter Beatrix von Neumarkt und Elisabeth von Jülich-Berg begutachteten dabei Anna von Braunschweig, die neue Braut Albrechts. Der Stadtschreiber hielt fest, dass 22 Pfund 5 Schillinge 26 Pfennige für Wein und Fisch ausgegeben wurden „für die schankung den frawlein paiden herczogein, unsers gnedigen herrn herczogen Ernsts töchtern, auch aim frawlein von Prawnsweig, do die hie waren."[69]

Am 6. November 1436 vermählte sich Albrecht zum zweiten Mal, nunmehr standesgemäß und öffentlich mit Anna von Braunschweig. Dazu bemerkte der Münchner Stadtschreiber voller Genugtuung: „Des sull wir alle fro sein, das wir nit wider ain Bernawerin gewunnen haben."[70] Die Stadt München überreichte dem neuen Hochzeitspaar ein wertvolles Präsent, einen vergoldeten Buckelbecher aus Silber und ein nicht näher bezeichnetes Kleinod zu einem Preis von 113½ Pfund und 5 Pfennige, welches sie extra in Augsburg hatte anfertigen lassen.[71]

Der Heiratsbrief wurde erst am 21. Januar 1437, dem Tag der heiligen Märtyrerin Agnes, ausgestellt, was wiederum zu Spekulationen reizte. Man meinte, dass Albrecht damit einen Hinweis auf die verlorene erste Ehefrau geben wollte. Allerdings ist kaum vorstellbar, dass sich die Welfin Anna von Braunschweig derart brüskieren ließ. Eher war dieses Datum ein Zufall, zumal weitere Schriftstücke, welche die Morgengabe betrafen, in den folgenden zwei Tagen ausgefertigt wurden.[72]

Die 21-jährige Braut, geboren 1415, war die Tochter des bereits 1427 verstorbenen Herzogs Erich von Braunschweig-Grubenhagen und seiner Gemahlin Elisabeth von Braunschweig-Göttingen. Annas Bruder Ernst († 1465), der neue Herzog, hatte die Eheverhandlungen geführt. „Für das Heirathgut wurden der neuvermählten Herzogin die Herrschaften und Gerichte Pfaffenhofen, Hohenwart und Geisenfeld, für die Morgengabe aber die Grafschaft, Veste und Markt Vohburg, die Märkte Pföring und Siegenburg, die Veste und der Markt Mainburg verschrieben."[73]

Die junge Münchner Herzogin war eine selbstbewusste attraktive Frau, die offenbar ihrem Ehemann nicht nur äußerlich gefiel. Wieder hatte Albrecht eine „starke" Frau an seiner Seite, denn seine labile Natur bevorzugte das Wegweisende. Nicht selten überließ er daher der Herzogin die Regierungsgeschäfte und zog sich ins Privatleben zurück, jagte, betete und widmete sich seinen zahlreichen Liebschaften. Bis es Anna einmal zu bunt wurde und sie sich ebenfalls anderweitig umschaute. Der Chronist erzählt: „Herzog Albrecht het lange zeit sein Hausfraw gar lieb, und hielt sich gantz an Ir, das thet sie auch. Da er aber prach, da prach auch sie."[74] Eine Ehe- und Staatskrise war geboren. Die beleidigte Gemahlin wollte aus dem Lande fliehen, aber letztendlich versöhnten sich die Eheleute offiziell wieder. Nach Albrechts Ableben jedoch veranlasste Anna, dass die Geliebte ihres Gemahls – eine Kürschnersfrau namens Ursula – wegen angeblich zauberischer Künste und erschlichener Schenkungen München verlassen musste.[75]

Anna und Albrecht hatten gemeinsam zehn Kinder: Johann (IV.; 1437–1463), Ernst (1438–1460), Sigmund (1439–1501), Albrecht (1440–1445), Margarete (1442–1479), Elisabeth (1443–1486), Albrecht (IV.; 1447–1508), Christoph (1449–1493), Wolfgang (1451–1514) und Barbara (1454–1472). Als der alte Herzog Ernst 1438 starb und im Münchner Dom zu Grabe getragen wurde, hatte er noch die Geburt eines Stammhalters erlebt.

Nach des Vaters Tod trat Albrecht III. nun die Erbfolge in Bayern-München-Straubing an. Der kleine Adolf, Erbe Herzog Wilhelms III., kam als aktiver Mitregent noch nicht in Frage und verstarb wenig später im Kindesalter. Somit herrschte ein Herzog erstmals seit langer Zeit allein über das gesamte Herzogtum Bayern-München und das Straubinger Land.

Das Spindlersche Handbuch, Standardwerk zur bayerischen Geschichte, beurteilt Albrecht und seine Regierungszeit folgendermaßen: „Albrecht III. der Fromme von München (1401/1438–1460) hatte in den Hussitenkämpfen persönlichen Mut gezeigt, in der Bernauerkrise und bei der böhmischen Königswahl jedoch eine bemerkenswerte, wohl religiös fundierte Scheu vor selbstgeschaffenen Kriegswirren an den Tag gelegt. Obwohl ihn die böhmischen Stände nach König Albrechts II. Tod (27. Oktober 1439) ohne sein Zutun fast einstimmig gewählt hatten (23. Mai 1440), verzichtete er nach einigem Zögern zugunsten des legitimen, drei Monate alten Erbprinzen Ladislaus auf die Krone, um sein Land nicht in unabsehbare Thronstreitigkeiten hineinzuziehen.“[76]

Als das Ingolstädter Teilherzogtum 1447 ohne Erben dastand, zauderte Albrecht wiederum und überließ damit Herzog Heinrich von Landshut den Zugriff. Nur in seiner Innenpolitik zeigte er eine gewisse Zielstrebigkeit; er sicherte das Land gegen die Überfälle des Raubrittertums. Noch zu Lebzeiten seines Vaters Ernst hatten die beiden Herzöge 1437 einen Landtag in München abgehalten, auf dem sowohl die Straubinger wie auch die Münchner Landschaft erschienen waren. Man verabschiedete einen zehnjährigen Landfrieden, um „großes Verderben, Unehre und Schaden an Seel, Leib und Gut“ von allen Bewohnern des Landes abzuwehren.[77] Gemeinsam mit Nikolaus von Kues reformierte Albrecht zudem die bayerischen Klöster. Der „Heilige Berg“ Andechs war sein bevorzugter Aufenthalt. Bereits sein Vater, Herzog Ernst, hatte vordem in Andechs ein weltliches Chorherrenstift errichtet. Hier gründete Albrecht ein Benediktinerkloster mit sieben Mönchen aus Tegernsee und ließ eine Kirche erbauen. Im April 1458 wurden der Hochaltar und die Nebenaltäre geweiht und bald pilgerten aus allen Teilen des Landes Tausende den Berg hinauf „mit grosser andacht, wainaden augen und mit betrübten hertzen und doch mit sunder grossem froulocken“, wie der Münchner Stadtschreiber notierte.[78]

Albrecht III. galt nicht nur als fromm, das heißt der Kirche zugeneigt, sondern auch als ein kunstsinniger Fürst mit musischen und literarischen Interessen. So förderte er beispielsweise den Arzt und Frühhumanisten Johannes Hartlieb, der um 1444 für Herzogin Anna „Das Buch vom großen Alexander“ aus dem Lateinischen übersetzte, „das ein wahres Volksbuch wurde und zwei Jahrhunderte blieb.“[79] Auch der geistliche Zuspruch, den der Augustinerchorherr und Propst Johannes von Indersdorf Albrecht III. vor allem nach der Bernauer-Katastrophe angedeihen ließ, trug literarische Früchte. Zur Erbauung des Herzogspaares verfasste dieser die „Fürstenlehren“ und die Tischpredigten, d. h. „Geistliche Betrachtungen, vor Tisch zu lesen auf alle Tage der Woche“. Des Klerikers Hauptwerk „Von dreierlei Wesen der Menschen“ stärkte und festigte seinen Einfluss auf den Münchner Herzog. Es fanden sich aber auch weltliche Herren am herzoglichen Hof ein. So weilte einige Zeit der Meistersinger Michael Beheim in München und der weitgereiste Abenteurer wie Reiseschriftsteller Hans Schiltberger wurde sogar herzoglicher Kämmerer.[80]

Albrecht III. starb zu München am 29. Februar 1460 in Gegenwart seiner Gemahlin Anna und seiner Kinder „an einer schweren Krankheit, um wie das Gold im Feuer geläutert zu werden und seine Fehler abzubüßen“, steht in einer damaligen Handschrift.[81] Sein Leichnam wurde in der Klosterkirche von Andechs beigesetzt. Am 24. April hielt man in München und am Laurentiustag in Straubing eine Totenfeier ab.[82] Die herzogliche Grabstätte befand sich vor dem Hochalter der Andechser

Klosterkirche, fiel aber dem Flammensturm des Jahres 1669 zum Opfer. Fälschlich meinte Albrechts Biograf Mittermüller: „Sein Grabmal, ja sein Leichnam wurde von Barbaren des 19. Jahrhunderts im J. 1803 ein paar Goldstücke halber" verwüstet.[83]

Albrecht III. der Fromme im Chor der Andechser Klosterkirche. Hier fand er auch seine letzte Ruhestätte. (Foto 1900–40)

Hier auf dem Heiligen Berg sollte nach Albrechts Wunsch die neue Grablege der Wittelsbacher entstehen. Doch nur sein ältester Sohn Johann IV., der 1463 in München an der „Pestilenz" starb, wurde in der Andechser Kirche bestattet. Seine anderen Nachkommen bevorzugten die Münchner Frauenkirche. Albrechts Witwe, Anna von Braunschweig, die nochmals ehelichte, starb 1474 in Nannhofen und wurde dort zunächst auch begraben. Später dann nach Andechs überführt, fand sie schließlich an der Seite ihres ersten Gemahls ihre letzte Ruhestätte.[84]

Herzog Albrecht III. hatte bestimmt, dass nur jeweils die beiden ältesten Söhne die Regentschaft im Herzogtum übernehmen sollten. Die Linie seines Onkels, Herzog Wilhelms III., war bereits mit dem frühen Tod der beiden Kinder Adolf und Wilhelm erloschen. Mit dieser Festlegung grenzte Albrecht bewusst drei seiner fünf Söhne von der Herrschaft aus. Auch hier ist wieder das Bestreben nach der Zentrierung der Landesherrschaft möglichst in einer Hand zu erkennen. Eine Teilung und damit Schwächung der Herrschaft wie des Territoriums war nicht mehr wünschenswert. Demzufolge trat der älteste Sohn Johann IV. gemeinsam mit seinem Bruder Sigmund die Regentschaft an. Nachdem Johann 1463 gestorben war, sah sich Sigmund gezwungen, für zwei Jahre allein zu regieren. Als dann der nächstjüngere Bruder volljährig wurde, trat dieser 1465 in die Regentschaft mit ein.

Zwei Jahre später verzichtete Herzog Sigmund auf die Regierungsgeschäfte, zog sich lieber in die Blutenburg zurück, wo er sich ausschließlich den Freuden des Lebens hingeben konnte. Von ihm erzählte Lipowsky: „Herzog Sigmund (...) verliebte sich in ein adeliches Mädchen aus dem Militärstande dergestalt, dass er sich gar nicht verheurathete, ja sogar seinem Bruder Albrecht IV. mit dem er anfangs gemeinschaftlich über Baiern herrschte, die Regierung freiwillig abtrat, und sich nur einige Burgen und Dörfer vorbehielt. Die Liebe zu diesem Mädchen, mit der er mehrere Söhne und Töchter erzeugte, bewog ihn sich nur mit schwarzen, rothen und weissen Farben zu kleiden, daher auch eine Minnelied bekannt wurde, worinn unter anderm vorkömmt: in dieser Farb, schwarz, rott und weis mit gantzem Vleiß. Über die Liebschaft, da Herzog Sigmund noch vier Brüder hatte, war daher niemand ungehalten, und Herzog Sigmund blieb ohne alle Verfolgung im ruhigen Besitze seiner Geliebten."[85]

Sigmund besaß musische Neigungen und wenig Ehrgeiz, ganz ähnlich seinem Vater Albrecht III. Wie dieser zog er sich in die Blutenburg zurück und baute sie umfassend aus. Von Sigmund heißt es: „Ihm waß wol mit schönen frawen (...) auch mit singen und saytenspil."[86] Im Unterschied zu seinem Sohn Sigmund war Albrecht III. als dem einzigen Erben der Rückzug aus den Regierungsgeschäften nicht möglich. Diese überließ er aber immer lieber und häufiger seinen Ratgebern sowie seiner Gemahlin Anna. Der Regensburger Chronist Gemeiner urteilte daher auch, dass Albrecht der Fromme „in seinen letzten Tagen von Mönchen und von seiner Gemahlin" allzu sehr beherrscht gewesen sei.[87]

Seit 1467 hatte Albrecht IV., der drittgeborene Sohn, die Herrschaft über das Herzogtum allein inne. Ihm gelang es sogar, alle bayerischen Teilherzogtümer in einer Hand zu vereinigen. Er beerbte Herzog Georg von Bayern-Landshut, der keinen legitimen Sohn hinterließ, samt Bayern-Ingolstadt, das sich der Landshuter Herzog bereits 1447 einverleibt hatte. Unter Herzog Albrecht IV. entstand damit 1505 erstmals seit vielen Generationen wieder ein geeintes Herzogtum Bayern, allerdings ohne die Oberpfalz und Neuburg an der Donau, die an die Pfälzer Linie gingen. 1487 hatte Albrecht die Kaisertochter Kunigunde von Österreich geheiratet und mit ihr sechs Kinder in die Welt gesetzt, darunter drei Söhne. Um eine neuerliche Teilung für die Zukunft zu verhindern, legte Albrecht IV. 1506 vertraglich das alleinige Erb- und Nachfolgerecht für den erstgeborenen Sohn fest (Primogeniturgesetz). Herzog Albrecht IV., genannt der Weise, starb am 18. März 1508 in München und wurde in der Frauenkirche beigesetzt, die vorgesehene Grablege an der Seite seines Vaters ignorierend.

Ganz im Gegensatz zu seinem Sohn Albrecht IV. war Albrecht III. keine starke Persönlichkeit, wenn ihn auch Westenrieder überschwänglich lobte: „Der obgenannt fürst nach edler art, ist er gewesen ein liebhaber und behuetter gemains frids, ein Diner (demüthiger) Herr, milt und barmherzig: als das wol gepürdt einem christlichen fürsten, er ist auch gewesen zu armen Lewten mynsam und gütig. und dyeselben gnädig zu vhörn, mit besunder Weishait ist er begabt gewesen von got und wol beredt. ob andern fürstn in vrumben (fremden) Landen zu denselben zeitn."[88]

Albrecht III. führte ein Siegel, „auf welchem auf der linken Seite des gekrönten Löwen eine weibliche Person erscheint, die mit beiden Händen eine lange Kette hält, an welche die Füße des Löwen gebunden sind."[89] Bei dieser barbusigen Halbfigur dachten gleich manche Forscher an eine Abbildung der Agnes Bernauer; „allein Frauengestalten an der Seite des Schildes oder zwischen dem Schilde und dem Helme finden sich in damaliger Zeit häufig auf den Wappen und Siegeln selbst der bayerischen Herzöge und Anderer, so dass jene Vermuthung ihren Halt zu verlieren scheint."[90]

Albrecht III. wäre wohl heute gänzlich vergessen, hätte er sich nicht in seiner Jugendzeit mit der schönen und starken Bernauerin verbunden, deren Mythos und Geschichte bis heute fortlebt.

Kapitel 7

Mythos Agnes Bernauer – Verklärung und Vermarktung

Geschichtsschreiber und Dichter unterscheiden sich darin, dass der eine mitteilt, was wirklich geschehen ist, und der andere, was geschehen könnte.

(nach Aristoteles)

Dichtung und Drama

„Das Drama um Liebe und Tod, um persönliches Glück und staatliche Notwendigkeit, um Standesunterschied und heimliche Ehe, um Rechtlichkeit des Handelns und Rechtsbeugung hat schon die Zeitgenossen fasziniert (und in zwei Lager gespalten). Es hat aber auch in der Folge eine Fülle von literarischen Behandlungen erfahren."[1] Die tragisch endende Liebe zwischen Albrecht und Agnes wurde die Jahrhunderte hindurch immer wieder literarisch, musikalisch und bildnerisch von Neuem aufgegriffen.[2] So kann man durchaus behaupten: „Agnes Bernauer lebte im Munde des Volkes fort"[3] – und wurde zum Mythos.

Ein Volkslied, bereits im 15./16. Jahrhundert entstanden, blieb uns in einer späteren Fassung erhalten und wurde 1817 in Wien als „Lied von der schönen Bernauerin" aufgezeichnet.[4] Franz Ziska, der uns diese Lied überlieferte, meint dazu: „Dieses Geschichtliche Lied, welches ich das erstemal von einer Frau aus Regensburg singen hörte, und aufschrieb, ist, wie ich mich gegenwärtig überzeugte, in ganz Oesterreich verbreitet. Es giebt wenige alte Leute allhier, denen es völlig unbekannt ist. Mir kam auch ein alter, gewiß hundertjähriger Druck von diesem Liede zu Gesicht, und eine neue, bis auf einige Wortveränderungen, getreue Auflage davon als Flugschrift (…) vom Jahre 1817."[5] Die erhaltenen 23 Strophen erzählen die Geschichte einer treuen Liebe bis in den Tod.[6]

Das Volkslied beginnt:

Es reiten drei Reiter zu München hinaus,
Sie reiten wohl vor der Bernauerin ihr Haus:
Bernauerin, bist du drinnen,
ja drinnen?

und es endet:

So wollen wir stiften eine ewige Meß,
Daß man der Bernauerin nicht vergeß.
Man wolle für sie bethen,
ja bethen![7]

Dass historische Volkslieder über Agnes Bernauer seit frühesten Zeiten mündlich verbreitet wurden, daran besteht kein Zweifel.[8] Bereits der Geschichtsschreiber Ladislaus Sunthemius schloss Ende des 15. Jahrhunderts seinen Bericht über die Bernauerin mit dem Hinweis, dass von ihr „heutzutage ein schönes Lied gesungen wird."[9] Leider ist von diesen frühen Volksdichtungen nichts mehr erhalten.

Aber auch eine Dichterin des 20. Jahrhunderts befasste, ja identifizierte sich geradezu mit ihrer Namensschwester: „Es sind seltsame und geheimnisvolle Fäden, die sich zwischen der Gedankenwelt unserer großen deutschen Balladendichterin Agnes Miegel und dem Schicksal der schönen, unglücklichen Agnes Bernauer aus Augsburg spinnen. Beinahe könnte man von einer Magie der Namen sprechen und wer die ungeheuer sensible Art der ostpreußischen Dichterin kennt, für den scheint es gar nicht ausgeschlossen, dass Agnes Miegel über den gleichlautenden Vornamen zur Figur der Agnes Bernauer hingeführt wurde". Die Bernauer-Ballade der Agnes Miegel „gehört sicherlich zum Schönsten und Eigenartigsten, was dem Schicksal der unglücklichen Augsburgerin gesungen wurde"[10]:

Sie sangen am Herd als die Flamme schied:
»Es ist ein Ros' entsprungen.«
Sie sprachen zu ihr als verklungen das Lied:
»Was hast du nicht mitgesungen?

Was bist du so blaß, Agnes Bernauerin,
Was starrst du so vor dich nieder?«
Sie sprach wie schlafend vor sich hin
Und schloß ihre schweren Lider:

»Mir träumte in der Andreasnacht,
Ich sei an die Donau gegangen.
Der Himmel glomm in blutiger Pracht
Und die roten Wellen sangen.

Sie trugen mir zu in schaukelndem Tanz
Eine Krone, sternbeschienen, –
Und wie ich sie hob war's ein Sterbekranz
Von welkenden Rosmarinen.«[11]

Einmal besuchte Agnes Miegel Augsburg, die Heimatstadt der Baderstochter. Lange Jahre trug sie ein Foto der Straubinger Grabplatte mit sich herum, wie eine Freundin der Dichterin erzählte. Dieses Porträt der Agnes Bernauer war ihr Talisman.

Die erste literarische Bearbeitung des Bernauer-Stoffes veröffentlichte der hochbarocke Dichter Christian Hofmann von Hofmannswaldau im Jahre 1673 „in seinen ‚Helden-Briefen verliebter Personen von Stande." Unter den 28 Beispielen von Liebenden, die durch Schranken der Standesunterschiede getrennt wurden, befindet sich auch die Geschichte von ‚Herzog Ungenand und Agnes Bernin.'[12] Damit kann Hofmann von Hofmannswaldau als Entdecker der Bernauerin für die schöne Literatur, für den Roman und vor allem für das Drama, gelten. Nach ihm befassten sich eine Reihe Dramatiker mit ihrem tragischen Schicksal. 1767 verarbeitete der Augsburger Patrizier Paul von Stetten den Stoff zu einer „Rittergeschichte" mit dem Titel „Siegfried und Agnes"[13] und machte das Thema der illegitimen Liebesbeziehung zwischen Herzog und Baderstochter damit für den Sturm und Drang interessant.

Als erstes Theaterstück trat 1780 Joseph August Graf von Törrings „Agnes Bernauer" hervor. Sein „vaterländisches Trauerspiel" ist eine Mischung aus ‚Ritterdrama' ähnlich Goethes „Götz von Berlichingen" und ‚Bürgerlichem Trauerspiel' ähnlich Schillers „Kabale und Liebe". Törring, damals ebenfalls in eine unebenbürtige Liebe verstrickt, der er auf Druck der Familie entsagen musste, stellt in seinem Drama Agnes Bernauer als „Schlachtopfer des Staates" dar. Sie und Albrecht müssen sich fügen und die „unverbrüchliche Ordnung" der Gesellschaft und des Staates anerkennen. Bei Törring trägt die Schuld an Agnes' Tod nicht allein Herzog Ernst, sondern hauptsächlich der intrigante Viztum, der die Bernauerin aus persönlichen Motiven ermorden lässt. Mit dieser dramatischen Wendung blieben die Spitze des Staates, Herzog Ernst, ohne Schuld und die staatliche wie ständische Ordnung gewahrt.

Törrings „Agnes Bernauer" wurde 1780 in Mannheim uraufgeführt, spielte auf zahlreichen deutschen Bühnen beachtliche Erfolge ein, kam aber erst zehn Jahre später – wegen des Verbots vaterländischer Schauspiele – 1790 in München zur Aufführung.

Vor allem in Salzburg war das Publikumsinteresse überwältigend: „Nie glückte es einem Stück so sehr, dass es viermal in einer so kurzen Zeit mit so besonderm Nutzen einer Schauspielergesellschaft gegeben werden konnte. (…) Noch bei der vierten Vorstellung war der Platz zu klein, alle die zu fassen, welche an dem Schicksal der Agnes theilnehmen, und Thränen des Mitleids in die Thränen der Liebe weinen wollten. (…) Die Theilnehmung der Zuseher stieg so sehr, dass viele im Parterre, da die unschuldige Agnes von der Brücke in die Donau gestürzt wurde, aus überströmender Empfindung laut aufriefen, stürzt den Vicedom hinein."[14] Der Impressario des Stückes, der gebürtige Straubinger Emanuel Schikaneder, beugte sich den Wünschen der aufgebrachten Zuschauer und ließ in der nachfolgenden Vorstellung den intriganten Viztum, der für den Tod der Bernauerin verantwortlich gemacht wurde, zu ihrem Wohlgefallen ebenfalls von der Brücke in die Donau stürzen.

Solche Parteinahme war offenbar nicht selten, wie Franz von

Kobell in seinem köstlichen Dialektgedicht „Von der Agnes Bernauerin“ beschreibt:[15]

Redt an' alter Spanglermoasta:
„Rührt's Enk Buabn und klopft's frisch drei',
Daß die Helm fei' sauber funk'ln,
Morg'n müßn's firti sei'.“

Sagt a'G'sell: „Was wird denn aufg'führt,
G'wiß a hitzi's Ritterstuck?“
„Freili', 's hoaßt d' Agnes Bernau'rin,
Wo s'es stürz'n vo' der Bruck,

„Host' es g'segn amal?“ – „Scho' zwoamal,
Ho' viel woana müssn drum;
Taused! Daß ihr gar Niemd g'holfa,
Is scho' ganga woltern dumm,

Und dem Hauptlump na, dem Vizdum,
Dees is gwest dees Schönsti no',
Dem is nix gschegn, laßn 'n laaffa,
Was i mi da g'irgert ho'!“

Sagt der Alt': „Da hat's mei Vater
Anders g'richt bei'n Faberbräu,
Wo s' aa' gschpielt hamm, denks als Bua no'
Bin i gwest amal dabei.

Wie s' dees armi Frauerl grausam
Abagstößn vo' der Bruck,
Hätt' ihm aa' derselbi Schlankl,
Woaßt es, kloaweis zogn z'ruck,

Aber da, mei' Vater seli'
Hat glei' g'schrie'n: 'n Vizdum 'nei!
Nei' damit in d' tiefest Gumpn;
Denn a' G'rechtigkeit muaß sei'!

I schrei aa' und All's hat g'schrien;
Hamm die Ritter freili' g'schaugt
Und den oan' hat's hübsch verdroßn,
Hamm scho' g'mirkt, daß 's ihm nit taugt,

Aber 's ganzi Haus hat g'scholtn,
Z'letzt natürli' ganz verdutzt
Hamm 'n richti' a Paar Ritter
Mitt'n nei in d'Dunau g'schutzt!

Jetz' is na' a Gaudi g'wes'n!
Denn wann hundertmal oa' sag'n,
'S waar a Gschpiel grad, a Camödi,
Ko' mar's dengerscht nit vertrag'n.

Und grad wohltho hat's uns alli,
Daß's den Spitzbuabn aa' d'erwischt,
daß er hat d'ersaufa müss'n,
Wo er gern für ihm 'was g'fischt."

„Recht habt's Moasta," sag'n die G'selln,
„Morg'n muaß's wieder a so sei'
Und wann d'Ritter nit dra' woll'n,
Schmeiß' mer'n Vizdum selber 'nei."

Friedrich Hebbel, der beständig nach tragischen Konflikten suchte, las Törrings Drama und war mit dessen Fassung des Stoffes unzufrieden. Er recherchierte selbst und benutzte als Quelle hauptsächlich die 1801 von Felix Joseph Lipowsky veröffentlichte Biografie „Agnes Bernauerin, historisch geschildert". Hebbel begann 1851 mit der Arbeit an seiner „Agnes Bernauer", einem deutschen Trauerspiel in fünf Aufzügen und notierte bereits eine Woche später am 22. September in sein Tagebuch: „Eben, abends um 8 Uhr schließe ich den ersten Akt der ‚Agnes Bernauer', den ich vor acht Tagen begann. Längst hatte ich die Idee, auch die Schönheit einmal von der tragischen, den Untergang durch sich selbst bedingten Seite darzustellen, und die Agnes Bernauerin ist dazu wie gefunden."[16] Denn, nach Hebbel, wird Agnes unschuldig schuldig durch ihre überirdische Schönheit, welche die irdische Ordnung stört. Herzog Ernst dagegen wird als Mensch schuldig, weil er als Staatsmann zum Wohl des Staates handeln muss und Agnes ermordet. Deshalb dankt er am Schluss ab und zieht sich büßend ins Kloster zurück. Albrecht verwirft nun den Rachegedanken und unterwirft sich seinem Vater. Hebbel bekennt, nachdem er seine Arbeit an der Tragödie beendet hatte, in seinem Tagebuch: „Nie habe ich das Verhältnis, worin das Individuum zum Staat steht, so deutlich erkannt wie jetzt, und das ist doch ein großer Gewinn."[17]

Einem Freund schrieb Hebbel über den Inhalt seines Bernauer-Stückes: „Es ist darin ganz einfach das Verhältnis des Individuums zur Gesellschaft dargestellt und demgemäß an zwei Charakteren, von denen der eine aus der höchsten Region hervorging, der andere aus der niedrigsten, anschaulich gemacht, dass das Individuum, wie herrlich und groß, wie edel und schön es immer sei, sich der Gesellschaft unter allen Umständen beugen muß, weil in dieser und ihrem notwenigen formalen Ausdruck, dem Staat, die ganze Menschheit lebt, in jenem aber nur eine einzelne Seite derselben zur Entfaltung kommt. Das ist eine ernst, bittere Lehre, für die ich von dem hohlen Demokratismus unserer Zeit keinen Dank erwarte (...)."[19] Mit dieser Auffassung offenbart sich Hebbel als konservativer Traditionalist, der sich gegen die demokratischen Bestrebungen der 1848er-Revolution wendet.

Nach Fertigstellung fieberte Hebbel einer Aufführung entgegen und schrieb am 12. Dezember 1851 dem Intendanten des Königlichen Hof- und Nationaltheaters in München: „Ich habe eine einfach rührende, menschlich schöne Handlung, treu und schlicht, wie der Chronist sie überliefert, in die Mitte gestellt und das Reich mit allen seinen Elementen steht dahinter, wie ein ungeheurer Berg mit Donner und Blitz."[18] Die Uraufführung fand am 25. Mai 1852 statt, wurde freundlich aber nicht enthusiastisch aufgenommen. Man rief zwar Hebbel drei Mal vor den Vorhang, aber politische Kundgebungen verhinderten weitere Vorstellungen. Den endgültigen Durchbruch des Stückes erlebte Hebbel am 14. November 1852 in Stuttgart, nachdem bereits die Weimarer Inszenierung vom 18. September des Jahres positiv aufgenommen worden war. 1855 erschien Hebbels „Agnes Bernauer" in Wien im Druck.

Etwa zeitgleich mit Hebbel hatte Melchior Meyr seinen „Herzog Albrecht", ein umgeschriebenes Trauerspiel von 1852 namens „Agnes Bernauerin", in München angeboten. Aber

Hebbel wurde vorgezogen. Dennoch lief Meyrs dramatisches Gedicht, das in der Nachfolge von Törrings Trauerspiel steht, erfolgreich an anderen Theatern.

Am eingehendsten von allen Literaten beschäftigte sich Otto Ludwig mit der Bernauerin. In einem Tagebucheintrag vom 5. April 1837 heißt es: „Doppel herrlich Wetter. In meiner alten Agnes Bernauer geblättert. Kann brav werden; freue mich auf weitere Ausführung."[20] Vier vollständige Tragödien, zwei Fragmente und mehr als 20 starke Planhefte mit über 2500 Manuskriptseiten zeugen in den Folgejahren von „der Qual seines dichterischen Ringens"[21]. Ludwig arbeitete in immer neuen Fassungen und Konzepten an einer „mehr und mehr psychologischen Deutung", bis hin zu einer Zerrüttung der Ehe von Albrecht und Agnes, zu einer Mitschuld Albrechts am Untergang der Geliebten und schließlich zum Tod Albrechts im Kampf gegen den Vater.[22] In den ersten Fassungen der Jahre 1837–47 erscheint Agnes geduldig und schicksalsergeben, den Feinden verzeihend, engelhaft und passiv. Von ihr wird einmal gesagt: „Du bist ein selig sanfter Mond am Himmel;/Wir and're sind nur sturmbewegte Wolken."[23]

Otto Ludwig sandte seinen dramatischen Erstling über den „Engel von Augsburg" an das Dresdner Hoftheater, welches die Aufführung aus politischer Rücksichtnahme ablehnte, wie er seinem Tagebuch anvertraute: „Das Stück selbst, welches ich gerne hier hätte aufgeführt gesehen, erhielt ich von der Intendanz zurück. In den üblichen Syrup des Lobes gewickelt, bekam ich die Pille: Man könne es auf dem hiesigen Hoftheater nicht aufführen, weil der dem hiesigen verschwägerten baierischen Hof darinn compromittirt sei."[24]

In den späteren Bearbeitungen, in denen die Intrige zum Hauptinhalt wurde, gestaltete Otto Ludwig Agnes Bernauer als die stille Dulderin, die in Unglück und Leid große Würde und wahre Größe bewahrt:

Das Dulden ward an ihr zur Majestät
Und unter ihrer Schmach ging sie dahin,
Wie eine Kön'gin unter ihrer Krone.[25]

In den nachfolgenden Ludwigschen Dramaplänen wandelte sich Agnes wiederum; zwei Momente bestimmten nun ihr Handeln: Ehrgeiz und Liebe. Zuerst wünschte sie sich vor allem Herzogin zu werden, aber mit der Zeit erhielt die große Liebe zu Albrecht den Vorrang. Agnes sollte sich im Verlauf des Stückes „vom Schmetterling zum Engel" entwickeln.

Zuletzt entwarf Otto Ludwig noch eine andere Agnes-Gestalt. Jetzt plante er eine Ehetragödie und wollte zeigen, „wie sich eine zu rasch geschlossene Verbindung zweier Menschen, die sich nach Herkunft, Erziehung und Charakter zu sehr voneinander unterscheiden, als Mißehe erweist. Er notierte: ‚Das Hauptmotiv (ist) Liebe bei Charakterungleichheit. Mißehe durch verschiedenen Rang, Bildung und Charakter.'"[26] Dabei sollte Albrecht als adeliger Freigeist erscheinen, Agnes dagegen als bürgerlich-bornierte Moralapostelin. Aber auch dieser Entwurf wurde verworfen und schließlich gestaltete Otto Ludwig eine Liebestragödie: „Die Geschichte einer frevelhaften, schönen Liebe von ihrer Entstehung bis zum Untergang. (...) Es handelt sich demnach um einen Kampf zwischen zwei berechtigten Mächten, in dem die Liebenden sterbend siegen, da es nicht gelingt, sie zu trennen. Denn sie bleiben auch im Tod vereint."[27]

Den tragischen Verlauf der Liebe eines ungleichen Paares stellte auch Franz Xaver Kroetz, der damals noch marxistisch orientierte „Dramatiker der Sprachlosen", dar. Er verlegte 1976 den Bernauer-Stoff in die Gegenwart und stellte die Liebe zweier junger Menschen aus unterschiedlichen Gesellschaftsschichten – zwischen der armen Agnes, Tochter des bankrotten Friseurs Bernauer, und dem lebensuntüchtigen Albrecht Werdenfels, Sohn aus neureichem Haus – in den Mittelpunkt seiner „Agnes Bernauer". Das „bürgerliche Schauspiel in fünf Akten" sollte die kapitalistische Gesellschaft und ihre Funktionsweisen demaskieren.

Romane und Romanzen

Volkslied und Dramen sicherten der Darstellung des Schicksals der Agnes Bernauer ein beträchtliches Publikum. Das weitverbreitete Interesse aller Bevölkerungsschichten begründete aber der volkstümliche Roman des 19. und 20. Jahrhunderts, der ernsthaft oder trivial von der tragischen Liebesgeschichte erzählte.[28] Nun ergoss sich eine breite Flut von sentimentalen, gänzlich unhistorischen epischen Werken, welche offenbar den Geschmack der Unterhaltung suchenden Leserschaft entsprachen.

So steht in einer romantisch-patriotischen Tradition Friedrich Wilhelm Bruckbräus „Agnes Bernauer, der Engel von Augsburg", der 1854 veröffentlicht wurde. Der Autor wollte ein „historisch-romantisches Zeit- und Sittengemälde aus dem fünfzehnten Jahrhundert" bieten, ein „deutsches Volksbuch", dem er ein Bildnis der Agnes Bernauer voranstellt, das der Heiligen Agnes des Malers Schongauer nachempfunden ist.

In den romanhaften Erzählungen wurde Agnes überwiegend als holdes Mädchen mit Lilienwangen und goldlockigem Haar dargestellt. Die jugendfrische Maid schmiegte sich hingebungsvoll-entsagend in die kräftigen Arme ihres geliebten Albrecht. Dieser stand, nach Bruckbräu, dichtend und komponierend die „melodische Laute" in der Hand im Erker des herzoglichen Hofes zu München. Der Herzogssohn, „prächtig angethan mit einem köstlichen Hermelinmantel", war „ein schöner junger Prinz von siebenundzwanzig Jahren, von hoher Gestalt, dunkelkastanienbraunen, in großen Locken über den Nacken und Schultern wogenden Haaren"; ein „kluger Geist, und ein sanftes, friedfertiges, munteres, leutseliges und menschenfreundliches Gemüth, leuchteten aus seinen großen dunklen, mildglänzenden Augen; die leichtgebogene Nase senkte sich zum wohlgeformten Munde, und unter allen Zügen seines Antlitzes waltete eine seltene Harmonie, wie im Einklange mit seiner leidenschaftlichen Vorliebe für Musik und Gesang."[29] Ganz ein Prinz, der die weiblichen Herzen höher schlagen ließ, ein wahrer Märchenprinz!

Aber auch das 20. Jahrhundert hatte Interesse am Agnes-Bernauer-Stoff. Als Beispiel dafür kann Hans Meixners Roman „Agnes Bernauer – Ein Leben von Leid und Liebe" aus dem Jahre 1937 gelten. Darin wird Agnes Bernauer weniger naiv

Titelblatt des Romans von 1924.

dargestellt, sondern eher als eine Frau, die weiß, dass diese Liebe unmöglich und gefährlich ist.

Ebenso erkennt in Albert Liebolds Roman „Der Engel von Augsburg" von 1936 Agnes die unüberbrückbaren Standesschranken, wenn es heißt: „Wieder hebt sie den Blick zu ihm. Schön ist der Herzog im köstlichen Gewande, schöner noch als heute morgen, da ihr Herz in Aufruhr geriet. Trotz aller Furcht, trotz allen Mitleidens mit dem Vater, trotz aller Ratlosigkeit fühlt sie eine unendliche Glückseligkeit. Alles ist so unerhört groß, plötzlich und über alle Maßen wunderbar, dass ihr ist, als sei alles nur ein schöner Traum. ‚Uns trennt eine Welt, Durchlaucht', spricht sie, ‚es ist ja alles unmöglich – unmöglich!'" Doch Albrechts Leidenschaft überwindet ihre Bedenken und Agnes ergibt sich blindlings: „Ihre Brust hebt und senkt sich in schnellem Wechsel. Schwer, mit geschlossenen Augen, wie ohnmächtig, liegt sie in seinen Armen."[30] Und so kommt alles, wie es kommen musste, bis zum bitteren Ende.

In diesen Erzeugnissen des „deutschen Kitsches"[31] spiegelte sich der Massengeschmack des 19. und 20. Jahrhunderts wider, „bald liberal, bald national, dann (ab 1870) nationalistisch, dann demokratisch, dann Blut-und-Boden-bewußt und nach 1945 neutral folkloristisch."[32] Dabei wurden Agnes und Albrecht gänzlich „zu Figuren abgegriffener Klischees."[33]

Schon früh hatten sich Wander- und Laienbühnen des Schicksals der Bernauerin bemächtigt.

Vielerorts wurde ihr Leben und Sterben volkstümlich dargeboten und in die Nähe des Volksschauspiels gerückt. Auf den Brettern des Wiener Volkstheaters machte man aus dem ernsten Ritterstück Törrings 1798 sogar eine aus Knittelversen und Couplets bestehende Burleske namens „Agnes Bernauer", verfasst von Ludwig Gieseke (Text) und Ignaz Xaver von Seyfried (Musik).[34]

Aber auch das volksnahe Laienspiel nahm sich der Bernauerin an und erinnert seit vielen Jahrzehnten in wiederkehrenden Festspielen an die Liebe zwischen der Baderin und dem Herzogssohn. Das 1894 veröffentlichte „vaterländische Trauerspiel" von Martin Greif mit dem Titel „Agnes Bernauer, der Engel von Augsburg" bildete die Grundlage für die Agnes-Bernauer-Festpiele in Vohburg. „Greifs Bernauer-Stück ist das dramaturgisch geschickteste aller Bernauer-Stücke," urteilt Lenz Prütting „weil Greif das entscheidende Problem des Stoffes, die Versöhnung Albrechts mit seinem Vater nach dem Tod der Agnes, als einziger überzeugend gelöst hat. Greif erfindet nämlich einen Abschiedsbrief der Agnes an Albrecht, in dem diese ihn unmittelbar vor ihrem Tod bittet, nicht Rache zu nehmen, sondern sich zum Wohle aller mit seinem Vater auszusöhnen. (…) Agnes ist bei Greif also nicht, wie bei Toerring, willenloses Opfer einer Intrige oder, wie bei Hebbel, willenlos schuldig allein durch ihre Schönheit, sondern sie ist selbst Handelnde und mit Recht die Zentralgestalt des Stückes, die mit diesem Abschiedsbrief den Gang der Handlung in ihrem Sinne noch über ihren eigenen Tod hinaus lenkt. Dadurch ist Greif auch nicht gezwungen, den Herzog Ernst von aller Schuld am Tod der Agnes zu entlasten, sondern der Herzog bleibt so schuldig wie er in Wirklichkeit auch war. Die Staatsräson triumphiert in Greifs Stück also nicht, wie bei Toerring oder gar bei Hebbel, weil sie ein höheres, metaphysisch begründetes Recht beanspruchen kann, sondern Greif macht seine Agnes zu einer großen Entsagenden, geradezu zu

Vohburger Agnes-Bernauer-Festspiele 1909 aufgeführt vom „Bürgersöhne Verein“.

einer Heiligen, durch deren Entsagung dem Land ein Bürgerkrieg zwischen Vater und Sohn erspart bleibt.“[35]

Die Vohburger Agnes-Bernauer-Festspiele[36] gehen auf eine 100-jährige Tradition zurück. Erstmals wurde 1909 an drei Abenden im „Stöttnerschen Gasthause“ vom örtlichen Katholischen Bürgersöhne-Verein das vaterländische Trauerspiel „Agnes Bernauer“ in 4 Akten nach Greif aufgeführt. Wegen des großen Erfolgs mussten noch zwei weitere Vorstellungen gegeben werden. Später veranstaltete man die Agnes-Bernauer-Aufführungen jeweils anlässlich von Vereinsjubiläen 1926, 1951 und 1976. Nach 1945 benannte sich der seit 1751 bestehende Verein in „Kolpingsfamilie“ um. Weiterhin stand und steht bis heute neben der geistig-kulturellen Förderung der Mitglieder, vor allem die Pflege der Geselligkeit und das „Laienspiel“ im Mittelpunkt der Vereinsaufgaben. Als man 1946 die Theatertradition fortsetzte, stand als Aufführungsort nur der Saal des Gasthofes Strasser mit schmaler Bühne, fehlenden Garderoben und Platz für etwa 150 Zuschauer zur Verfügung. Für Stücke

Vohburger Festspielpaar 1951.

Vohburger Festspielpaar 2005. (Foto: Krakowitzer)

mit größerer Besetzung musste ein passenderer Spielort gefunden werden. 1951 fanden die Agnes-Bernauer-Festspiele in der profanierten Andreaskirche statt und die sechswöchigen des Jahres 1976 im renovierten Rathaussaal. Überwältigend war der Zuspruch des Publikums: Mehr als 4000 Erwachsene und 1600 Schüler(innen) besuchten die Theateraufführungen.

Seit 2001 werden in Vohburg alle vier Jahre Freilichtaufführungen vor der Kulisse der Vohburger Ruinen geboten, zu denen bisher jeweils rund 10000 Zuschauer strömten. Das vaterländische Trauerspiel „Agnes Bernauer" von Martin Greif wurde dafür vom Theaterwissenschaftler und Dramaturgen Lenz Prütting zu einem „Historienspiel in dreizehn Bildern" umgearbeitet. In den Mittelpunkt seiner Bearbeitung stellte Prütting die Liebe zwischen Albrecht und Agnes, „eine Liebesbeziehung über die gesamte mittelalterliche Ständepyramide hinweg, eine Beziehung zwischen ganz oben und ganz unten." Prütting sah darin eine „erotische Konstellation, die dramatisches Konfliktpotential in Hülle birgt."[37] Er fügte seinem Text noch das „Motiv der verrückten, weil ganz und gar unmöglichen Liebe hinzu. Aus diesem Grund zieht sich wie ein roter Faden durch das ganze Stück der Satz ‚Das kann nicht sein', resp. ‚Das darf nicht sein', Sätze, mit denen alle Beteiligten diese verrückte Liebe kommentieren, und zwar nicht nur die Gegner dieser Liebe, sondern auch die Liebenden selbst, und diese als erste."[38]

Für die Spielsaison 2009 plant der Vohburger Festspielausschuss ein modernes Bernauer-Stück aufzuführen, welches allerdings erst verfasst werden muss.[39]

Die Anfänge der Straubinger Festspieltradition[40] liegen in der Zeit des Nationalsozialismus. Zum 500. Todestag der Agnes Bernauer wurde 1935 im Schlosshof zu Straubing ein eigens von Eugen Hubrich dafür geschriebenes Stück aufgeführt. Von ihm ging zudem die Initiative für die Agnes-Bernauer-Festspiele aus. Aber auch die Stadtväter fanden die Idee gut, denn es bot sich damit die Gelegenheit, „durch das Spiel Propaganda für Straubing" zu machen, „die von einer dauernden Wirkung ist."[41] Man erhoffte sich damals eine Hebung des Fremdenverkehrs in der sogenannten Ostmark. Die Festspiele der Jahre 1935 und 1937 standen im Dienste der NS-Propaganda. Eugen Hubrich, Autor, Lehrer, Heimatdichter und Kreiskulturwart der NSDAP sowie Mitglied des Straubinger Stadtrats, meinte 1935 zu den Aufgaben des Freilichtspiels: „Freilichtspiele, die sich ans breite Volk wenden, müssen im völkischen Sinne förderlich sein, sonst fehlt ihnen im heutigen Deutschland die Daseins-

Das Herzogspaar der Straubinger Agnes-Bernauer-Festspiele von 1935.

berechtigung. Die Darstellungsmöglichkeit, also die günstige Gelegenheit, große Aufzüge mit allem Drum und Dran zu zeigen, genügt nicht, es muß hierzu noch der nationalsozialistische Erziehungsgedanke treten. Andererseits muß die Hineinrückung eines Geschichtsstoffes in den völkischen Blickwinkel innerlich gerechtfertigt sein. (...) ‚Die Agnes Bernauerin in Straubing' ist völkisch ausgerichtet. Es will seine Aufgabe, das Volk zum völkischen Denken zu führen und darin zu vertiefen, erfüllen. (...) Das Schloß in Straubing mit den damaligen Menschen zu beleben, Agnes Bernauer wirklich dort sprechen und handeln zu lassen, ist Verflechtung des Schicksals mit dem Schicksalsort, ist Erfüllung des Wortes Blut und Boden. (...) Und in diesem Reich (gemeint ist das Dritte Reich), das das Volk als Urquell sieht, das den Gemeinnutz vor den Eigennutz stellt, darf das Bernauerdrama in Volksart auf dem angestammten Boden zur völkischen Darstellung kommen. Denn nichts als Eigennutz, Fürstenherrschsucht, Adelsdünkel und Geldsackstreben brachten ihr (gemeint ist Agnes) den Tod in einer Zeit, die noch nicht für Volksfreiheit, wahren Seelenadel und die Heiligkeit des Blutes reif war."[42]

Eugen Hubrichs „Agnes Bernauer zu Straubing" wurde von etwa 300 Laiendarstellern mit großem Erfolg aufgeführt. Chöre und Lieder unterstrichen die Wirkung des Stückes und sollten „dem Ganzen die Weihe" geben. Denn das „Theater von einst ist gestorben", meinte Hubrich, „eine heroische Zeit, wie die unsere, verlangt nach heroischer Kunstgestaltung, einer Kunstgestaltung, aus der die neue heldische Weltanschauung spricht, in der sich das epochemachende Geschehen einer zu neuem Leben erwachten Nation spiegelt."[43]

Das Straubinger Tagblatt verkündete stolz, dass „3000 Menschen" die erste Aufführung des Freilichtspiels „Die Agnes Bernauer zu Straubing" von Hubrich gesehen hatten. Auch die zweite Vorstellung bewältigte den Publikumsandrang kaum, Stehplätze wurden vergeben, damit möglichst alle Interessierten „die erhebenden Stunden erleben durften."[44]

Die Stimmen der Kritik waren einhellig positiv; der „Völkische Beobachter" schrieb: „Was hier von Eugen Hubrich geschaffen wurde, gewinnt seinen künstlerischen Wert und seine Daseinsberechtigung durch seinen ausgesprochenen Laienspielcharakter. Es ist Volkskunst im besten Sinne, denn in diesem Werk ist die Menge nicht Kulisse, sondern die Trägerin der Handlung."[45] Dennoch blieb immer noch Agnes die zentrale Figur der Handlung, welche als „stolzes, großes, schönes Schwabenmädel"[46], als opferbereite Frauengestalt, als zartes, des männlichen Schutzes bedürftiges Weib dargestellt wurde. Sie gab den Armen Brot, sie besuchte die Kranken und Hilfsbedürftigen, sie wurde zur Volksherzogin. Die Bernauerin verkörperte nun das nationalsozialistische Frauenbild – blond, rassebewusst und opferbereit. In einem damaligen Augsburger Zeitungsbericht hieß es mit Blick auf das 15. Jahrhundert: „Erbbiologische Gesichtspunkte gab es damals noch nicht, aber sie mögen unbewusst im Herzen des Wittelsbachers und der blonden Agnes als heilige Flamme gebrannt haben, die in blindem Wahn von dynastisch-blaublütigen Zwecken erstickt wurde."[47] Und Hubrich lässt Agnes in der Gerichtsszene visionär ausrufen: „Ein einziges Flammenlohen wird durch Deutschland brausen, die goldenen Füße alter Herrscherstühle werden schmelzen, Knechtschaft hört auf, Volk wird's nur mehr geben und nur der wird vom Volk im Jubel auf den Thron gehoben, der den Glauben der Herrlichkeit des Guten im Blute trägt. (...) Heilige Zukunft, für dich will ich sterben!"[48] Abschließend zu den Festspielen verkündete am 4. September 1937 das „Straubinger Tagblatt" richtungweisend: „Das Schauspiel der Agnes Bernauer ist zu Ende. Das große Schauspiel des Reichsparteitages in Nürnberg beginnt. Im Gleichschritt Marsch! Deutschland, der Führer, Siegheil!"[49]

So wurde Agnes Bernauer noch posthum zum Opfer der Nationalsozialisten. Ebenso vereinnahmten die NS-Ideologen Hebbels „Agnes Bernauer", welche an den damaligen Theatern einen Aufführungsboom erlebte. Hebbels tragisches Moment, die Opferung des Individuums zum Wohle des großen Ganzen, kam der damaligen Auffassung vom absoluten Vorrang des Führerstaats gegenüber Einzelschicksalen entgegen.

Nach dem Ende des NS-Regimes veranstaltete die Stadt

Straubing 1952 neuerlich Agnes-Bernauer-Festspiele. Wiederum wurde Hubrichs Stück von 1935, wenn auch vom Autor überarbeitet, aufgeführt. Weitere Festspiele folgten zumeist in vierjährigem Turnus, nunmehr organisiert vom 1953 gegründeten Agnes-Bernauer-Festspielverein.

Das vorbelastete Hubrich-Stück wurde sowohl kritisiert als auch positiv bewertet. Die „Süddeutsche Zeitung" meinte 1960: „Doch Eugen Hubrichs vieraktiges Spiel würde auch ohne diesen Hintergrund seine Wirkung gewiß nicht verfehlen. Was macht es schon, wenn der faustisch-weihevolle Eingangsprolog die Fassungskraft des Publikums vielleicht ein wenig strapaziert; die Worte edler Minne und die Holdseligkeit der treuen Agnes versteht in Straubing jedermann."[50] Noch immer war Hubrichs Agnes Bernauer der Augsburger Engel, die friedenstiftende Fürstin, die Wohltäterin und Fürsprecherin der Armen, eben eine echte „Volksherzogin", wie es Hubrich auch dem Karmelitenprior in den Mund legte: „Herzogin, heut' am Jahrtag Eures Einzuges, möchten wir Euch unseren Dank sagen. Ihr habt der Stadt den Frieden gebracht. Durch Eure zahllosen Wohltaten habt Ihr die Herzen aller gewonnen und unter allen Ständen sind Zank und Streit nun ausgetilgt."[51]

Trotz der erfolgreichen Aufführungen befriedigten die zahlreichen Bearbeitungen der Jahre 1952 bis 1989 nicht. Daher entschied sich der Festspielverein, einen Wettbewerb bundesweit auszuschreiben. Obwohl 16 Einsendungen eintrafen, war man mit den Arbeiten nicht gänzlich zufrieden und beauftragte schließlich das Autorenteam Thomas Stammberger und Johannes Reitmeier. Seit 1995 wird nun das neue Stück „Agnes Bernauer, ein Historienspiel in fünfzehn Bildern" im Straubinger Schlosshof aufgeführt. Es reiht Szenen aneinander, deren roter Faden die wichtigsten historischen Geschehnisse bilden, die mit fiktiven Bildern angereichert wurden. Die Autoren stellen Agnes Bernauer als von Feinden umgeben dar; sie wird zum Objekt von Missgunst, zum Opfer von Verschwörung und Verdammung. Agnes Bernauer ist hier keine Herzogin, keine Heilige, keine Hure, keine Hexe, sondern eine „junge Frau, die zu ihrem größten Unglück einen Herzog liebte".[52]

Das Herzogspaar der Straubinger Agnes-Bernauer-Festspiele von 2003. (Foto: Ronny Lang)

Nicht nur in Straubing und Vohburg, sondern auch in Andechs werden Festspiele veranstaltet. Aus einem „Wochenende mit Musik" im Jahre 1992 entwickelten sich die von professionellen Künstlern gestalteten Carl-Orff-Festspiele. Auf der Bühne des Florian-Stadls wird Orffs Stück „Die Bernauerin" neben anderen Werken immer wieder aufgeführt.

Andechs hat eine enge Beziehung zu Orff und der tragischen Geschichte der Agnes Bernauer: In der Klosterkirche wurde 1460 Herzog Albrecht III. beigesetzt und auch Carl Orff fand dort seine letzte Ruhestätte. Allerdings stimmt nicht, wie der Veranstaltungsverein verlautbart, dass Albrecht „aus Sühne für die Greueltat des Vaters" das Kloster Andechs gegründet habe.[53] Mit dieser falschen Äußerung setzt man neuerlich eine Legende über die Bernauergeschichte in die Welt.

Den Andechser Festspielen gingen bereits andere Aufführungen der Orffschen „Bernauerin" 1960 und 1993 auf der Freilichtbühne am Roten Tor in Augsburg sowie 1985 vor dem Alten Hof zu München, inszeniert von August Everding, voraus.

Carl Orffs „Bernauerin", uraufgeführt 1947 am Württembergischen Staatstheater in Stuttgart mit Tochter Godela in der Titelrolle, nimmt eine Gelenkstellung zwischen Drama und Oper ein. Orff selbst nannte sein „musikalisches Volksschauspiel" ein „bairisches Stück", in dem sich eine altbayerische Kunstsprache und rhythmische Musik zu einem eigenwillig-eindringlichen Gesamtkunstwerk verbinden. „Die Bernauerin" von Carl Orff gehört zu den besten Bearbeitungen des tragischen Stoffes, den Orff gänzlich von „falscher Sentimentalität" befreite.[54] Agnes Bernauer erscheint hierin zum Schluss wie Maria auf einer Mondsichel und wird vom kniebeugenden Volk als „Duchessa" angerufen. In einer Apotheose verehrt gleich einer Heiligen, gleich der Patrona Bavariae, der Schutzherrin Bayerns, fleht das Volk ihr in den Wolken erlöschendes Bild an:

Agnes Bernauerin!
Agnes,
Agnes Bernauerin!
– Bernauerin –
Agnes
Bernauerin
Agnes
Bernauerin
Agnes
Bernauerin
Bernauerin
Bernauerin
Bernauerin
Bernauerin
Bernauerin.[55]

Ein anderes Singspiel ging dem Orffschen bereits voran: 1781 schrieb der Mannheimer Bibliothekar Carl Theodor Traitteur ein Drama namens „Albert der Dritte", zu welchem der kurfürstliche Kapellmeister Georg Vogler die Musik komponierte und daraus ein „Singspiel in fünf Aufzügen" machte. Etwa gleichzeitig entstand das Ballett „Agnes Bernauerin" des Oberpfälzer Komponisten Franz Gleissner, das in München aufgeführt wurde. „Schließlich komponierte der 1804 in Nürnberg geborene Karl August Krebs, Kapellmeister in Wien, Hamburg und Dresden, seine große Oper ‚Agnes' in vier Aufzügen; der Schriftsteller August Lewald verfasste dazu den Text, der dem tragischen Ausgang ausweicht und die Rettung von Agnes mit der Versöhnung von Ernst und Albrecht verbindet."[56] Desgleichen schuf der nachmalige Münchner Generalmusikdirek-

Brigitte Bardot als Agnes Bernauer. (Filmaufnahme 1961)

tor Felix Mottl in seinen jungen Jahren eine Oper „Agnes Bernauer", die 1880 mit Hilfe von Franz Liszt in Weimar uraufgeführt wurde.

Neben den Festspielorten bemächtigten sich auch Film und Fernsehen, die eigentlichen Massenmedien des 20. Jahrhunderts, der Bernauerin. Im Oktober 2004 feierte das bayerische Fernsehen sein 50-jähriges Jubiläum mit der Ausstrahlung der Orffschen „Bernauerin" in der Inszenierung des bekannten Theatermannes Gustav Rudolf Sellner von 1958. Hierin verkörperten Maximilian Schell den Herzog Albrecht und Margot Trooger die Bernauerin. Für das Kino entstanden zwei französische Streifen: 1949/51 der Historienfilm „Agnes Bernauer – das Gottesurteil" („Le Jugement de Dieu") und 1961 der Episodenfilm „Galante Liebesgeschichten" („Les amours célèbres") mit Brigitte Bardot als Agnes Bernauer und Alain Delon als Albrecht III.

Kunst und Gewerbe

Ebenso machten sich die bildenden Künstler ein Bild von Agnes Bernauer. Am Anfang all dieser Werke steht wohl der Epitaph aus dem 15. Jahrhundert in der Straubinger Agnes-Bernauer-Kapelle. Nur wenige Jahre nach der Bernauerin Tod entstanden, sagt man diesem Bildhauerwerk Ähnlichkeit mit der Verstorbenen nach. In der Gedächtniskapelle des alten Petersfriedhof hängt zudem ein Gemälde aus der ersten Hälfte des 19. Jahrhunderts, das Agnes Bernauer als Herzogin in fürstlichen

Gewändern zeigt. Der Straubinger Magistrat hatte um 1848 „das Bildniß der Agnes Bernauer von dem Maler Stössel in Oel malen und in der Kapelle aufhängen lassen. / Der Künstler hat dazu sowohl das in Augsburg befindliche Originalgemälde als jenes benützt, das sich im Kloster der beschuhten Karmeliten in Straubing erhalten hat, und beide mit dem Grabsteine verglichen, um dadurch diesem Bildnisse die möglichste Treue zu gewähren, denn das Gesicht der Agnes auf dem Grabsteine, das auf das Sorgfältigste ausgeführt ist, soll nach einem Abdrucke über die Leiche gebildet seyn."[57]

Das halbfigürliche Porträt gab die Vorlage ab für einige nachfolgende Stiche und Zeichnungen. Viele dieser bildlichen Darstellungen wurden als Illustration für Bücher geschaffen, wie der Kupferstich von J. M. Mettenleitner (1801) als Titelbild für Lipowskys Biographie „Agnes Bernauerinn" sowie die Abbildungen von R. A. Jaumann (1899) und Johannes Gehrts (1893), die Stahlstiche von P. C. Geissler (1845), die Kupferstiche von Joseph Wolf und Carl Pfeiffer (1780), um nur einige zu nennen.

Auch moderne Künstler befassten sich mit Agnes Bernauer wie Gunter Bergmann mit einer Serie von Holzschnitten in Vicaris Agnes-Bernauer-Almanach und Reinhard Schmid, der Glück und Elend der Agnes Bernauer mit Graphit und Bleistift in Glas im väterlichen Glasstadl zu Viechtach-Rauhbühl verewigte.[58]

Über das ehemals im Straubinger Karmelitenkloster hängende Porträt der Agnes Bernauer ist nur bekannt, dass es sich dort lange befunden haben muss, denn es „war 1801 noch vorhanden; – aber in der allgemeinen Klosteraufhebung 1803 ist es spurlos verschwunden, angeblich in den Händen eines, aus Kunst und Althertum reichen Besitzes zusammenraffenden und wohlbezahlenden Engländers,"[59] wie das „Taschenbuch für die vaterländische Geschichte" mitteilte.

Von allen Gemälden „verdient das im städtischen Maximilianmuseum zu Augsburg befindliche, auf Holz gemalte große Porträt aus der Mitte des 16. Jahrhunderts besondere Beachtung. Es ist betitelt ‚Agnes Bernauerin Ducissa'. Nach Ulrich Schmid geht es zweifellos auf ein älteres Original zurück."[60] Neuere

Agnes und Albrecht vergnügen sich beim fürstlichen Tanz.
(Farbholzschnitt von Gunter Bergmann)

Nachforschungen haben allerdings ergeben, dass das Augsburger Porträt nicht aus dem 16. Jahrhundert, sondern von einem unbekannten Barockkünstler aus dem 18. Jahrhundert stammt, der es jedoch ziemlich sicher nach einer älteren Vorlage gemalt hat (s. Umschlagbild).

Der Kupferstich aus dem 17. Jahrhundert des Augsburger Mathäus Küsel (Küssel) zeigt eine ernste junge Frau mit großen Augen im schmalen Gesicht, mit einer geraden edlen Nase über geschwungenen Lippen. Eher blond als dunkel kringeln sich die Locken auf die Schultern herab. Ihre ganze Haltung atmet Selbstbewusstsein und Würde, ja eine gewisse Strenge geht von dem Bildnis aus. Dieses Porträt ist das älteste erhaltene der Agnes Bernauer, wenn wir einmal von der Darstellung auf ihrer Grabplatte absehen.

Neben den Malern beschäftigten sich die Bildhauer mit der Bernauerin. Sowohl in Vohburg wie in Straubing findet sich ein Agnes-Bernauer-Denkmal.

In Straubing liegt hinter dem angeblichen Gefängnisturm und der umgebenden Schlossmauer der Agnes-Bernauer-Garten.

Hier erinnert die bronzene Figur der Bernauerin (s. S. 158), gestaltet von dem Künstler Christoph Pommer, an das tragische Schicksal der Herzogsgemahlin.[61]

In Vohburg ging 1995 als Siegerin aus dem Kunstwettbewerb für ein Agnes-Bernauer-Denkmal am Burgtor die Bildhauerin Antje Tesche-Mentzen hervor. Sie montierte auf einen Findling eine Bronzeskulptur der Agnes Bernauer in realistischer Darstellung. Die Münchner Künstlerin beabsichtigte damit, „dass man zweierlei sofort erkennt: diese Frau war außergewöhnlich schön und das Wasser gehörte zu ihrem Schicksal." Würde und Stolz der Bernauerin wollte sie „andeuten durch ein leicht erhobenes Gesicht (...) Das Gesicht ist goldpoliert, strahlend, ihre Haare glänzend. (...) Der Körper ist einfach und streng gehalten, eine leichte Drehung gibt der Figur Anmut. In der rechten Hand hält sie die Gebetszählschnur, wie auf ihrer Grabplatte. Ihr Kleid löst sich auf in Bronzewellen, die über den Stein fließen, in denen sie ertrank und nun wieder heraussteigt wie eine ‚Duchessa', ein Symbol der Unvergänglichkeit."[62]

Agnes-Bernauer-Denkmal beim Burgtor zu Vohburg. (Bildhauerin Antje Tesche-Mentzen, 1995, Foto: Panzer, 2005)

Nicht nur verklärt im literarisch-künstlerischen Schaffen, sondern auch vermarktet wurde und wird Agnes Bernauer. Beständig erinnert man an sie mit öffentlichen Bauten und gewerblichen Produkten, die ihren werbewirksamen Namen tragen. Immer wieder bot

Agnes Bernauer mit dem „Weltennarr“ im Schlossgarten zu Straubing. (Bildhauer Christoph Pommer, 2004; Foto: Panzer, 2006)

sich der Name der Bernauerin für unterschiedliche touristische und gewerbliche Zwecke an. So kreierte die Straubinger Konditorei Krönner die Agnes-Bernauer-Torte, deren Rezeptur ein wohlgehütetes Geheimnis bleibt. Häufig nachgeahmt, erweist sich diese Tortenkreation so vielfältig wie die Geschichten um die Bernauerin. Die Hauptbestandteile des Backwerks, Schichten aus Mandelbaiser und Mokkacrème, sind eine süße, unwiderstehliche Versuchung.

„Zum Genießen, zum Träumen, zum Verwöhnen“ offeriert eine andere Konditorei in Straubing Agnes-Bernauer-Pralinen und Herzog-Albrecht-Trüffel. Kräuterliköre und Brände tragen den Namen der Bernauerin ebenso wie Gaststätten und Weinstuben. Nach der Baderstochter werden selbst Boote, Bade- und Wellnessanlagen benannt. Eine Agnes-Bernauer-Brücke führt in Straubing wie in Vohburg sicher von einem Ufer der Donau zum anderen. Auch mit Wassersportveranstaltungen – wie beispielsweise der jährlichen Agnes-Bernauer-Gedächtniskanuwanderfahrt auf der Donau von Vohburg nach Kelheim[63] – sowie Straßenbenennungen in zahlreichen Orten ehrt man heute noch die große tragische Frauengestalt der bayerischen Geschichte.

Epilog

Viele woben und weben weiterhin am Mythos der Agnes Bernauer. Alle schufen sich ein eigenes Bild von ihr – die Dichter, Schriftsteller und Chronisten, die Musiker und Maler, die Bildhauer und Schauspieler, die Regisseure und Festspielleiter. Sie machten die Bernauerin unsterblich als Heilige, Hure und Hexe, als Märtyrerin der Liebe oder Opfer der Staatsräson, als Mädchen aus dem Volk, als bayerische Antigone, als Patrona Bavariae, als bayerische „Queen of hearts“[1], als Herzogin der Herzen. So bewegt sich das Gedenken zwischen Verklärung und Vermarktung, zwischen Mythos und Wirklichkeit. Wer aber nach der Wahrheit schürft, muss enttäuscht werden, wie bereits der Dramatiker Otto Ludwig nach 27-jähriger Suche erkannte:

> „Ja, was ist Wahrheit?
> Kein Mensch gräbt bis zum Mittelpunkt der Dinge
> Der tiefer grub, sagt zu den Andern, eure
> Das ist die Wahrheit noch nicht selbst; seht her
> Hier tiefer liegt sie und nun kommt der dritte,
> Der grub noch tiefer; doch wie tief, kein Mensch
> Gräbt bis zum Mittelpunkt der Dinge,
> Und trifft die Wahrheit selbst.“[2]

In der historischen Forschung geht es aber nicht um das Erkennen der „Wahrheit“, wie in der Philosophie, sondern um die plausible Rekonstruktion einer vergangenen Wirklichkeit. Denn nur zu oft kommen bloß bruchstückweise Spuren eines menschlichen Daseins aus dem Dunkel der Geschichte ans Licht und müssen – wie hier bei Agnes Bernauer – Steinchen für Steinchen zusammengefügt werden zum Mosaikbild ihres Lebens.

Anhang

Zeittafel

1373	Herzog Ernst I. von Bayern-München geboren
1375	Herzog Wilhelm III. von Bayern-München geboren
1378–1400	König Wenzel von Böhmen, römisch-deutscher König
1392	Teilung Bayerns in drei Herzogtümer: Bayern-München, Bayern-Landshut, Bayern-Ingolstadt
1393	Johannes von Nepomuk ertränkt
1395	Herzog Ernst I. heiratet Elisabeth Visconti von Mailand
1397	Regierungsantritt der Herzöge Ernst I. und Wilhelm III. von Bayern-München
1401	Albrecht III. in Wolfratshausen geboren (27. März)
1404	Heinrich XVI. (der Reiche) regiert in Bayern-Landshut
1410–1437	Sigismund von Ungarn, römisch-deutscher König
um 1410/11	Agnes Bernauer geboren
1413	Ludwig VII. (der Bärtige oder der Gebartete) regiert in Bayern-Ingolstadt
1414/15	Burg von Vohburg wieder aufgebaut und eingeweiht
1414–1418	Konzil von Konstanz gegen Kirchenspaltung (Schisma); neuer Papst Martin V.
1415	Jan Hus in Konstanz verbrannt
1415	Anna von Braunschweig geboren
1419	Tod König Wenzels von Böhmen
1419	Erster Prager Fenstersturz: Beginn der Hussitenkriege (30. Juli)
1419–1433/36	Hussitenkrieg
1420	Krönung Sigismunds zum böhmischen König
1422	Schlacht von Alling: Ende des Großen Bayerischen Krieges mit einer Niederlange Ludwig des Bärtigen von Ingolstadt; Herzog Ernst rettet seinen Sohn Albrecht vor der Gefangennahme
1424	Albrecht erhält von seiner Mutter die Grafschaft Vohburg, Pfaffenhofen, Geisenfeld und Hohenwart (zunächst als Mitinhaber); wird Graf von Vohburg
1425	Herzog Johann III. von Straubing-Holland ermordet (6. Jan.); Beginn des Straubinger Erbfolgestreits
1427	Beatrix von Bayern-München heiratet in zweiter Ehe Pfalzgraf Johann von Neumarkt
1428	Verlöbnis zwischen Albrecht III. von Bayern-München und Elisabeth von Württemberg scheitert (Januar)
1428	Turnier zu Augsburg: Angeblicher Beginn des Liebesverhältnisses zwischen Albrecht III. von Bayern-München und Agnes Bernauer (Februar)

1429	Preßburger Spruch: Straubinger Erbe wird aufgeteilt; Ernst und Wilhelm erhalten die ehemalige Residenzstadt Straubing (26. April)
1431–1449	Basler Konzil
1431	Albrecht führt das Straubinger Kontingent gegen die Hussiten
1431	Johanna, die Jungfrau von Orléans (Jeanne d'Arc), in Rouen verbrannt
1432	Herzogin Elisabeth von Bayern-München stirbt (Febr.)
1432?	Albrecht heiratet Agnes Bernauer heimlich
1433	Kaiserkrönung Sigismunds
1433	Prager Kompaktaten (Verständigung mit den Hussiten/ohne Taboriten)
1434	Cosimo de Medici, Herrscher von Florenz
1435	Herzog Wilhelm III. stirbt (Sept.)
1435	Agnes Bernauer in der Donau bei Straubing ertränkt (12. Okt.)
1436	Iglauer Kompaktaten (Kriegsende mit den radikalen Hussiten/Taboriten)
1436	Herzog Albrecht III. heiratet Anna von Braunschweig
1437	Kaiser Sigismund stirbt
1438	Albrecht V. von Österreich wird als Albrecht II. römisch-deutscher König († 1439)
1438	Herzog Ernst I. von Bayern-München stirbt
1440	Friedrich V. von Steiermark und Kärnten wird als Friedrich III. römisch-deutscher König
1441	Beginn des Sklavenhandels
1445	Gutenberg erfindet den Druck mit beweglichen Lettern
1447	Ludwig von Ingolstadt, der Gebartete, stirbt ohne Nachfolger; Ingolstadt fällt an Landshut
1449	Pest in Deutschland
1450 ff.	Früh- und Hochrenaissance in Italien; Spätgotik und Frührenaissance in Deutschland
1452	Kaiserkrönung Friedrichs III.
1453	Eroberung Konstantinopels durch die Türken
1453	Ende des Hundertjährigen Krieges
1458	G. v. Podiebrad böhmischer König bis 1471; Matthias I. Corvinus König von Ungarn bis 1490
1460	Herzog Albrecht III. von Bayern-München stirbt; beigesetzt in Andechs

Verzeichnis der literarisch-musikalischen Bearbeitungen des Agnes-Bernauer-Stoffes[1]

15. Jh./1817	Volkslied von der Bernauerin, entstanden noch im 15. Jh., mündlich überliefert im 17. Jh., um 1785 aufgezeichnet; veröffentlicht 1817 als das „Lied von der schönen Bernauerin" durch Franz Ziska in: Der Deutschen Leben, Kunst und Wissen im Mittelalter, hrsg. v. J. G. Büsching, Bd. 1, Breslau 1817. – Später auch gedruckt bei A. Schöppner: Sagenbuch der bayerischen Lande. München 1852 und bei John Meier: Deutsche Volkslieder und Balladen, 3. Teil, 1954, S. 194–210.
1546	Hans Sachs: Die ertrenkt junkfrau. Meisterlied 1546.
1604	Jörg Wallner (aus Burghausen): Oberbayerische Fassung des Meisterliedes von Hans Sachs. Danzig 1604. Nachtrag in das Gesangbuch des Breslauer Meistersingers Adam Puschmann (von 1594).
1663/80	Christian Hofmann von Hofmannswaldau, Dichtung: „Liebe zwischen Herzog Ungenand und Agnes Bernin", in: „Heldenbriefe", Leipzig und Breslau 1680.
1767	Paul von Stetten, der Jüngere: Siegfried und Agnes, eine Rittergeschichte. Verserzählung. Augsburg 1767.
1780	Joseph August Graf von Törring: Agnes Bernauerin. Ein Vaterländisches Trauerspiel. Anonym erschienen München 1780; Mannheim 1780 uraufgeführt; Druck Mannheim 1791.
1781	Carl Theodor von Traitteur: Albrecht der Dritte von Baiern. Singspiel in fünf Aufzügen. Musik von Georg J. Vogler. München 1781; uraufgeführt München Dez. 1781.
1790	Franz Gleißner: Agnes Bernauerin. Melodrama. München 1790. – Geht offenbar zurück auf Franz Gleißner: Agnes Bernauerin. Ballett, um 1781 in München aufgeführt.
1797/98	Karl Ludwig Giesecke: Agnes Bernauerin. Eine Burleske in 3 Aufzügen, travestiert in deutsche Knittelreime. Musik von Ignaz Xaver Ritter von Seyfried. Wien 1798.
Ende 18. Jh.	Bray: Agnés Bernauerin. Text einer Abschiedsarie/ Kantate; Komposition von Theodor von Schacht. In: Musiksammlung der fürstlichen Hofbibliothek Thurn und Taxis, Regensburg.
1804	J. A. Destouches: Die Rache Albrechts des Dritten. Drama. Augsburg 1804.
1808	T. Fr. Ehrimfeld: Albrechts Rache für Agnes. Drama. Wien 1808.
1818	Henri Verdier de Lacoste: La Fille du Baigneur d'Augsbourg, ou L'honneur, l'amour et la féodalité imité librement de l'allemand. Chroniques allemandes. Tom. 3. Paris 1818.
1821	Julius Körner: Agnes Bernauer. Trauerspiel in fünf Akten. Leipzig 1821.
1830/31	David Hermann Schiff (Dr. David Bär): Agnes Bernauerin. Eine dialogisierte historische Novelle in drei Handlungen. Berlin 1830; uraufgeführt Berlin Jan. 1831.

1833	Adalbert Müller: Agnes Bernauer. 3 Gedichte. In: Sagen und Legenden der Bayern, hrsg. v. Adalbert Müller und Franz Xaver Müller, Regensburg 1833 (auch in: Sagenbuch der Bayerischen Lande, hrsg. v. A. Schöppner, 2. Bd., München 1852).
1833	M. Sieghart: Agnes Bernauer. Ballade nach der Volkssage verfasst. In: ders., Geschichte und Beschreibung der Hauptstadt Straubing, München 1833.
1833/34	August Lewald (Ewald?): Agnes, der Engel von Augsburg. Oper in vier Akten. Musik von Carl Krebs. Uraufgeführt Hamburg 1833, gedruckt Dresden 1834.
1837	August Werg: Der Engel von Augsburg. Eine historisch-romantische Erzählung aus der ersten Hälfte des 15ten Jahrhunderts. Berlin 1837.
1837–60	Otto Ludwig: Der Liebe Verklärung. Erste unveröffentlichte Bearbeitung des Bernauer-Stoffes 1840; ders.: Der Engel von Augsburg. Trauerspiel. Unveröffentlichtes Fragment 1842/43; ders., Der Engel von Augsburg. Eine dramatisierte Rittergeschichte in fünf Abteilungen, einem Vorspiel und einer Vorrede,1846; ders., Der Engel von Augsburg. Trauerspiel in fünf Aufzügen. Fragment, Akt I und II gedruckt 1856; ders., Der Engel von Augsburg. Aus den verschiedenen vorhergehenden Fassungen zusammengestellt 1856/57; ders., Der Engel von Augsburg. Erneute Umdichtungen, Fragmente, 1858/60.
1841	Ludwig Braunfels: Agnes. Trauerspiel. Frankfurt 1841; neu hrsg. v. August C. Mahr, Frankfurt a. M. 1928.
1843	Franz Krutter: Agnes Bernauer. Trauerspiel. Manuskript Aarau 1843.
1845	Adolf Böttger: Agnes Bernauer. Dramatisches Gedicht. Leipzig 1845.
1847	Franz C. Honcamp: Agnes Bernauer. Trauerspiel. Soest 1847.
1848	Anonym: Bernauerin stund im Laden. Bruchstückhaftes Volkslied, in: Sulzbacher Kalender, 1848.
1848/1853	Karl Ludwig Graul: Agnes Bernauer. Ein Sonettenkranz, von 1848, gedruckt Augsburg 1853.
1850–60	Gottfried Keller plant ein Agnes-Bernauer- bzw. Herzog-Albrecht-Drama; wurde nicht verwirklicht.
1851	Emil Seippel: Engel Agnes. Ein Lied der Liebe. Gedichte. Barmen 1851.
1852	Ludwig I., König von Bayern: An Agnes Bernauerin. Gedicht. In: A. Schöppner, Sagenbuch der bayerischen Lande, München 1852, Bd. 2, Nr. 543, S. 101.
1852	Eduard von Schenk: Am Grabe der Agnes Bernauer. Sonett. In: A. Schöppner, Sagenbuch der bayerischen Lande, München 1852, Bd. 2, Nr. 544, S. 102.
1852/55	Friedrich Hebbel: Agnes Bernauer. Ein deutsches Trauerspiel. 1852 in München uraufgeführt; gedruckt Wien 1855.
1852/62	Melchior Meyr: Agnes Bernauerin. Trauerspiel. Berlin 1852. – Ders.: Herzog Albrecht. Dramatische Dichtung. Stuttgart 1862.

1853	C. Hermann (Fischer): Agnes Bernauer. Poetische Studie. Breslau 1853.
1854	Friedrich Wilhelm Bruckbräu: Agnes Bernauer, der Engel von Augsburg. Historisch-romantisches Zeit- und Sittengemälde aus dem fünfzehnten Jahrhunderte. Ein deutsches Volksbuch. Mit einer Beigabe: Die beiden Ströme. Sonett. München 1854.
1857	Katharina Diez: Agnes Bernauer. Gedicht. (Epische Darstellung). Berlin 1857.
1865	O. Kreß: Der Engel von Augsburg. Novelle. In: Illustrierte Welt. Dt. Familienbuch. Blätter für Natur und Leben, Wissenschaft und Kunst, Stuttgart/Leipzig/ Berlin/Wien 1865.
1868	Adolf Stern: Das Fräulein von Augsburg. Eine Geschichte aus dem 17. Jahrhundert. Novelle. Leipzig 1868.
1871?	Freiherr von Soden. Agnes Bernauer. Drama.
1877	Franz von Kobell: Von der Agnes Bernauerin. Gedicht. In: Gedichte in oberbayerischer Mundart, München 1877.
1880	Hermann Lingg: Agnes Bernauer. Gedicht. In: Zettel, K. Wittelsbacher Album, München 1880.
1880?	Zeitler. Agnes Bernauer. Drama.
1880	Felix Mottl: Agnes Bernauer. Oper. Weimar 1880.
1881	Anonym: Agnes Bernauer, der Engel von Augsburg oder Fürst und Bürgerstochter. München 1881 (nur erste Lieferung erschienen).
1881	Hermann Eduard Jahn: Agnes Bernauer. Trauerspiel in 5 Aufzügen. Rostock 1881.
1887	Anonym: Agnes Bernauer oder: Der Engel von Augsburg. Volkserzählung aus dem fünfzehnten Jahrhundert. Neu hrsg. v. Joseph Traunstein. Straubing 1887.
1889?	Langenscheidt: Agnes Bernauer. Drama.
1889	Arnold Ott: Agnes Bernauer. Historisches Volksschauspiel mit Musik. Stuttgart 1889.
1894	Martin Greif: Agnes Bernauer, der Engel von Augsburg. Vaterländisches Trauerspiel. Leipzig 1894. (Siehe auch Bearbeitung 1973 von F. Kölmel u. T. Peter sowie 2001 von Lenz Prütting).
1895	Oskar Höcker: Im goldenen Augsburg. Kulturgeschichtliche Erzählung aus der Blütezeit des süddeutschen Handels und Gewerbes im Mittelalter. Der reiferen Jugend zugeeignet. Leipzig 1895 (2. unveränderte Auflage).
1897/1900	Cordelia Ludwig (Tochter von Otto Ludwig, siehe oben 1837–60): Agnes Bernauer. Volksschauspiel in fünf Aufzügen. Unter Benützung ungedruckter Manuskripte von Otto Ludwig. Dresden 1897 uraufgeführt; Köln 1900.
2. Hälfte/19. Jh.	Arthur Achleitner: Bayern, wie es war und ist. Vaterländische Erzählungen, Skizzen und Sagen aus Bayerns ältesten Tagen bis zur Gegenwart. München und Stuttgart o. J.
1901	Agnes Miegel: Agnes Bernauerin. Gedicht. Stuttgart 1901. In: Gesammelte Balladen, Neuauflage Düsseldorf 1953.

1904 Alfred Putzel: Albrecht. Drama. München 1904.

1906 Katharina Rademacher: Agnes Bernauer, der Engel von Augsburg. Ein Trauerspiel. In: Katholische Dilettantenbühne Nr. 190, Kempten/München 1906.

1911/15/31 Felix Nabor (Karl Allmendinger): Der Engel von Augsburg. Historische Erzählung 1911. Abgedruckt in Fortsetzungen 1915 in: Der Schwäbische Postbote, Nr. 43–Nr. 55, 1915. Druck Klagenfurt 1931.

1918 Franz Servaes: Agnes und Albrecht. Wien 1918.

1924 Julius Bernburg: Agnes Bernauer, das Opfer treuer Liebe. Roman. Heidenau-Nord 1924.

1928 Ludwig Braunfels (siehe 1841)!

1929 Rosemarie Menschnik: Von einer holden Frauen Leben und Tod. Drama. Straubing 1929.

1933–35 Josef Meßner: Der Engel von Augsburg. Oper. Manuskript 1933/35.

1934 Richard Billinger: Der Herzog und die Baderstochter. Die Geschichte von der Liebe und dem Sterben der Agnes Bernauerin. Drama. In: Das innere Reich. Zeitschrift für Dichtung, Kunst und deutsches Leben, München 1934, I. Jg., S. 386ff. (Siehe auch Billinger 1980!).

1935 Paul Hain: Der Engel von Augsburg. Herzog Albrecht von Bayern und Agnes Bernauer. Roman. Leipzig 1935.

1935 Eugen Hubrich: Die Agnes Bernauerin zu Straubing. Freilichtspiel. Straubing 1935. Mehrere Überarbeitungen zu den Festspielen in Straubing 1952–1989: 1957, 1960, 1963 Änderungen von Eugen Hubrich, 1968/72 von Lutz Burgmayer, 1976 Änderungen von Klaus Schlette, 1980/84 Ergänzungen von Hans Vicari, 1989 Version von Schlette/Vicari.

1936 Albert Liebold: Der Engel von Augsburg. Roman. Leipzig 1936.

1937 Hans K. Meixner: Agnes Bernauer. Ein Leben voll Leid und Liebe. Roman. Reutlingen 1937.

1946 Carl Orff: Die Bernauerin. Ein baierisches Stück. Musikalisches Volksschauspiel. Mainz 1946.

1949–51 Bernard Zimmer: Drehbuch zum Historienfilm „Le Jugement de Dieu"; Raymond Bernard (Regie), Joseph Kosma (Musik). Frankreich 1949/51.

1952 Erlauschte Geschichten von bleibendem Wert. Dem deutschen Volke wiedererzählt vom Bruder Straubinger: Agnes Bernauer. Engel, Herzogin und Hexe. Eine deutsche Volkssage. Straubing 1952.

1952/1963/1989 Eugen Hubrich, Bearbeitungen des Freilichtspiels von 1935 (siehe dort!).

1957 Stephan Karolyi: Die Hexe von Augsburg, Agnes Bernauer. Roman. Berlin 1957.

1961 Jacques Prévert und France Roche: Drehbuch zum Episodenfilm „Les amours célèbres (Galante Liebesgeschichten); Michel Boisrond (Regie), Maurice Jarre (Musik). Frankreich 1961.

1973	Franz Kölmel und Toni Peter (Bearbeiter): Agnes Bernauer. Ein romantisches Volksstück. Nach Martin Greif. Volksschauspiele Ötigheim 1973. (Siehe auch Martin Greif 1894!)
um 1975	Gert Piebinger (Gerhart Schormann): Die Bernauerin, eine bayerische – leicht satirische, aber recht ernst gemeinte – Komödie. (Oberpieping um 1975).
1976	Franz Xaver Kroetz: Agnes Bernauer. Ein bürgerliches Schauspiel. Uraufgeführt und publiziert in der DDR 1976.
1980	Richard Billinger: Der Herzog und die Baderstochter. Hörspiel. Druck Linz 1980. (Siehe auch Billinger 1934!).
1993	Bundesweiter Autorenwettbewerb (ausgeschrieben vom Straubinger Festspielverein) erbrachte 16 Agnes-Bernauer-Stücke; die drei ersten Plätze belegten die Werke von Reinhold Massag, Peter Klewitz und Hans Vicari.
1995	Johannes Reitmeier und Thomas Stammberger: Agnes Bernauer. Ein Historienspiel in 15 Bildern. Straubing 1995. Erstaufführung bei den Straubinger Agnes-Bernauer-Festspielen 1995.
1996	Manfred Böckl: Agnes Bernauer. Hexe, Hure, Herzogin. Roman. Berlin 1996.
2001	Neubearbeitung des Trauerspiels von Martin Greif (siehe 1894) durch Lenz Prütting.
2006	Der Festspielausschuss des Kolpingvereins Vohburg hat ein neues Freilichtspiel für die Agnes-Bernauer-Festspiele 2009 in Auftrag gegeben.

Anmerkungen

Kapitel 1: Agnes Pernawer – „Engel von Augsburg" (S. 10–25)

1 Vgl. Deininger, Agnes Bernauer, S. 140. – Christoph Jakob Haid erwähnt dieses Datum, das er angeblich aus alten Chroniken gewonnen hat.
2 Lipowsky, Agnes Bernauerin historisch, S. 74 Anm. 30.
3 Achilles Pirmin Gasser, Annales civitatis ac rei publicae Augstburgensis, zit. nach Huber, Quellenbuch, S. 80.
4 Johannes Frank, Augsburger Annalen von 1430–1462, in: Chroniken der schwäbischen Städte, Augsburg, Bd. 5, S. 295. – Vgl. Lipowsky, Agnes Bernauerin historisch, S. 15 f.
5 Zit. nach Horchler, S. 7.
6 Z. B. Brüstl, Wilhelm: Agnes Bernauer. Der Engel von Augsburg. In: Augsburger Rundschau, 1. Jg., Nr. 3, 19. Okt. 1918, S. 33–35 (Stadtarchiv Augsburg).
7 Joseph Traunstein, Agnes Bernauer oder Der Engel von Augsburg, Volkserzählung aus dem fünfzehnten Jahrhundert, Straubing 1887.
8 Felix Nabor, Der Engel von Augsburg, Historische Erzählung, in: Der Schwäbische Postbote, Nr. 43 bis Nr. 55, 1915 (Stadtarchiv Augsburg).
9 Chronik von der Gründung der Stadt Augsburg bis zum Jahre 1469, in: Die Chroniken der schwäbischen Städte, Augsburg, Bd. IV, S. 322. – Gasser nennt Agnes in seinen lateinischen Annalen „Levinculi" = Leichtlin! Gasser hat dies wohl aus der vorher angegeben Augsburger Chronik übernommen.
10 Die früheste Notiz über Kaspar Bernauer bei Oefele, 1.c. II., 223 Nota. der verzeichnet, dass Kaspar Bernauer erst 1510, also mit über 100 Jahren, gestorben sein soll. – Nach Horchler, S. 7/Anm. 1.
11 Heinz Deininger, Agnes Bernauer wirklich eine Augsburgerin? In: Neue Augsburger Zeitung, 10. Okt. 1935 (Stadtarchiv Augsburg).
12 Stadtarchiv Augsburg, Steuerbücher der Stadt Augsburg (Register), 15. Jahrhundert.
13 Nach Heinz Deininger, Agnes Bernauer wirklich eine Augsburgerin? In: Neue Augsburger Zeitung, 10. Okt 1935 (Stadtarchiv Augsburg).
14 Christian Meyer, Agnes Bernauer, in: Altreichsstädtische Kulturstudien, München 1906, S. 73–82; hier S. 73.
15 Suntheimer = Sunthemius, bei Oefele, Rer. Boic. SS, II, 570.
16 Dazu Christian Meyer, Galerie historischer Enthüllungen, Gartenlaube 1873.
17 Heinz Deininger, Agnes Bernauer wirklich eine Augsburgerin?, in: Neue Augsburger Zeitung, 10. Okt. 1935 (Stadtarchiv Augsburg).
18 Christian Meyer, Agnes Bernauer, München 1906, S. 74.
19 Horchler, S. 7.
20 Georg Schrötter, Agnes Bernauer, in: Der Bayerwald, Jg. 37, H. 1, 1939, S. 25 ff.
21 Vgl. Lipowsky, Agnes Bernauerin historisch, S. 74/Anm. 32: „(...) und Falkenstein in seiner baierischen Geschichte Th. III. S. 460 bestimmt sogar, dass das Haus ihres Vaters zwischen den Schlachten dortselbst gestanden habe." – Auch Horchler, S. 7 gibt in Anm. 2 an: Falkenstein, Bayerische Geschichte III, 460 und von Stetten, Erläuterungen der in Kupfer gestochenen Vorstellungen aus der Geschichte der Stadt Augsburg, S. 47. – Riezler, Agnes Bernauerin, S. 289, benennt Aventin, den großen bayerischen Geschichtsschreiber als Gewährsmann: „Bernauers Haus in Augsburg stand, wie Aventin noch wusste, ‚zwischen den Schlachten'."

22 Nach Aventins Baierische Chronik von 1566; vgl. Augsburger Stadtlexikon, S. 288.
23 Heinz Deininger, Agnes Bernauer wirklich eine Augsburgerin? In: Neue Augsburger Zeitung, 10. Okt. 1935 (Stadtarchiv Augsburg).
24 Ebd.
25 Ebd.
26 Vgl. dazu Horchler, Agnes Bernauerin, S. 6 f.; Zitat S. 7.
27 Chronik von der Gründung der Stadt Augsburg bis zum Jahre 1469, in: Die Chroniken der schwäbischen Städte, Augsburg, Bd. 4, bearb. v. F. Frensdorf, Göttingen u. Zürich 1965, S. 322.
28 Laut Horchler, S. 7.
29 Siehe Stadtarchiv Augsburg, Handwerkerakten Nr. 15, Bader und Barbiere, Fasc. 16; Handwerkerakten Nr. 4, Zünfte-Akten: Bader und Barbiere, Fasc. 1 (allerdings nur für die Jahre 1548–1580). – Als einziger mit Vornamen Kaspar wird in den Augsburger Steuerregistern von 1409, 1413, 1418 ein Kaspar Panzer verzeichnet.
30 Riezler, Agnes Bernauerin, S. 289.
31 Dazu Robert Hoffmann, Die Augsburger Bäder und das Handwerk der Bader, Zeitschrift des Historischen Vereins für Schwaben und Neuburg, Jg. 12, Augsburg 1885 und Christoph Jacob Haid, Bad-Gerechtsame und Bade-Anstalten in Augsburg, Von ihrem Ursprunge und Fortbestand bis auf den gegenwärtigen Augenblick, Augsburg 1827.
32 Nach Hoffmann, Augsburger Bäder, und Dieminger, Diss. 1999.
33 Haid, Häuserverzeichnis, S. 48 f. und S. 71.
34 Zit. nach Dieminger, Diss. 1999, S. 51 f.
35 Zit. nach Schäfer, Agnes Bernauer, S. 17.
36 Vgl. dazu beispielsweise die „Geschichte des Freiburger Badewesens von 1300 bis 1800" bei Iso Himmelsbach, „Von wegen der Badstuben", Freiburg i. Br. 2000.
37 Siehe Dieminger, Diss. 1999, S. 53 ff. und S. 62 ff.
38 Martin, Badewesen, S. 68.
39 Ebd.
40 Ebd., S. 74, 7 Abb.
41 Stadtarchiv Augsburg, Handwerkerakten, Bader und Barbiere, Fasz. 16, Bader- und Wundarztordnung von 1533/35. – Vgl. auch Dieminger, Diss. 1999, S. 59 f.
42 Martin, Deutsches Badewesen, S. 66.
43 Enea Silvio Piccolomini, Asiae Europaeque descriptio sub Frederico III., Paris 1534, 401 f., hier zit. in der Übersetzung von Huber, Quellenlesebuch, S. 57.
44 Z. B. um 1505 Angelus Rumpler, Calamitates Bavariae, 2. Theil, Buch 1, in: Andreas F. Oefele, Scriptores Rerum Boicarum, I. Teil, Augsburg 1763, S. 106. – Rumpler war seit 1478 Mönch und wurde 1501 Abt des Klosters Vornbach am Inn. Er starb 1513.
45 Vgl. Orff, Böckl, u. a.
46 Zit. nach Stein, Badeleben, S. 130.
47 Vgl. Ausführungen bei Dieminger, Diss. 1999: Die Zustände in den Augsburger Badstuben, S. 80 ff.
48 Claudia Stein, Badeleben, S. 128.
49 Horchler, S. 7.
50 Wolf-Graaf, Frauenarbeit, S. 47.
51 Stadtarchiv Augsburg, Steuerregister, 15. Jh.
52 Nach Stein, Badeleben, S. 129.
53 Riezler, Agnes Bernauerin, S. 289.
54 Vgl. dazu Bernd Roeck, Außenseiter, Randgruppen, Minderheiten, Göttingen 1993.

55 Roeck, Randgruppen, S. 106 ff.
56 Ebd., S. 109.
57 Ebd., S. 111.
58 Ebd., S. 112.
59 Nach ebd., S. 115 f.
60 Schlosser, Agnes Bernauerin, S. 267. – Als Beleg dafür führt Schlosser Christian Meyer, Geschichte der Stadt Augsburg, Tübingen 1907, S. 39 an sowie Stadtarchiv Augsburg, Ratsbücher 1436. – Auch das damalige Münchner Stadtrecht stellt die Bader gleichwertig neben die Bäcker und Flößer (Schlosser, S. 268).
61 Dieminger, Diss. 1999, S. 88 f.
62 Dieminger, Diss. 1999, S. 93 ff.
63 Hermann Eduard Jahn, Agnes Bernauer, Trauerspiel in 5 Aufzügen, Rostock 1881.
64 Nach Martin, Badewesen, S. 93 f.
65 Dieminger, Diss. 1999, S. 84.
66 Zit. nach Martin, Badewesen, S. 94.
67 Aus Hohe, Badestuben in Ochsenfurt, Abb: Der Bader mit der Überschrift: „Auff Angst und Schweiß, folgt Ruh und Preiß."
68 Veröffentlicht in: Neue Augsburger Zeitung, Nr. 39, 15. Februar 1939 (Stadtarchiv Augsburg).

Kapitel 2: „Frau Nessen" – Geliebte und Gemahlin (S. 26–45)

1 Dazu Prinz, Geschichte Bayerns, S. 184 f.
2 Bosl, Agnes Bernauer, Vorträge, S. 178.
3 Hans Ebran von Wildenberg, zit. nach Schäfer, Agnes Bernauer und ihre Zeit, S. 51.
4 Zit. nach Schäfer, Agnes Bernauer und ihre Zeit, S. 51.
5 Spindler, Handbuch, Bd. II, S. 249.
6 Zit. nach Schäfer, Agnes Bernauer und ihre Zeit, S. 53.
7 Zit. nach Spindler, Handbuch, Bd. II, S. 245.
8 Bosl, Agnes Bernauer, Vorträge, S. 178.
9 Nach Riezler, Geschichte Baierns, Bd. 3, S. 286.
10 Zit. nach Solleder, München im Mittelalter, S. 71.
11 Zit. nach Lipowsky, S. 53 f./Anm. 2. – Auch bei Stahleder, Chronik von München, Bd. 1, S. 211: „Item 4 gulden rheinisch gab wir der hertzogin kaplan zu potenprot von irer gepurd, dô sy hertzog Albrechtz genaz Palmarum anno 1401."
12 Stahleder, Chronik von München, Bd. 1, S. 211.
13 Vgl. dazu Lipowsky, S. 53/Anm. 1 und Bayer. Hauptstaatsarchiv München, Abt. III (geheimes Hausarchiv), Hausurkunden.
14 Zit. nach Vogelsgesang, Agnes Bernauer, S. 175.
15 Steinberger, Frauenbilder, S. 46.
16 Dazu Andrea Klein, Der Literaturbetrieb am Münchner Hof im fünfzehnten Jahrhundert, Göppingen 1998.
17 Enea Silvio Piccolomini, De viris illustribus, ca. 1450, zit. nach Huber, Quellenlesebuch, S. 56.
18 Ulrich Füetrer, Bayerische Chronik, ca. 1478–1481, zit. nach Huber, Quellenlesebuch, S. 60.
19 Nach Riezler, Agnes Bernauerin, S. 290/Anm. 2.
20 Chronik des Hector Mülich 1348–1487, in: Die Chroniken der schwäbischen Städte, Augsburg, Bd. 3, S. 70. – Auch bei Huber, Quellenbuch, S. 13.
21 Horchler, S. 7.

22 Riezler, Agnes Bernauerin, S. 289.
23 Enea Silvio Piccolomini, De viris illustribus, hrsg. von Adrian van Heck, Città del Vaticano 1991, 105 f., hier zit. nach Huber, Quellenlesebuch, S. 56.
24 Horchler, Agnes Bernauerin, 1883, S. 8.
25 Ladislaus Sunthemius, Familia Ducum Bavariae, zit. nach Huber, Quellenlesebuch, S. 68.
26 Veit Arnpeck, 1493, zit. nach Huber, Quellenlesebuch, S. 62 f.
27 Riezler, Agnes Bernauerin, S. 289.
28 Friedrich Wilhelm Bruckbräu, Agnes Bernauer, der Engel von Augsburg, Ein deutsches Volksbuch, 1854; hier zit. nach Schäfer, Agnes Bernauer und ihre Zeit, S. 12.
29 Horchler, Agnes Bernauerin, 1883, S. 8.
30 Ebd.
31 Stadtarchiv München, Kammerrechnung der Stadt München 1431/32, 51r: Beatrix nennt sie „hoch- und grosfaist“ = hochmütig und aufgeblasen.
32 Jüngst versuchte Märtl daraus fälschlich die berufliche Tätigkeit von Agnes Bernauer abzuleiten: „Zu dieser Zeit (gemeint ist 1431/32) aber hielt sich Albrecht überwiegend in München auf, und Agnes Bernauer ist bereits vorher als Mitglied des dortigen Hofgesindes genannt. Ihre gerüchteweise Einstufung als ‚Badewärterin‘ könnte ganz einfach die Funktion einer Dienstmagd am Münchner Hof, unter Umständen im Frauenzimmer, bezeichnen, gehörten doch Badewannen längst zur Standardausstattung selbst bürgerlicher Häuser. (Märtl, Straubing, in: Schauplätze der Geschichte in Bayern, S. 153 ff.).
33 Dazu Riezler, Geschichte Baierns, 3. Bd., S. 285.
34 Vgl. Stahleder, Chronik der Stadt München, Bd. 1, S. 273.
35 Riezler, Geschichte Baierns, Bd. 3, S. 285.
36 Stadtarchiv München, Steueramt Nr. 584, fol. 42r.
37 Nach Solleder, München im Mittelalter, S. 343.
38 Vgl. dazu Riezler, Geschichte Baierns, Bd. 3, S. 317.
39 Nach Meitinger, Entwicklung der Neuveste, S. 21 f.
40 Der Landtag eröffnete am 1. Juli 1432 in Straubing. Herzog Ernst und sein Sohn Albrecht verhandelten dort mit den Vertretern des Straubinger Landes wegen ihres noch zu zahlenden Anteils an der sogenannten „Fräuleinsteuer“, der Restschulden für das Heiratsgeld der herzoglichen Tochter Elisabeth, die 1430 Herzog Adolf von Jülich und Berg geehelicht hatte. – Schäfer/Böhm, Agnes Bernauer, S. 28.
41 Stadtarchiv München, Kammerrechnung der Stadt München 1431/32, 50v. – Auch Huber, Quellenlesebuch, S. 13.
42 Huch, Lebensbilder, S. 422 f.
43 Vgl. dazu van Dülmen, Kultur und Alltag, S. 134 ff.
44 Dazu van Dülmen, Kultur und Alltag, S. 143.
45 Schlosser, Agnes Bernauer, S. 273.
46 Schäfer, Gedanken zu der Geschicht, S. 347.
47 Siehe auch bei Riezler, Geschichte Baierns, Bd. 3, S. 317.
48 Riezler, Geschichte Baierns, Bd. 3, S. 315.
49 Stadtarchiv München, Kammerrechnung 1431/32, 51r; auch bei Huber, Quellenlesebuch, S. 15.
50 Stadtarchiv München, Kammerrechnung 1434/35, 47r; auch bei Huber, Quellenlesebuch, S. 21 f.
51 Andreas von Regensburg, Chronica de principibus terrae Bavarorum, zit. nach Huber, Quellenlesebuch, S. 55.
52 Beleg und lateinischer Quellentext bei Horchler, Agnes Bernauerin, 1883, S. 10/ Anm. 1.

53 Nach Horchler, Agnes Bernauerin, 1883, S. 10.
54 Oefele, Rerum boicarum scriptores, I, S. 106; deutsch zit. nach Keim, Agnes Bernauer, S. 4.
55 Zit. nach Keim, Agnes Bernauer, S. 6.
56 Vgl. Rosendorfer, historische Bernauerin, S. 432.
57 Erichsen, Blutenburger Geschichte, S. 27 f.
58 Mittermüller, Albert der Dritte, S. 11/Anm. 9: „Am 13. Okt. (1432) verbesserte und bestätigte Albert zu München die Stiftung der ewigen Messe in Feldkirchen bei Ingolstadt, indem er die Kirche zu Hohenried dazu gab, und am 6. Dezember verschrieb er gleichfalls zu München Stephan dem Sattler, seinem Zollner in Regensburg, für eine Schuld von 200 rhein. Gulden und 267 Pfd. Münch. Währung auf den Zoll zu Regensburg."
59 Erichsen, Blutenburger Geschichte, S. 28.
60 Nach Mittermüller (Albert der Dritte, 1866/67, S. 13) quittierte Albrecht „zu Pludenburg (30. Mai 1433) seinem Kastner Gabriel zu Pfaffenhofen den Erlös zu 126 fl. aus dem Verkauf von 200 Hämmeln."
61 Nach Erichsen, Blutenburger Geschichte, S. 27.
62 Erichsen, Blutenburger Geschichte, S. 28.
63 Zit. nach Keim, Agnes Bernauer, S. 6 f.
64 Ebd., S. 7.

Kapitel 3: Agnes – „Gräfin von Vohburg" (S. 46–61)

1 Bay. Hauptstaatsarchiv München, Abt. III: Geh. Hausarchiv, Hausurkunden 360: Übergabebrief von der Herzogin Elisabeth gegen ihren Sohn, Herzog Albrecht, der ihr um m/85 versetzten Stätt und Märkt Vohburg, Pfaffenhofen, Geisenfeld und Hohenwart (1424) und Hausurkunden 361: Übergabe und Vermächtnisbrief von der Herzogin Elisabeth an ihren Sohn über die von ihr eingelösten Städt und Märkt Vohburg, Pfaffenhofen, Geisenfeld und Hohenwart (1424). – Die Urkunde spricht von einer Auslösungssumme von 8500 Gulden; andere nennen 9500 ungarische Gulden; z. B. Lipowsky (nachfolgende Anm.!)
2 Lipowsky, S. 5.
3 In den Heiratsverhandlungen 1428 mit Elisabeth von Württemberg tritt Albrecht als „Graf zu Vohburg" auf (Bay. Hauptstaatsarchiv München, Abt. III: Geheimes Hausarchiv, Hausurkunden Nr. 504: Heyratsabred zwischen Herzog Albrecht von Bayern, Grafen zu Vohburg und frauen Elisabeth geborene von Württemberg, 1428).
4 Bay. Hauptstaatsarchiv München, Abt. III: Geh. Hausarchiv, Hausurkunden 359: Vermächtnisbrief von der Herzogin Elisabeth, 1417.
5 Lipowsky, Agnes Bernauerinn, S. 19.
6 Ebd., S. 80/Anm. 41.
7 Heinrich Zschokke, Der Baierischen Geschichten drittes und viertes Buch, Aarau 1821, 2. Aufl., S. 357 ff.; zit. nach Huber, Quellenlesebuch, S. 142.
8 Andreas Buchner, Geschichte von Bayern, 5. Buch, München 1831, S. 285 ff.; zit nach Huber, Quellenlesebuch, S. 149.
9 Zit. nach Huber, Quellenlesebuch, S. 158.
10 Vgl. dazu entsprechende Beiträge in Huber, Quellenlesebuch!
11 Nach Kirschner, Vohburg, Heimatkundliche Schriftenreihe, 1984, S. 39–44.
12 Horchler, Agnes Bernauerin, 1888, S. 8 f.
13 Heinz Friedrich Deininger, Agnes Bernauer, Artikel bei Worldroots.com, Royalty Pages, 2005.

14 Mittermüller, Albert der Dritte, Teil I, 1867, S. 10. – Die Vornamen Albert und Albrecht sind gleichbedeutend; allerdings hat sich inzwischen doch Albrecht als Vornahme des Herzogs von Bayern-München durchgesetzt.
15 Z. B. Pflügl, Vohburg, 2005, Abb. S. 94/96.
16 Das bereits sehr verdunkelte Wandbild ist in der benannten Gaststätte noch zu sehen; eine Abbildung auch bei Johann Bauer, Das Unglück der Bernauerin in schrecklicher Zeit, in: Unsere Heimat, Hist. Blätter für den Landkreis Pfaffenhofen, Jg. 143, Nr. 3/2002, S. 1 (Stadtarchiv Vohburg und Stadtarchiv Pfaffenhofen).
17 Stadtarchiv Vohburg, A Nr. 6/k/12: Erinnerungsblatt an die Aufstellung des Denkmals auf der Schlossruine zu Vohburg, am 17. April 1854. – Zum Gedenkstein auch Rudolf Kolbe: 150 Jahre alt – die Stele am Burgberg, in: Historische Beilage Nr. 9/2004 (Veröff. der Stadt Vohburg).
18 Stadtarchiv Vohburg, A Nr. 6/k/12: Erinnerungsblatt 1854.
19 Auch Johann Geistbeck weist in seiner „Entwicklungsgeschichte von Geisenfeld und Umgebung" (21 Bände, 1941; hier Auszug im Typoskript, Stadtarchiv Geisenfeld, S. 41/59) auf das historische Denkmal hin: „Es ist eine Säule von Granit, welche die Bürger von Vohburg und die Bewohner umher an die unvergessliche Zeit erinnern soll, wo die Markgrafen von Vohburg und die Ahnen unseres angestammten, bayerischen Herrscherhauses diese einst weitläufige, schöne Burg bewohnten und sich geschichtliche Ereignisse von großer Tragweite abspielten."
20 Mittermüller, Albert der Dritte, 1867, S. 10.
21 Schäfer, Gedanken zu der Geschicht, S. 347.
22 Joseph von Hormayr, Taschenbuch für die vaterländische Geschichte, 19. Jg. NF, Berlin 1848; zit. nach Huber, Quellenlesebuch, S. 160.
23 Johann Geistbeck: Entwicklungsgeschichte von Geisenfeld und Umgebung, 1941, Auszug/Typoskript, Stadtarchiv Geisenfeld, S. 41/59: „Vor kurzem sind das ehrwürdige Burgtor und an der alten Schlossruine der stark verwitterte, zerklüftete ‚Bernauerturm' von der Marktgemeinde Vohburg gründlich ausgebessert worden, sodass man den Turm ohne Gefahr wieder besteigen kann."
24 Stadtarchiv Pfaffenhofen: Heinrich Streidl, Häuserchronik der Stadt Pfaffenhofen a. d. Ilm, 1982, S. 99. – Heinrich Streidl, Stadt Pfaffenhofen a. d. Ilm, Ein Heimatbuch, 1979, S. 309 f.
25 Martin, Badewesen, S. 67.
26 Stadtarchiv Pfaffenhofen: L. Rabitsch, Das „Herzogliche Bad" in Pfaffenhofen, in: Unsere Heimat, Blätter für Hallertauer Heimatkunde, Beilage zum „Pfaffenhofener Amtsblatt, Nr. 1 Sept. 1921 (Abdruck des Übergabebriefs, Anno 1482).
27 Amtssitz der Richter und Liebesnest der Agnes Bernauer (hai), in: Pfaffenhofener Kurier v. 28./29. 12. 2002 (Stadtarchiv Pfaffenhofen).
28 Das erwähnt Klein (Literaturbetrieb, S. 14) ohne Beleg! – Aber Gut (Herzog Albrecht III., S. 23) belegt, dass sich Herzog Albrecht zumindest im Januar 1436 in Pfaffenhofen „bei dem ihm ergebenen Jan von Sedlitz" aufgehalten habe. – Michael Trost bestätigt in seiner „Geschichte des Marktes Geisenfeld" (1877, S. 118, Stadtarchiv Geisenfeld), dass Jan von Sedlitz als Pfleger von Pfaffenhofen 1447 aufmüpfige Geisenfelder auf Geheiß Herzog Albrechts bestrafte.
29 Dazu Riezler, Agnes Bernauerin, S. 291 und Riezler, Geschichte Baierns, Bd. 3!
30 Siehe Kirschner, Vohburg, Heimatkundliche Schriftenreihe, 1976, S. 17. – Kirschner, Schwiegersohn der Bernauerin, in: Unsere Heimat, 1988.
31 Artikel von G. N. in: Genealogie, Heft 7–8/1993, S. 627.
32 Georg A. Gut, Albrecht III., Herzog in Bayern, Gemahl der Agnes Bernauer, Selbstverlag München 1993, vor allem S. 28 ff.
33 Solleder, München im Mittelalter, S. 347/Anm. 5

34 Nach Gut, Albrecht III., S. 30.
35 Solleder, München im Mittelalter, S. 347/Anm. 5.
36 Vgl. dazu auch Keim, Agnes Bernauer, S. 13, der aber Sibilla noch irrig als die Tochter der Bernauerin bezeichnet!
37 Zit. nach Gut, Albrecht III., S. 32.
38 Auch Kirschner (Der Schwiegersohn der Bernauerin, in: Unsere Heimat, Nr. 3, 1988, 129. Jg., 30. Sept. 1988) schreibt fälschlich, ohne Quellenangabe: „Mit Sibille, der angeblichen Tochter der Bernauerin, hatte Hartlieb drei Kinder. Gotthart war von 1496 bis 1521 herzoglicher Beamter in Tölz, dort siegelte er als Land- und Marktrichter Urkunden, von denen noch einige erhalten sind. Der zweite Sohn Eucharius wurde Abt des Klosters Rufach und die Tochter Dorothea verheiratete sich mit dem Münchner Patrizier Wilhelm Tichtl."
39 Siehe dazu Panzer, Barbara Blomberg, S. 30 ff.
40 Christine Klapisch-Zuber, Die Frau und die Familie, in: Der Mensch des Mittelalters, hrsg. V. Jacques Le Goff, S. 312 ff.; hier S. 325 f.
41 Richard van Dülmen, Kultur und Alltag in der Frühen Neuzeit, S. 134 ff.
42 Solleder, München im Mittelalter, S. 346.
43 Ebd., S. 346 f.
44 Zu Hartliebs Biografie und Werk Karl Drescher, Johann Hartlieb, Über sein Leben und seine schriftstellerische Tätigkeit. In: Euphorion 25 (1924) und 26 (1925); Andrea Klein, Der Literaturbetrieb am Münchner Hof im fünfzehnten Jahrhundert, Göppingen 1998.
45 Joseph Keim, Agnes Bernauer, in: Straubinger Lesebogen Nr. 1, 1969, S. 14.
46 Anonym, Agnes Bernauer oder Die Ruinen von Vohburg, ca. 1880, S. 14 ff.
47 Übersetzung zit. nach Keim, Agnes Bernauer, S. 5.
48 Laurentius Hochwart, De episcopis Ratisponensibus, in: Andreas F. Oefele, Scriptores Rerum Boicarum, III. Teil, Augsburg 1763, S. 220; hier zit. nach der Übersetzung bei Huber, Quellenlesebuch, S. 78.
49 Gemeiner, Regensburgische Chronik, Bd. III, S. 61 f.
50 Andreas von Regensburg, Chronica de principibus terrae Bavarorum, hrsg. v. G. Leidinger, Sämtliche Werke, München 1903, S. 582; hier zit. dt. Übers. Huber, Quellenlesebuch, S. 20.
51 Nach Keim, Agnes Bernauer, S. 3.
52 Mittermüller, Albert der Dritte, 1866/67, S. 14.
53 Lipowsky, Agnes Bernauerinn historisch, S. 27.
54 Ebd., S. 27 f.
55 Zit. nach ebd., S. 92/Anm. 57.
56 Siehe dazu Riezler, Agnes Bernauerin, S. 298: „Der Vorgang auf dem Regensburger Turnier ist zwar nicht völlig klar, immerhin aber wahrscheinlicher, dass Albrechts Zurückweisung wegen einer Ehe erfolgte als wegen eines Liebesverhältnisses." – Auch Riezler versteht „unee" als „Missehe"!
57 Lipowsky, Agnes Bernauerinn historisch, S. 26.

Kapitel 4: Die Bernauerin – „Duchessa" zu Straubing (S. 62–76)

1 Mittermüller, Albert der Dritte, 1866/67, S. 10.
2 Ebd.
3 Dazu Spindler, Bd. II, S. 274 ff.: Innere Entwicklung nach 1402 – Vertiefung der Teilung, Festigung der Teilherzogtümer.
4 Nach Schäfer/Scharrer/Stickroth, Straubing, Geschichte einer Stadt, S. 80 bis 90.
5 Schmidt/Reng, Straubinger Atlas, S. 73.

6 Johannes Turmair's Bayerische Chronik, hrsg. v. M. v. Lexer, Bd. 2, München 1886, 569 f.; zit. nach Huber, Quellenlesebuch, S. 75.
7 Aventinus, Annales Boiorum, VII, 25, in: Willibald Schmidt, Johannes Turmair, genannt Aventinus, Straubinger Hefte Nr. 16, Straubing 1966, 57 f.; zit. nach Hubers Übersetzung, Quellenlesebuch, S. 74.
8 Adlzreiter (Vervaux), 1662, zit. nach Keim, S. 6.
9 Hieronymus Ziegler, Illustrium Germaniae Virorum Historiae aliqot singulares, Ingolstadt 1562, 86 f.; zit. nach Huber, Quellenlesebuch, S. 77.
10 Viti monachi monasterii Eberspergensis Chronicon Bavariae, in: Andreas F. Oefele, Scriptores Rerum Boicarum, 2. Teil, Augsburg 1763, 729; zit. nach Hubers Übersetzung, Quellenlesebuch, S. 66.
11 Bei Lipowsky, Agnes Bernauerinn historisch, S. 95/Anm. 63.
12 Hatzold, Karmelitenkloster, S. 53.
13 Horchler, Agnes Bernauerin, S. 14.
14 Stadtarchiv München, Kammerrechnung 1434.
15 Riezler, Agnes Bernauerin, Urkundliche Beilagen, S. 328.
16 Riezler, Agnes Bernauerin, S. 294.
17 Märtl, Schauplätze, S. 156.
18 Dazu Georg Gilardone, Der Anteil Münchens am Tod der Agnes Bernauer, in: das Bayerland, 46, 1935, S. 545 ff.
19 Glaser, Agnes Bernauer, S. 86.
20 Dazu Marita A. Panzer, Sozialer Protest in süddeutschen Reichsstädten 1485 bis 1525, MBM Heft 104, München 1982; hier speziell 148 und Anm. 5: „Man fieng vil frauen … von red wegen, die martert man hart, den verbott man vil die statt."
21 Lipowsky, Agnes Bernauerinn historisch, S. 28.
22 Stiftungsbrief Albrechts III., 1447, zit. nach Lipowsky, Agnes Bernauerinn historisch, S. 96/Anm. 64.
23 Mader, Kunstdenkmäler, S. 273.
24 Zit. nach Georg Speckner, Die andere Agnes Bernauer, Artikel in: Neue Augsburger Zeitung, Nr. 18, 22. Jan. 1942 (Stadtarchiv Augsburg).
25 Bay. Hauptstaatsarchiv München, Abt. III: Geheimes Hausarchiv, Kopien, Drucke, Tafeln Nr. 112 (Kopie eines Briefes im Staatsarchiv Düsseldorf, Jülich-Berg, Literalien 1433).
26 Dieser Briefwechsel wird bei allen Bernauer- und Albrechtforschern angeführt, z. B. Mittermüller, Albert der Dritte, 1866/67, S. 12.
27 Genealogia Ducum Bav., zit. nach Lipowsky, Agnes Bernauerinn historisch, S. 96/Anm. 66.
28 Nach Mittermüller, Albert der Dritte, 1866/67, S. 15.
29 Lipowsky, Agnes Bernauerinn historisch, S. 29.
30 Vgl. dazu Schäfer/Böhm, Agnes Bernauer, S. 45 f.
31 Stahleder, Chronik Münchens, S. 303.
32 Ebd.
33 Zit. nach Schäfer/Böhm, Agnes Bernauer, S. 55.
34 Riezler, Geschichte Baierns, Bd. III, S. 318/Anm. 1.
35 Ebd.
36 Zit. nach Schäfer/Böhm, Agnes Bernauer, S. 61 f.; Schäfer gibt hier eine übersichtliche Zusammenfassung der Familienstreitigkeit und der Politik jener Monate (S. 45 ff.).
37 Vgl. ebd., S. 62 ff.
38 Zit. nach ebd., S. 64. – Huber, Quellenlesebuch, gibt den Brief vom 20. Mai 1435 wieder: „(…) So sein wir eu auch von gotlicher gesaze und vaterlicher treuen wegen schuldig, das wir eur wirde nuz und fromen stäticlich betrachten und

bewaren, das wir auch als ain getreuer vater gern tun wellen, und darinn gern eur lieb gar nichtz sparen: so seit ir uns von sönlicher undertenigkeit wegen schuldig, in allen sachen gevolgig und gehorsam zu sein. Darumb, lieber sün, so trauen wir eu wol, ir kompt … zu uns herauf, so wellen wir alle sach, die unßer und eur notdurft, auch wird und frommen antreffen sind, mit eu treulich und vaterlich reden und darauf eur antwort guetlich hören und eu unsern treuen rat mittailen. Wolt ir uns dann volgen, so solt ir und meniclich innen werden, daz wir eu sollichen nuz, fromen und wirde schaffen wellen, das ir uns treulich danken werdet. 8 (…) 9 Darumb, lieber sün, so last eu herinn nyempt anders raten, dann ir kompt zu uns hieher on alles verziehen (…)."

39 Zit. nach ebd., S. 69.
40 Kammerrechnung von München 1435, zit. nach Riezler, Agnes Bernauerin, Urkundliche Beilagen, S. 330.
41 Bay. Hauptstaatsarchiv München, Kurbayern Äußeres Archiv 1943, fol. 214, Riezler, Agnes Bernauerin, Urkundliche Beilage, S. 336; hier zit. nach Schäfer/Böhm, Agnes Bernauer, S. 72 f.; Huber, Quellenlesebuch, S. 24.
42 Vgl. dazu Schäfer/Böhm, Agnes Bernauer, S. 73; Riezler, Agnes Bernauerin, S. 316 f. und Urkundliche Beilage, S. 336 f.; Huber Quellenlesebuch, S. 24 f.
43 Schlosser, Agnes Bernauerin, S. 268 f.
44 Riezler, Agnes Bernauerin, S. 317.
45 Vgl. ebd., S. 317 f.

Kapitel 5: Agnes Bernawer – das „böse Weib" (S. 77–102)

1 Zit. in Übersetzung nach Huber, Quellenlesebuch, S. 55.
2 Hieronymus Ziegler, Illustrium Germaniae Virorum Historiae aliquot singulares, Ingolstadt 1562, S. 86 f.; zit. nach Huber, Quellenlesebuch, S. 77.
3 Lipowsky, Agnes Bernauerinn historisch, S. 31.
4 Vervaux, unter dem Namen Johann Adlzreiter veröffentlichte Annalen boicae gentis, hier zit. in dt. Übers. bei Keim, Agnes Bernauer, S. 6.
5 Lipowsky, Agnes Bernauerinn historisch, S. 103/Anm. 76.
6 Riezler, Geschichte Baierns, Bd. III, S. 320; Lipowsky, Agnes Bernauerinn historisch, S. 103/Anm. 75.
7 Genealogia Ducum Bavariae, in: Lipowsky, Agnes Bernauerinn historisch, S. 103/Anm. 75; auch bei Huber, Quellenlesebuch, S. 80.
8 Lipowsky, Agnes Bernauerinn historisch, S. 31–35.
9 Nach Märtl, Straubing, in: Schauplätze, S. 158.
10 Spindler, Handbuch, Bd. II, S. 270.
11 Vgl. dazu Bosl, Bayerische Geschichte, S. 123.
12 Lipowsky, Agnes Bernauerinn historisch, S. 103 f./Anm. 76.
13 Mondschein, Fürstenurkunden, S. 16.
14 Reitmeier/Stammberger, Agnes Bernauer, S. 135 f./Anm. 70.
15 Mittermüller, Albert der Dritte, S. 15 f.
16 Lipowsky, Agnes Bernauerinn historisch, S. 105 f./Anm. 79.
17 Dies belegt auch Horchler, Agnes Bernauerin, S. 20.
18 Vgl. dazu Karolin Grisard, Frauen im Strafrecht, in: Stadt der Frauen, hrsg. v. A. Kuhn, 1994, S. 107 ff.
19 Schmidt/Reng, Straubinger Atlas, S. 73.
20 Schlaefer, 500 Jahre Bschlacht, S. 1 u. 5 (Druck, Stadtarchiv Straubing).
21 Vgl. dazu Huber/Krenn, Straubing, S. 18 f.; Schäfer/Scharrer/Stickroth, Straubing, Geschichte einer Stadt, S. 90.

22 Aventin, Annales boicae gentis, hier zit. nach Keim, Agnes Bernauer, S. 5; auch der Chronist Gasser/Gassarus schreibt von einer Säckung (vgl. Horchler, Agnes Bernauerin, S. 21).
23 Riezler, Geschichte Baierns, Bd. III, S. 320 f.
24 Wie dies der Romanschriftsteller Manfred Böckl in seinem Beitrag „Die Säckung von Straubing" (in: Fürstenmord und Hexenbrand, S. 51–60) fälschlich darstellt!
25 W. Menzel, Geschichte der Deutschen, Stuttgart/Tübingen 1843, 4. Aufl., S. 540; zit. nach Huber, Quellenlesebuch, S. 155.
26 Reitmeier u. Stammberger: Agnes Bernauer, Historienspiel, S. 82.
27 Johann Adlzreiter von Tettenweis/Johannes Vervaux, Annales Boicae gentis, München 1662, Teil 2, Buch VII, S. 164 f.; hier zit. nach Huber, Quellenlesebuch, S. 86 ff.
28 Rosendorfer, historische Bernauerin, S. 430.
29 Riezler, Geschichte Baierns, Bd. III, S. 321.
30 Gilardone, Anteil Münchens, S. 545.
31 Ogris, Tatort Rechtsgeschichte, S. 193.
32 Lipowsky, Agnes Bernauerinn historisch, S. 43 f.
33 Bayer. Hauptstaatsarchiv München, Kurbayern Äußeres Archiv, fol. 300 f. – Auch bei Huber, Quellenlesebuch, S. 28 ff.
34 Lipowsky, Agnes Bernauerinn historisch, S. 29.
35 Instruktion für Aichstätter, zit. nach Lipowsky, Agnes Bernauerinn historisch, S. 95 f./Anm. 67; siehe auch Beilage!
36 Schäfer/Böhm, Agnes Bernauer, S. 83.
37 Wolfgang Behringer, Hexenprozesse und Hexenverfolgungen, in: Hexenwelten, hrsg. v. R. v. Dülmen, S. 133.
38 Dazu Nina Matuszewski, Magie, Zauberei und Hexenglaube, in: Stadt der Frauen, hrsg. v. A. Kuhn, S. 181 ff.
39 Eva Labouvie, Hexenspuk und Hexenabwehr, in: Hexenwelten, hrsg. v. R. v. Dülmen, S. 55.
40 Riezler, Hexenprozesse, S. 65.
41 Ebd., S. 63 f.
42 Mittermüller, Albert der Dritte, S. 17/Anm. 6
43 Manfred Böckl, Agnes Bernauer: Hexe, Hure, Herzogin, Berlin 1996 (Roman).
44 Zit. nach Keim, Agnes Bernauer, S. 6.
45 Rosendorfer, historische Bernauerin, S. 434.
46 Nach Märtl, Straubing, in: Schauplätze, S. 158.
47 Piccolomini, De viris illustribus, zit. nach Hubers Übersetzung, Quellenlesebuch, S. 56.
48 J. H. v. Falckenstein, Vollständige Geschichte der alten, mittleren und neueren Zeiten des großen Herzogtums und ehemaligen Königreichs Bayern. Dritter Teil. München, Ingolstadt und Augsburg 1763, III. Kap./§ II; hier zit. nach Glaser, Agnes Bernauer, Dokumentation, S. 93.
49 Bosl, Agnes Bernauer, Vorträge, S. 177.
50 Stellvertretend Horchler, Agnes Bernauerin, S. 25.
51 Bayer. Hauptstaatsarchiv München, Kurbayern Äußeres Archiv 1943, fol. 300 f.: Instruktion für den Gesandten Aichstetter vom 28. Okt. 1435, auch bei Glaser, Agnes Bernauer, Dokumentation, S. 88 f.; auch bei Huber, Quellenlesebuch, S. 28 ff.
52 Märtl, Straubing, in: Schauplätze, S. 163.
53 Riezler, Agnes Bernauerin, Urkundliche Beilage, Nr. 12, S. 344 f.
54 Schäfer/Böhm, Agnes Bernauer, S. 88 f.
55 Zit. nach Huber, Quellenlesebuch, S. 144.

56 Vgl. Spanner, Straubinger Straßennamen, S. 38.
57 Ricarda Huch, Lebensbilder deutscher Städte, Bremen Nachdruck 1960, S. 422 f.
58 Siehe Instruktion für den Gesandten Aichstetter v. 28. Okt. 1435, in: Huber, Quellenlesebuch, S. 28 ff.
59 Gilardone, Der Anteil Münchens, S. 550 f.
60 Kammerrechnung der Stadt München, 22. Okt. 1435, zit. nach Riezler, Agnes Bernauerin, Urkundliche Beilage, S. 330. – Stahleder, Chronik Münchens, S. 303.
61 Stahleder, Chronik Münchens, S. 303.
62 Georg Gilardone, Der Anteil Münchens am Tod der Agnes Bernauer, in: Das Bayerland 46, 1935, S. 545 ff.
63 Kammerrechnung der Stadt München, vor 11. Nov. 1435, zit. nach Riezler, Agnes Bernauerin, Urkundliche Beilage, S. 330.
64 Riezler, Agnes Bernauerin, S. 330/Anm. 1.
65 Horchler, Agnes Bernauerin, S. 24.
66 Hans Vicari, Zweimal dasselbe Anwesen, in: Straubinger Tagblatt v. 10. 01. 1998, Nr. 7, S. 45 (Stadtarchiv Straubing).
67 Riezler, Geschichte Baierns, Bd. III, S. 321. – Siehe auch Horchler, Agnes Bernauerin, S. 23 f.
68 Wimmer, Sammelblätter, S. 78.
69 Artikel „Verkehrsfalle wird aufgelassen", in: Straubinger Tagblatt v. 16. 09. 1968 (Stadtarchiv Straubing).
70 Hans Vicari, Zweimal dasselbe Anwesen, in: Straubinger Tagblatt v. 10. 01. 1998, Nr. 7, S. 45 (Stadtarchiv Straubing).

Kapitel 6: Abschied von Agnes – „nicht wieder eine Bernauerin" (S. 103–133)

1 Horchler (Agnes Bernauerin, S. 25) zitiert hier den Chronisten Trithemius.
2 Zit. nach Lipowsky, Agnes Bernauerinn historisch, S. 116/Anm. 88.
3 Hatzold, Karmelitenkloster, S. 51 f.
4 Nach Horchler, Agnes Bernauerin, S. 25.
5 Lipowsky, Agnes Bernauerinn historisch, S. 37 f.
6 Nach Horchler, Agnes Bernauerin, S. 26; die Chronisten sind Sunthemius und Trithemius!
7 Gut, Albrecht III., S. 23.
8 Instruktion an den Kaiser, zit. nach Huber, Quellenlesebuch, S. 29 f.; auch bei Riezler, Agnes Bernauerin, Urkundliche Beilagen, Nr. 12, S. 343.
9 Riezler, Agnes Bernauerin, Urkundliche Beilage, Nr. 12, S. 343.
10 Kammerrechnung der Stadt München 1435, zit. nach Huber, Quellenlesebuch, S. 26 f.
11 Spindler, Handbuch, Bd. II, S. 258 f.
12 Zit. nach Huber, Quellenlesebuch, S. 41.
13 Dazu Spindler, Handbuch, Bd. II, S. 257–259.
14 Kammerrechnung der Stadt München 1435, zit. nach Riezler, Agnes Bernauerin, Urkundliche Beilage, S. 331.
15 Stahleder, Chronik Münchens, S. 304.
16 Ebd.
17 Riezler, Geschichte Baierns, Bd. III, S. 324.
18 Stahleder, Chronik Münchens, S. 304 f.
19 Riezler, Geschichte Baierns, Bd. III, S. 325.
20 Nach Gut, Albrecht III., S. 24.

21 Zit. nach Huber, Quellenlesebuch, S. 44.
22 Stahleder, Chronik Münchens, S. 305.
23 Gut, Albrecht III., S. 27. – Der Albrecht-Biograf Mittermüller vertrat die Auffassung, dass Albrecht von Anfang an mit Wissen des Vaters bei den Ingolstädter Herzögen für den Erhalt des Friedens sprechen sollte, Ernst selbst wollte sich dem Landshuter widmen. Albrecht hätte damit eine Vermittlerrolle eingenommen, die aber nicht von Erfolg gekrönt war. Wenn diese beiderseitige Unterhändlerrolle stimmt, dann sind allerdings die nachfolgenden Kriegshandlungen im Frühling 1536 zwischen Albrecht und Heinrich nicht überzeugend zu erklären.
24 Staubner, Die Herzöge von München, in: Herrscher Bayerns, hrsg. v. Schmid/ Weigand, S. 152.
25 Staubner, Herzöge von München, in: Herrscher Bayerns, hrsg. v. Schmid/ Weigand, S. 152.
26 Riezler, Geschichte Baierns, Bd. III, S. 323.
27 Ebd.
28 Der gesamte Text der Seelgerätstiftung bei Mondschein, Fürstenurkunden, S. 17–21; auch bei Huber, Quellenlesebuch, S. 33–38.
29 Stiftungsbrief 1435, bei Huber, Quellenlesebuch, S. 34 ff.
30 Gesamter Text bei Solleder, Urkundenbuch Straubing, Nr. 69, S. 66–70; auch bei Huber, Quellenlesebuch, S. 48–52.
31 Deckert, Jubiläumschronik Karmel, S. 342.
32 Zit. nach Huber, Quellenlesebuch, S. 161.
33 Spanner, Straubinger Straßennamen, S. 7.
34 Königlich-Baierisches Straubinger Intelligenzblatt, Straubing, Montag den 8. Juni 1812, Sp. 349 (Stadtarchiv Straubing).
35 Ludwigs Gedichte erschienen im Verlag Cotta 1829 und 1847 jeweils in zwei Bänden; hier aber zit. nach Karl Firsching, Ludwig I. von Bayern und Agnes Bernauer, in: Straubinger Tagblatt v. 18. April 1998, S. 40 (Stadtarchiv Straubing).
36 Karl Ludwig Graul, Agnes Bernauer, Ein Sonettenkranz, (gedruckt) Augsburg 1853; Inhalt: zuerst Widmung „An König Maximilian II. von Bayern, 1848", in zwei Sonetten; dann folgt die Geschichte von „Albrecht und Agnes" in 15 Sonetten.
37 Deckert, Jubiläumschronik Karmel, S. 346.
38 Mitteilung der Regierung v. Niederbayern in Landshut vom 2. Nov. 2006.
39 Deckert, Jubiläumschronik Karmel, S. 67.
40 Ebd., S. 73.
41 Veit Arnpeck, Bayernchronik, hrsg. Leidinger, S. 668; hier zit. nach Keim, Agnes Bernauer, S. 4.
42 Aventinus, Annales boicae gentis, Akademieausgabe, Bd. 2, S. 516; hier in dt. Übers. zit. nach Keim, Agnes Bernauer, S. 5.
43 Mondschein, Fürstenurkunden, S. 24–27; Huber, Quellenlesebuch, S. 44 ff.
44 Originalinschrift: A° + D + M° + cccc° + xxx° + vi° (!) + xii + die octobris + obiit + agnes Bernawerin + requiescat + in + pace +
45 Auch Horchler (Agnes Bernauerin, S. 23) meint dazu: „(…); die Grabinschrift wurde aber erst später verfasst, sodass der Irrtum leicht sich einschleichen konnte. Gerade diese Jahreszahl (1436!) ist in populäre Darstellungen der Agnes Bernauer Geschichte vielfach übergegangen. Wir haben aber hinlängliche Beweisgründe dafür, dass Agnes nur im Jahre 1435 ertränkt worden sein kann." Horchler führt dann vor allem die Seelgerätstiftung Albrechts vom 12. Dez. 1435 für Agnes an. – Heute wird das Todesdatum (12. Oktober 1435) nicht mehr bezweifelt.
46 Stellvertretend Schäfer, in: Schäfer/Böhm, Agnes Bernauer, S. 94: „ (…) der Epitaph mit der Darstellung der Verstorbenen (…), deren Antlitz den Wassertod ver-

rät (...)." – Ebenso früher schon Horchler, Agnes Bernauerin, S. 28: „(...) Wangen, Lippen und Finger sind stark aufgeschwollen wie bei Ertrunkenen."

47 Dazu Horchler, Agnes Bernauer, S. 29.

48 Keim, Agnes Bernauer, S. 10.

49 Dülmen, Kultur und Alltag, S. 141 ff.

50 Horchler, Agnes Bernauerin, S. 28 f.

51 Meyer, Galerie hist. Erzählungen, 1873, S. 456 f.

52 Folgende Ausführungen zur Tiersymbolik nach Schauberg, Vergleichendes Handbuch der Symbolik, 1861, Bd. II, S. 395 ff.

53 Siehe dazu Briefwechsel bei Lipowsky, Agnes Bernauerinn historisch, S. 188–191; zit. nach Horchler, Agnes Bernauerin, Beilagen, Bericht und Erwiderung über die Hebung des Grabsteines in der Agnes Bernauer-Kapelle im Jahre 1785, S. 44 f.

54 Meidinger, Historische Beschreibung, S. 199.

55 Zit. nach Horchler, Agnes Bernauerin, S. 32.

56 Ebd.

57 Joseph Scherer, Die Reliquien der Agnes Bernauerin betreffend, in: Teutoburg, Zeitschrift für die Geschichte, Heft 2, München 1815; hier zit. nach Huber, Quellenlesebuch, S. 140.

58 Keim, Agnes Bernauer, S. 15.

59 Augsburger Allgemeine Zeitung, Nr. 239, v. 17. 10. 1969 (Augsburger Stadtarchiv, Dokumentation A 12).

60 Deckert, Jubiläumschronik Karmel, S. 134.

61 Ebd., S. 141 f.

62 Ebd., S. 142.

63 Ebd., S. 141 f.

64 Diese Informationen und Überlegungen verdanke ich Pater Englmar aus dem Straubinger Karmelitenkloster!

65 Deckert, Jubiläumschronik Karmel, S. 140 f.

66 Mai/Popp, Visitationsprotokoll, in: Beiträge zur Geschichte des Bistums Regensburg, Bd. 18, S. 48; dt. Übers. zit. Huber, Quellenlesebuch, S. 66 f.

67 Deckert, Jubiläumschronik Karmel, S. 344–346.

68 Gemeiner, Regensburgische Chronik, Bd. III, S. 31 f.

69 Stahleder, Chronik Münchens, S. 306.

70 Kammerrechnung der Stadt München 1436/37, S. 56v; Stahleder, Chronik Münchens, S. 307.

71 Stahleder, Chronik Münchens, S. 307.

72 Vgl. Riezler, Geschichte Baierns, Bd. III, S. 328; Stahleder, Chronik Münchens, S. 308.

73 Mittermüller, Albert der Dritte, I, S. 22.

74 Zit. nach Horchler, Agnes Bernauerin, S. 34.

75 Ebd., S. 35.

76 Spindler, Handbuch, Bd. II, S. 286.

77 Mittermüller, Albert der Dritte, I, S. 23.

78 Zit. nach Reisinger, Die Wittelsbacher, S. 42.

79 Valentin, Wittelsbacher und ihre Künstler, S. 24 f.

80 Nach ebd., S. 26.

81 Mittermüller, Albert der Dritte, II, S. 40.

82 Nach Gemeiner, Regensburgische Chronik, Bd. III, S. 328.

83 Mittermüller, Albert der Dritte, II, S. 40 f.

84 Anna war in zweiter Ehe mit Herzog Friedrich II. von Braunschweig-Kalenberg, genannt der Stürmische, verbunden gewesen, aber bereits 1467 nach Bayern zurückgekehrt.

85 Lipowsky, Agnes Bernauerinn historisch, S. 100/Anm. 71.
86 Zit. nach Spindler, Handbuch, Bd. II, S. 1119.
87 Gemeiner, Regensburgische Chronik, Bd. III, S. 328.
88 Zit. nach Lipowsky, Agnes Bernauerinn historisch, S. 118/Anm. 95.
89 Mittermüller, Albert der Dritte, II, S. 44.
90 Ebd.

Kapitel 7: Mythos Agnes Bernauer – Verklärung und Vermarktung (S. 134–158)

1 Ogris, Tatort Rechtsgeschichte, S. 194.
2 Siehe dazu das Verzeichnis der musikalisch-literarischen Erzeugnisse, S. 162–166.
3 Christian Meyer, Agnes Bernauer, 1906, S. 82.
4 Dazu Dünninger, Agnes Bernauer, S. 23 ff.
5 Bruckbräu, Agnes Bernauer, S. 592 f./Anmerkung.
6 Pörnbacher, Agnes Bernauer – Literatur und Wirklichkeit, S. 109.
7 J. G. Büsching (Hrsg.): Der Deutschen Leben, Kunst und Wissen im Mittelalter, Bd. 1, Breslau 1817, S. 409–412.
8 Dünninger, Agnes Bernauer, S. 25.
9 Zit. nach ebd., S. 26.
10 Deininger, Agnes Bernauer wirklich eine Augsburgerin?, in: Neue Augsburger Zeitung v. 10. Okt. 1935 (Stadtarchiv Augsburg, Dokumentation).
11 Agnes Miegel, Agnes Bernauerin, in: Gesammelte Balladen, Düsseldorf 1953, S. 83; hier zit. nach Glaser, Agnes Bernauer, Dokumentation/Texte, S. 124.
12 Pörnbacher, Agnes Bernauer, S. 111.
13 Dünninger, Agnes Bernauer, S. 29.
14 Zit. nach Konrad, Patriotendrama – Fürstendrama, S. 45.
15 Zit. nach Schäfer/Böhm, Agnes Bernauer, S. 123: Holzschnitt mit dem Gedicht Kobells.
16 Friedrich Hebbel, Agnes Bernauer, Reclam Stuttgart 2001, Zur Entstehung des Werkes, S. 108.
17 Ebd., S. 108.
18 Ebd., S. 109.
19 Hebbel, Agnes Bernauer, Zur Entstehung des Werkes, S. 110.
20 Zit. nach Leuschner-Meschke, Das unvollendete dramatische Lebenswerk, S. 14.
21 Christian Meyer, Agnes Bernauer, 1906, S. 82.
22 Dünninger, Agnes Bernauer, S. 33.
23 Otto Ludwig, Fassung Heft 7, S. 80 und Heft 8, S. 35a; zit. nach Leuschner-Meschke, Das unvollendete dramatische Werk, S. 27.
24 Zit. nach Leuschner-Meschke, Das unvollendete dramatische Lebenswerk, S. 17.
25 Otto Ludwig, Heft 7, S. 191, Heft 8, S. 77a; zit. nach Leuschner-Meschke, Das unvollendete dramatische Lebenswerk, S. 35.
26 Leuschner-Meschke, Das unvollendete dramatische Lebenswerk, S. 54 f.
27 Ebd., S. 59 f.
28 Siehe: Aufstellung der literarisch-musikalischen Bearbeitungen des Agnes-Bernauer-Stoffes im Anhang!
29 Bruckbräu, Agnes Bernauer, Roman, S. 49.
30 Albert Liebold, Der Engel von Augsburg, Roman, Leipzig 1936, S. 96 f.
31 Glaser, Agnes Bernauer, S. 102.
32 Ebd.

33 Pörnbacher, Agnes Bernauer, S. 115.
34 Dünninger, Agnes Bernauer, S. 31.
35 Lenz Prütting, Greifs Bernauer-Stück in neuer Bearbeitung, in: Programmheft der Agnes-Bernauer-Festspiele, Vohburg 2001, S. 15–17 (Archiv des Festspielvereins Vohburg).
36 Josef Steinberger sen., 250 Jahre Katholische Bürgersöhne – Gesellenverein – Kolpingfamilie, in: Historische Beilage Nr. 4/2001 und Nr. 5/2001, Veröffentlichung der Stadt Vohburg (Stadtarchiv Vohburg).
37 Prospekt der Agnes Bernauer Festspiele, 14. 06.–15. 07. 2001 (Archiv des Festspielvereins Vohburg).
38 Lenz Prütting, a.a.O.
39 Laut Sepp Steinberger jun., Agnes-Bernauer-Festausschuss Vohburg und Darsteller von Herzog Ernst 2005.
40 Dazu vor allem Werner Schäfer, Agnes Bernauer in Straubing, Das Festspiel – der Festspielverein, Straubing 2003; Schäfer/Böhm, Agnes Bernauer, S. 173 ff.; Susanne Schemschies, agnes b., Die Agnes-Bernauer Festspiele in Straubing, Magisterarbeit Regensburg 1997 (Typoskript, Stadtarchiv Straubing); Brigit Floßmann, Die Agnes-Bernauer-Festspiele in Straubing, Zulassungsarbeit 1978 (Typoskript, Stadtarchiv Straubing).
41 Bayerische Ostmark v. 25. Febr. 1935, zit. nach Schemschies, agnes b., S. 38.
42 Zit. nach Schäfer/Böhm, Agnes Bernauer, S. 176.
43 Bayerische Ostmark, Nr. 183, v. 10. Aug. 1935 (Archiv des Festspielvereins Straubing).
44 Straubinger Tagblatt v. 16. Aug. 1935 (Archiv des Festspielvereins Straubing).
45 Werbeplakat für die Agnes-Bernauer-Festspiele 1937 (Archiv des Festspielvereins Straubing).
46 Eugen Hubrich, Die Agnes Bernauer in Straubing, Textbuch 1935, S. 14.
47 Der Engel von Augsburg, Das Schicksal der Agnes Bernauer in Geschichte, Sage und Dichtung, in: Der Führer, 12. Juli. 1935 (Stadtarchiv Augsburg, Dokumentation).
48 Eugen Hubrich, Die Agnes Bernauer in Straubing, Textbuch 1935, S. 27.
49 Zit. nach Schäfer/Böhm, Agnes Bernauer, S. 183.
50 Dorothea Roth, Die schöne Baderstochter rührt die Niederbayern, Agnes-Bernauer-Festspiele in Straubing, in: Süddeutsche Zeitung v. 20. 07. 1960 (Stadtarchiv Augsburg, Dokumentation A12).
51 Zit. nach Schäfer/Böhm, Agnes Bernauer, S. 193 f.
52 Reitmeier/Stammberger, Agnes Bernauer, Historienspiel, S. 108: Zwischentext XV.
53 http://www.andechs.de/veranstaltungen/orff_in_andechs/orff_produktion_die_bernauerin.asp (Ankündigungstext zu „Die Bernauerin" 2006)
54 Hans Geißler, Aus der Liebesheirat wird die Staatsaffäre, in: Münchner Merkur v. 11. Juli 1963 (Stadtarchiv Augsburg, Dokumentation, A 5) und Pörnbacher, Agnes Bernauer, S. 114.
55 C. Orff, Die Bernauerin, In: Baierisches Welttheater, 1957; hier zit. nach Glaser, Agnes Bernauer, Texte, S. 136.
56 Dünninger, Agnes Bernauer, S. 32.
57 Kalender für katholische Christen auf das Jahr 1848, S. 104 ff., zit. Huber, Quellenlesebuch, S. 160.
58 Nach Bauer, Das Unglück der Bernauerin, in: Unsere Heimat, 1/2001, S. 4 (zwei Abb. mit Text).
59 Taschenbuch für die vaterländische Geschichte, 19. Jg., NF, Berlin 1848, VIII; zit. Huber, Quellenlesebuch, S. 160.

60 Deininger, Agnes Bernauer wirklich eine Augsburgerin?, in: Neue Augsburger Zeitung v. 10. Okt. 1935 (Stadtarchiv Augsburg, Dokumentation)
61 Huber/Krenn, Straubing, S. 15 f.
62 Erläuterungen der Künstlerin Antje Tesche-Mentzen, Kunstwettbewerb, Januar 1995 (Privatarchiv Joseph Pflügl, Vohburg).
63 Pflügl, Vohburg, S. 82 ff: Vohburg als Stadt der Paddler.

Epilog (S. 149)

1 Nach John L. Flood.
2 Otto Ludwig, Heft 34, S. 63; zit. nach Leuschner-Meschke, Das unvollendete dramatische Lebenswerk eines Epikers, S. 68.

Verzeichnis der literarisch-musikalischen Bearbeitungen des Agnes-Bernauer-Stoffes (S. 162–166)

1 Grundlage dieser Liste: Glaser, Agnes Bernauer, Literaturverzeichnis, Agnes Bernauer als literarisches Motiv, S. 181–184; Leuschner-Meschke, Das unvollendete dramatische Lebenswerk, Bernauer-Gestaltungen, S. 103 f. – Die beiden Aufstellungen wurden überarbeitet, ergänzt und fortgeschrieben in der Hoffnung, das Gros der literarisch-musikalischen Produktionen erfasst zu haben.

Quellen und Literatur

Ungedruckte Quellen und Archivalien

Bayerisches Hauptstaatsarchiv München

Gemeiners Nachlaß, Karton Nr. 4, 5, 6, 45, 47
Kurbayern Äußeres Archiv (früher Fürstensachen/Fürstenbücher) 1943, 1944, 1946
Kurbayern Urkunden 18592, 18645

Bayerisches Hauptstaatsarchiv München/Abt. III.: Geheimes Hausarchiv

Handschriften Nr. 2, 3, 34, 53, 114, 244, 367
Hausurkunden Nr. 344, 354, 359, 360, 361, 489, 504, 508, 508½, 509, 510
Hofhaushaltsakten Nr. 5
Kopien, Drucke, Tafeln Nr. 52, 79, 106, 112
Korrespondenzakten Nr. 543, 544, 551½
Wittelsbacher Bildersammlung

Stadtarchiv München

Kammerrechnungen der Stadt München 1428 bis 1436, Nr. 47–55
Steueramt Nr. 584 (Hussitensteuer-Liste, datiert Frühjahr 1428)

Stadtarchiv Augsburg

Augsburger Häusergeschichte von Anton Werner, hschr. Exemplar, o. O. o. J.
Bürgerverzeichnis der Stadt Augsburg von 1288–1499
Dokumentation, 1205, A3, A4, A5, A12 (betr. Agnes Bernauer, Zeitungsartikel und Abbildungen)
Handwerkerakten Nr. 4: Zünfte-Akten, Bader und Barbiere, fasc. 1; Nr. 15: Bader und Barbiere, fasc. 16.
Stadtpläne der Reichsstadt Augsburg Nr. 747 (Stadtplan 1521 von Georg Christoph Kilian)
Steuerregister und Steuerbücher 1408, 1409, 1413, 1418, 1422, 1427, 1428, 1434
Steuerumgang

Stadtarchiv Straubing

Das Straubinger Stadtarchiv verfügt über keine einschlägigen handschriftlichen Urkunden, Akten u. ä. zum Thema. Hilfreich erwies sich jedoch die Sammlung belletristischer und wissenschaftlicher Literatur zur „Agnes Bernauer" (siehe unten bei Literatur und in der Zusammenstellung literarischer Bearbeitungen im Anhang) sowie Foto- und Bildsammlungen.
Zudem:
Fürsten-Urkunden zur Geschichte der Stadt Straubing, hrsg. v. Johannes Mondschein (Verhandlungen des hist. Vereins in Landshut, XXV. Bd.).
Königlich-Baierisches Straubinger Intelligenzblatt v. 8. Juni 1812 (Artikel über den Besuch des Kronprinzen Ludwig (I.) mit Gemahlin Therese in Straubing)
Pommer, Christoph Markus: Gedanken zum Agnes-Bernauer-Denkmal. (Typoskript).

Regesten zu Straubinger Urkunden, Bd. I., Regesten Nr. 1–623, zusammengestellt von Adalbert Scherl, Straubing 1988.
Schlaefer, Max: 500 Jahre Soßauer „Bschlacht" vor den Toren Straubings. Straubing 1984 (Druck).
Straubinger Tagblatt v. 18. April 1998 (Artikel: Ludwig I. von Bayern und Agnes Bernauer von Dr. Karl Firsching)
Urkundenbuch der Stadt Straubing, bearb. von Dr. Fridolin Solleder, Bd. I, Straubing 1911–1918 (umfasst die Zeit von 1271–1446)

Stadtarchive Geisenfeld, Pfaffenhofen und Vohburg sowie Gemeindearchiv Hohenwart

Nachfragen und Recherchen in diesen Archiven förderten keine handschriftlichen Quellen zu Tage, wohl aber Ortschroniken, heimatgeschichtliche Werke, Aufsätze, Buchbeiträge, Zeitungsartikel sowie Abbildungen zur Lokalgeschichte:

Bauer, Johann: Das Unglück der Bernauerin in schrecklicher Zeit. In: Unsere Heimat, Hist. Blätter für den Landkreis Pfaffenhofen, Jg. 142, Nr. 1/2001; Jg. 143, Nr. 1/2002; Jg. 143, Nr. 2/2002; Jg. 143, Nr. 3/2002, jeweils S. 1 ff. (Stadtarchiv Pfaffenhofen).
Binder, J.: Urkunden aus alter Zeit: Der von Pfaffenhouen verschreibung vmt das padhavs daselbs, 1482 (und) Der von Pfaffenhouen Verschreibung vmb den Zins So sy vnns von vnnserm padhavs daselbst geben, 1482. In: Unsere Heimat, Blätter für Hallertauer Heimatkunde, Nr. 5, Nov. 1924. (Stadtarchiv Pfaffenhofen).
Chronik des Kloster und Marktes Hohenwart, Zeitungsartikel 1909 (Gemeindearchiv Hohenwart, Zeitungsausschnittsammlung).
Eberle, Joseph: Das Wichtigste über Kloster und Markt Hohenwart. Aus den Urkunden und Akten zusammengestellt 1846. (Gemeindearchiv Hohenwart).
Erinnerungsblatt an die Aufstellung des Denkmals auf der Schlossruine zu Vohburg. Am 17. April 1854. (Stadtarchiv Vohburg, A Nr. 6/k/12).
Geistbeck, Johann: Entwicklungsgeschichte von Geisenfeld und Umgebung. 21 Bände, Geisenfeld 1941 (Typoskript Stadtarchiv Geisenfeld).
Grünwald, Andreas: Handschriftliche Chronik, verfasst um 1877; Typoskript von Sr. Fabiola Hubermeier und Sr. Gudberta Eichseer 2002. (Gemeindearchiv Hohenwart).
Kirschner, Max: Der Schwiegersohn der Bernauerin. In: Unsere Heimat, Historische Blätter für den Landkreis Pfaffenhofen, Nr. 1, 1976, 117. Jg. und Nr. 3, 1988, 129. Jg. (Stadtarchiv Paffenhofen).
Kirschner, Max: Der Schwiegersohn der Bernauerin. In: Unsere Heimat, 113. Jg., Neue Folge, Nr. 4, 1972, S. 204. (Stadtarchiv Pfaffenhofen).
Kirschner, Max: Die Hochzeit der Bernauerin. In: Unsere Heimat, 126. Jg., Nr. 3, 1985, S. 9. (Stadtarchiv Pfaffenhofen).
Kirschner, Max: Die Vohburg. In. D'Hopfakirm Nr. 2, Heimatkundliche Schriftenreihe des Landkreises Pfaffenhofen a. d. Ilm 1976. (Stadtarchive Vohburg und Pfaffenhofen).
Kirschner, Max: Die Vohburger Tage der Bernauerin. In: Unsere Heimat, 105. Jg., Neue Folge, Nr. 2, Okt. 1964, S. 5 f. (Stadtarchiv Pfaffenhofen).
Kirschner, Max: Neue geschichtliche Erkenntnisse in und um Vohburg. In: D'Hopfakirm Nr. 9, Heimatkundliche Schriftenreihe des Landkreises Pfaffenhofen a. d. Ilm 1984. (Stadtarchive Vohburg und Pfaffenhofen).
Kirschner, Max: Wann hat Herzog Albrecht die Bernauerin geheiratet? In: Unsere Heimat, 124. Jg., Nr. 1, 1983, S. 1f. (Stadtarchiv Pfaffenhofen).

Rabitsch, L.: Das „Herzogliche Bad" in Pfaffenhofen. In: Unsere Heimat, Blätter für Hallertauer Heimatkunde, Nr. 1, Sept. 1921. (Stadtarchiv Pfaffenhofen).
Sader, Alfred: Hohenwarter Heimatbuch. Geschichte von Hohenwart, den umliegenden Dörfern, Weilern und Einödhöfen (unter Mitarb. von Ernst Petz). Horb am Neckar 1995.
Streidl, Heinrich: Häuserchronik der Stadt Pfaffenhofen a. d. Ilm. Pfaffenhofen 1982. (Stadtarchiv Pfaffenhofen).
Streidl, Heinrich: Stadt Pfaffenhofen a. d. Ilm. Ein Heimatbuch. Pfaffenhofen 1979. (Stadtarchiv Pfaffenhofen).
Trost, Michael: Geschichte des Marktes Geisenfeld. Geisenfeld 1877. (Auszug Stadtarchiv Geisenfeld).

Archive der Festspielvereine Straubing und Vohburg

Historie der Vereine
Festspielpraxis
Festpielprogramme und Broschüren
Rezensionen und Zeitungsartikel
Plakate und Abbildungen.

Privatarchiv Joseph Pflügl (Vohburg)

Antje Tesche Mentzen, München, an die Stadt Vohburg, Betreff: Kunstwettbewerb für ein Denkmal am Burgtor, Thema: Agnes Bernauer. Brief v. Januar 1995.

Gedruckte Quellen und Editionen

Zuerst sei genannt, das Buch (mit ausführlichem Quellen- und Autorenverzeichnis) von

Huber, Alfons: Agnes Bernauer im Spiegel der Quellen, Chronisten, Historiker und Literaten vom 15. bis zum 20. Jahrhundert. Ein Quellen- und Lesebuch. Straubing 1999.

Des weiteren:

Adlzreiter von Tettenweis, Johann – Vervaux, Johannes: Annales Boicae gentis. 3 Bände, München 1662.
Andreas von Regensburg: Chronica de principibus terrae Bavarorum. In: Sämtliche Werke, hrsg. von Georg Leidinger, München 1903 (Quellen und Erörterungen zur bayerischen und deutschen Geschichte, N. F., Bd. 1; Neudruck Aalen 1969).
Anonyme Chronik (von Augsburg) 991–1483. In: Die Chroniken der schwäbischen Städte, Augsburg, Bd. 3, bearb. von F. Roth, Göttingen–Zürich 1965.
Arnpeck, Veit: Sämtliche Chroniken, hrsg. von Georg Leidinger, München 1915.
Aventinus (siehe unten Lexer!)
Aventinus, Johannes: Baierische Chronik, hrsg. von Georg Leidinger, München 1926.
Chronik von der Gründung der Stadt Augsburg bis zum Jahre 1469, in: Chroniken der schwäbischen Städte, Augsburg, Bd. 4, bearb. von F. Frensdorff, Göttingen–Zürich 1965.
Chroniken der Stadt Augsburg von 1368 bis 1406 mit Fortsetzung bis 1447.

Die Chroniken der Stadt Augsburg, hrsg. Von G. von Below, K. Hegel. J. Hansen. Leipzig 1865 und Stuttgart 1929, Bde. 1–9.
Frank, Johannes: Augsburger Annalen von 1430–1462, in: Die Chroniken der schwäbischen Städte, Augsburg, Bd. 5, bearb. von F. Roth, Göttingen–Zürich 1966.
Füetrer, Ulrich: Bayerische Chronik (im Auftrag von Herzog Albrecht IV.), hrsg. von R. Spiller, München 1909.
Gasser, Achilles Pirmin: Annales civitatis ac rei publicae Augsburgensis, in: Johann Burkhard Mencke, Scriptores rerum Germanicarum, praecipue Saxonicarum, Bd. 1, Leipzig 1728.
Geiß, Ernst: Beitrag zur Geschichte der Agnes Bernauer, in: Oberbayerisches Archiv, München 1846, Bd. 7, 303 f. (Kaufurkunde aus Pfarrarchiv Aubing).
Gemeiner, Carl Theodor: Regensburgische Chronik, hrsg. von Heinz Angermeier, Bd. III/IV, München 1971.
Genealogia Ducum Bavariae, in: Felix Joseph Lipowsky, Agnes Bernauerinn historisch geschildert, München 1801, Quellenanhang.
H. H.: Anfrage, die Reliquien der Agnes Bernauerin betreffend. In: Kgl.-Baierisches Intelligenzblatt 24, München 1813, Sp. 194 ff.
Lexer, Matthias (Hg.): Johannes Turmair's, genannt Aventinus, sämtliche Werke. Bd. 5: Bayerische Chronik. München 1886.
Mondschein, Johannes: Fürstenurkunden zur Geschichte der Stadt Straubing. Verhandlungen des Hist. Vereins Niederbayern, Bd. 39, Landshut 1903.
Mülich, Hektor und Demer, Walther, Rem: (Augsburger) Chronik 1348–1487. In: Die Chroniken der schwäbischen Städte, Augsburg, Bd. 3, bearb. von F. Roth, Göttingen–Zürich 1965.
Oefele, Felix Andreas: Rerum Boicarum Scriptores. 2 Bände, Augsburg 1763.
Piccolomini, Enea Silvio: De viris illustribus. In: Studi e Testi Nr. 341, hrsg. von Adrian van heck, Vatikan 1991.
Stahleder, Helmuth: Herzogs- und Bürgerstadt. Die Jahre 1157–1505. = Chronik der Stadt München, Bd. 1, 1995.
Urkundenbuch der Stadt Augsburg, hrsg. von Christian Meyer. 2 Bände, Augsburg 1874/78.

Literatur

(Romane, Dramen, Lyrik werden unten nicht aufgeführt, sondern siehe „Verzeichnis der literarischen Bearbeitungen", S. 162 ff.)

Allgemeine Deutsche Biographie. Hrsg. von der Historischen Kommission bei der Bayerischen Akademie der Wissenschaften. Leipzig 1875–1912.
Allgemeines Historische Lexicon. Leipzig 1722.
Andrian-Werburg, Klaus von: Urkundenwesen, Kanzlei, Rat und Regierungssystem der Herzoge Johann II., Ernst und Wilhelm III. von Bayern-München (1392–1438). Kallmünz 1971.
Anonym: Agnes Bernauer, oder: Die Ruinen von Vohburg. Urfahr–Linz ca. 1880.
Anonym: Bemerkungen ueber die historischen Ueberreste der Kapelle und des Grabmals der Agnes Bernauerin zu Straubing. In: Verhandlungen des Hist. Vereines in dem Unteren Donaukreise, Passau 1835, Bd. 1, Heft 3, S. 5 ff.
Anonym: Geschichte der Agnes Bernauerin, welche den 12. Oktober 1435 auf der Brücke in Straubing in die Donau gestürzt worden ist. Für empfindsame Herzen geschildert. Straubing 1815.

Augsburg. Geschichte in Bilddokumenten, hrsg. von Friedrich Blendinger und Wolfgang Zorn, München 1976.
Augsburger Stadtlexikon, hrsg. von Günther Grünsteudel, Günter Hägele und Rudolf Frankenberger, 2., völlig neu bearb. und erweiterte Auflage, Augsburg 1998.
Bauer, Max: Deutscher Frauenspiegel. Bilder aus dem Frauenleben in der deutschen Vergangenheit. 2 Bände, München und Berlin 1917.
Bauer, Richard (Hg.): Geschichte der Stadt München. München 1992.
Baumüller, Monika: 1100 Jahre Vohburg. Wo die Bernauerin ein kurzes Eheglück erlebte. In: Charivari, 22, München 1996, 6, S. 91.
Bayern, Adalbert Prinz von: Die Wittelsbacher. Geschichte unserer Familie. München 1979.
Bayern-Ingolstadt und Bayern-Landshut, 1392–1506. Glanz und Elend einer Teilung. Ausstellung des Stadtarchivs, der Wissenschaftlichen Stadtbibliothek und des Stadtmuseums Ingolstadt 1992.
Behrens, Carl: Agnes Bernauer. Historiens og Digtningens Lys. Kopenhagen 1906.
Böckl, Manfred: Die Säckung zu Straubing. Herzog Ernsts Verbrechen an der Bernauerin. In: Fürstenmord und Hexenbrand, Dachau 2002, S. 51 ff.
Böhme, Hartmut: Kulturgeschichte des Wassers. Frankfurt a. M. 1988.
Bosl, Karl: Agnes Bernauer, Baderstochter aus Augsburg. Eine tragische Figur der bayerischen Geschichte. Vortrag, gehalten am 17. März 1992 in Traunreut. In: Vorträge zur bayerischen Landesgeschichte. Stuttgart 2002.
Bosl, Karl: Die Entwicklung von Bayern-München (1392) bis zum Ende der Kurfürstenzeit (1623–1805). Vortrag, gehalten am 13. Juli 1990 in Wildbad Kreuth. In: Vorträge zur bayerischen Landesgeschichte. Stuttgart 2002, S. 204 ff
Bosl, Karl: Geschichte Bayerns. München 1975.
Bosls Bayerische Biographie. Regensburg 1983.
Brahm, Otto: Das deutsche Ritterdrama des 18. Jahrhunderts. Studien über August von Törring, seine Vorgänger und Nachfolger. Straßburg 1880.
Brüns, Elke: Vater Staat und die weibliche Leiche. Hebbels „Agnes Bernauer". In: Internat. Jb. der Bettina-von-Arnim-Gesellschaft, Bd. 13/14, 2001/02, S. 129 ff.
Brüstl, Wilhelm: Agnes Bernauer, Der Engel von Augsburg, in: Augsburger Rundschau, 1. Jg., Nr. 3, 19. Okt. 1918, S. 33–35 (Stadtarchiv Augsburg).
Bühler, Karl: Die ertränkte Herzogin. Agnes Bernauer. In: Radiotexte, Frauen, Köln–Frankfurt 1978.
Carus, Paul: Der Engel von Augsburg. In: Die Geschichte des Teufels von den Anfängen der Zivilisation bis zur Neuzeit, Leipzig 2004, S. 217 ff.
Charitas, Festgabe für 1846: Die Agnes-Bernauer-Kapelle zu Straubing in Niederbayern. In: Kalender für kath. Christen auf das Jahr 1848. Sulzbach 1848.
Danckert, Werner: Unehrliche Leute. Die verfemten Berufe. München 1963.
Deckert, Adalbert: Karmel in Straubing. Jubiläumschronik. Rom 1968.
Deininger, Heinz Friedrich: Agnes Bernauer (um 1411–1435). In: Lebensbilder aus dem Bayerischen Schwaben, hrsg. von Götz Freiherr von Pölnitz, München 1952, S. 131 ff.
Dieminger, Werner: Bader, Barbiere, Wund- und Zahnärzte in der Reichsstadt Augsburg von 1316 bis 1806. Med. Diss. Ulm 1999.
Dittrich, Sigrid und Lothar: Lexikon der Tiersymbole – Tiere als Sinnbilder in der Malerei des 14.–17. Jahrhunderts. Petersberg 2004.
Duby, Georges und Perrot, Michelle (Hg.): Geschichte der Frauen. Band 2: Mittelalter, hrsg. von Christiane Klapisch-Zuber, Frankfurt/Main–New York–Paris 1993.
Dülmen, Richard van (Hg.): Hexenwelten. Magie und Imagination vom 16.–20. Jahrhundert. Frankfurt/Main 1987.

Dülmen, Richard van: Kultur und Alltag in der Frühen Neuzeit. Band 1: Das Haus und seine Menschen 16.–18. Jahrhundert. München 1990.

Dünninger, Eberhard: Agnes Bernauer in der Literatur. In: ders., Oberpfalz und Regensburg, Kultur- und Lebensbilder, Regensburg 1998, S. 23–37.

Ennen, Edith: Frauen im Mittelalter. München 1984.

Erichsen, Johannes: Umrisse Blutenburger Geschichte. In: Blutenburg. Beiträge zur Geschichte von Schloß und Hofmark Menzing. = Veröff. zur Bayerischen Geschichte und Kultur Nr. 1/83, hrsg. von Claus Grimm, Haus der Bayerischen Geschichte, München 1983, S. 26 ff.

Flood, John L.: Agnes Bernauer – eine bayerische „Queen of Hearts"? In: Verführer, Schurken, Magier, hrsg. von Ulrich Müller und Werner Wunderlich, St. Gallen 2001.

Floßmann, Birgit: Die Agnes-Bernauer-Festspiele in Straubing unter besonderer Berücksichtigung der Spiele des Jahres 1976. Zulassungsarbeit (Straubing) 1978.

G. N.: Nachkommen des Herzogs Albrecht III. v. Bayern und seiner I. Gattin Agnes Bernauer. In: Genealogie, Heft 7–8, 1993, S. 627.

Gauweiler, Peter: Agnes Bernauer. In: Bayerische Profile, hrsg. v. Peter Gauweiler und Christoph Stölzl, München–Berlin 1995, S. 9 ff.

Gerbel, Joseph: Acht Bilder aus dem Leben der Agnes Bernauer. Straubing 1836.

Gilardone, Georg: Der Anteil Münchens am Tod der Agnes Bernauer. In: Das Bayerland, 46. Jg., Nr. 18, 1935, S. 545 ff.

Glaser, Hermann: Friedrich Hebbel, Agnes Bernauer. Dichtung und Wirklichkeit Bd. 20, Frankfurt a. M.–Berlin 1964.

Grisard, Karolin: „... bei ihrer Frauenehre soll sie auf den Turm gehen ..." – Frauen im Strafrecht. In: Stadt der Frauen, Frauen-Museum Bonn, hrsg. von Annette Kuhn und Marianne Pitzen, Zürich 1994, S. 107 ff.

Gut, Georg A.: Albrecht III., Herzog in Bayern. Gemahl der Agnes Bernauer. München 1993.

Haeutle, Christian: Genealogie des erlauchten Stammhauses Wittelsbach. München 1870.

Haid, Christoph Jacob: Bad-Gerechtsame und Bade-Anstalten in Augsburg. Augsburg 1827.

Haid, Jacob Christof: Häuserverzeichnis der Stadt Augsburg, Einem hochlöblichen Magistrate der Königlich-Bayerischen Kreis-Hauptstadt Augsburg als Hochgefeiertem Vorstande der Commune Augsburg in tiefster Ehrfurcht gewidmet. Augsburg 1833 (Stadtarchiv Augsburg Amtsbücherei).

Handbuch der bayerischen Geschichte, begr. von Max Spindler, hrsg. von Andreas Kraus. Band II: Das Alte Bayern. Der Territorialstaat vom Ausgang des 12. Jahrhunderts bis zum Ausgang des 18. Jahrhunderts. 2., überarb. Aufl. München 1988.

Hatzold, Gundekar: Das Karmelitenkloster Straubing. Straubing 1947.

Heym, Sabine: Residenz München. Zeittafel. Baugeschichte im Überblick. München o. J.

Himmelsbach, Iso: „Von wegen der Badstuben ...", Zur Geschichte des Freiburger Badewesens von 1300 bis 1800, Freiburg i. Br. 2000.

Hoffmann, Robert: Die Augsburger Bader und das Handwerk der Bader. Zeitschrift des Historischen Vereins für Schwaben und Neuburg, Jg. 12, Augsburg 1885.

Hohe, Hans: Badestuben in Ochsenfurt. In: Heilkundliches aus der Stadt Ochsenfurt, Ochsenfurt 2000, S. 13–25.

Horchler, Gottfried: Agnes Bernauer in Geschichte und Dichtung. Straubing 1883.

Hormayr, Joseph von: Taschenbuch für die vaterländische Geschichte. 19. Jg., NF, VIII. Berlin 1848.

Huber, Alfons und Krenn, Dorit-Maria: Straubing – das Herz Altbayerns. Straubing 2005.
Huber, Alfons: Ein bislang unbekanntes Meisterlied, die älteste fassbare literarische Bearbeitung des Bernauerstoffes. In: Jahresbericht des Hist. Vereins für Straubing und Umgebung, Bd. 86, 1984, S. 453 ff.
Hubrich, Eugen: das heimatliche Freilichtspiel. In: Der Bayerwald 1937, Heft 4, S. 56 ff.
Huch, Ricarda: Im alten Reich. Lebensbilder deutscher Städte. Bremen 1960 (Nachdruck).
Käser, Georg: „Agnes Bernauer". Wandel der Gestalt von der geschichtlichen Persönlichkeit über das Volkslied bis zum Volksschauspiel unserer Tage. Zulassungsarbeit München 1954.
Keim, Joseph: Agnes Bernauer. Trübung und Aufhellung ihres Andenkens. Straubinger Lesebogen Nr. 1, Straubinger 1969.
Keim, Joseph: Die alten Grabdenkmäler im St. Petersfriedhofe zu Straubing. IV: Die Grabdenkmäler in der Bernauerkapelle. In: Jahresbericht des Hist. Vereins für Straubing und Umgebung, Bd. 18, 1915, S. 23 ff.
Klapisch-Zuber, Christiane: Die Frau und die Familie. In: Der Mensch des Mittelalters, hrsg. v. Jacques Le Goff, Frankfurt/Main 1996, S. 312 ff.
Klein, Andrea: Der Literaturbetrieb am Münchner Hof im fünfzehnten Jahrhundert. Göppinger Arbeiten zur Germanistik, hrsg. v. Ulrich Müller u. a., Nr. 652, Göppingen 1998.
Konrad, Werner: Patriotendrama – Fürstendrama. Frankfurt a. M. u. a. 1995. (Diss. Regensburg 1994).
Krämer, K. B.: Auf der Suche nach der „schönen Bernauerin". In: Der Bayerwald 1970, Heft 1, S. 35 ff.
Kraus, Andreas: Geschichte Bayerns. München 1983.
Krenn, Dorit-Maria: Das Herzogtum Straubing-Holland (1353–1425/1429). In: Bayern-Ingolstadt und Bayern-Landshut, 1392–1506, Glanz und Elend einer Teilung, Ausstellung des Stadtarchivs, der Wissenschaftlichen Stadtbibliothek und des Stadtmuseums Ingolstadt 1992, S. 111 ff.
Krenn, Dorit-Maria: Lebensminiaturen berühmter Straubinger. Straubing 1999.
Krenn, Dorit-Maria: Rezension zu Werner Schäfer, Agnes Bernauer, Das Festspiel – Der Festspielverein, Straubing 2003. In: Jahresbericht des Historischen Vereins für Straubing und Umgebung, 104. Jg. 2002, S. 406 ff.
Kreß, O.: Der Engel von Augsburg, in: Die Illustrierte Welt, 13. Jg., Stuttgart 1865.
Küffner, A.: Agnes Bernauer, in: Almanach auf das Jahr 1788, Nürnberg 1788.
Kuhn, Annette und Pitzen, Marianne (Hg.): Stadt der Frauen, Frauen-Museum Bonn. Zürich 1994.
Landratsamt Pfaffenhofen (Hg.): Stadt Vohburg. Blick in 1100 Jahre Geschichte = D'Hopfakirm Nr. 24, 1996.
Le Goff, Jacques (Hg.): Der Mensch des Mittelalters. Frankfurt/Main 1996.
Leuschner-Meschke, Waltraut: Das unvollendete dramatische Lebenswerk eines Epikers. Otto Ludwigs dichterische Gestaltungen und Gestaltungsabsichten des Agnes-Bernauer-Stoffes. Berlin 1958.
Lexikon des Mittelalters, Band I, Spalte 1980: Agnes Bernauer.
Lipowsky, Felix Joseph: Agnes Bernauerinn historisch geschildert. München 1801 (mit Quellenanhang).
List, Claudia: Tiere. Gestalt und Bedeutung in der Kunst. Stuttgart–Zürich o. J.
Löffler, Ute: Die Bader- und Barbierer-Ordnungen der Reichsstadt Memmingen vom 16. bis zum 19. Jahrhundert. Ein Beitrag zur Entwicklung der Chirurgie. Diss. Universität Ulm 1991.

Mader, Felix: Die Kunstdenkmäler von Niederbayern. VI: Stadt Straubing. Unveränderter Nachdruck der Ausgabe München 1921, München–Wien 1982.
Magris, Claudio: Donau. Biographie eines Flusses. München–Wien 1986.
Mai, Paul u. Popp, Marianne: Das Regensburger Visitationsprotokoll von 1508, in: Beiträge zur Geschichte des Bistums Regensburg, Bd. 18, Kallmünz 1984.
Martin, Alfred: Deutsches Badewesen in vergangenen Tagen. Jena 1906.
Märtl, Claudia: Herzog Albrecht III., Nikolaus von Kues und die Gründung des Benediktinerklosters Andechs im Jahr 1455. Festgabe des Freundeskreises Kloster Andechs e.V. aus Anlass der 550. Wiederkehr der Klostergründung. Andechs 2005.
Märtl, Claudia: Straubing. Die Hinrichtung der Agnes Bernauer 1435. In: Schauplätze der Geschichte in Bayern, hrsg. von Alois Schmid und Katharina Weigand, München 2003, S. 149 ff.
Matuszewski, Nina: Magie, Zauberei und Hexenglaube. In: Stadt der Frauen, Frauen-Museum Bonn, hrsg. von Annette Kuhn und Marianne Pitzen, Zürich 1994, S. 182 ff.
Meidinger, Franz Sebastian: Historische Beschreibung der kurfürstl. Haupt- und Regierungs-Städte in Niederbaiern. Landshut und Straubing. Landshut 1787.
Meingast, Fritz: Glanz und Elend der Frauen. Dreiunddreißig Porträts der Weltgeschichte. Prien am Chiemsee 1988.
Meitinger, Otto: Die baugeschichtliche Entwicklung der Neuveste. Ein Beitrag zur Geschichte der Münchener Residenz. Diss. Technische Hochschule München 1969/70. (= Sonderdruck der Zeitschrift Oberbayerisches Archiv, hrsg. v. Hist. Verein von Oberbayern, 22. Band, München 1970).
Meyer, Christian: Agnes Bernauer. In: Altreichsstädtische Kulturstudien, München 1906, S. 73–82 (Stadtarchiv Augsburg, Amtsbücherei).
Meyer, Christian: Galerie historischer Erzählungen. Agnes Bernauer. In: Die Gartenlaube, Illustriertes Familienblatt, Leipzig 1873.
Mittermüller, Rupert: Albrecht der Dritte, Herzog von München-Straubing. Programm zum Schluß des Studienjahres, 2 Teile, Metten 1866/67 und 1869.
Moser, Dietz-Rüdiger: Liebe, Leid und Tod der bayerischen Antigone. In: Jahresbericht des Hist. Vereins für Straubing und Umgebung, Bd. 86, 1984, S. 441 ff.
Nebinger, Gerhart: Nachkommen des Herzogs Albrecht III. von Bayern und seiner I. Gattin Agnes Bernauer. In: Genealogie 42, Neustadt/Aisch 1993, S. 667.
Neue Deutsche Biographie. Mehrere Bände, hrsg. von der Historischen Kommission bei der Akademie der Wissenschaften. Berlin 1953 ff.
Nöhbauer, Hans F.: Geschichten zur bayerischen Geschichte, München 1985.
Oberneder, Marzell: Die Bernauerin in Straubing. In: Führer durch die Stadt Straubing. 6. Aufl. Straubing 1978, S. 108 f.
Ogris, Werner: Tatort Rechtsgeschichte Fall 41: Hexe, Hure, Herzogin? In: Juristische Ausbildung und Praxisvorbereitung, JAP 3, 2001/2002, Wien 2001, S. 193 f.; 259.
Opitz, Claudia: Frauenalltag im Spätmittelalter (1250–1500). In: Geschichte der Frauen, hrsg. von Georges Duby und Michelle Perrot; Band 2: Mittelalter, hrsg. von Christiane Klapisch-Zuber, Frankfurt/Main–New York–Paris 1993, S. 283 ff.
Orff, Carl und sein Werk. Dokumentation. Tutzing 1980.
Petri, Julius: Der Agnes-Bernauer-Stoff im deutschen Drama; unter besonderer Berücksichtigung von Otto Ludwigs handschriftlichem Nachlass. Berlin 1893.
Pfändler, K.: Agnes Bernauerinn. In: Erzählungen interessanter Geschichten aus

dem Leben merkwürdiger und berühmter Personen älterer und neuerer Zeit. Berlin 1803, S. 3 ff.
Pflügl, Joseph: Vohburg. Beiträge zur Geschichte der Stadt und seiner Ortsteile. Vohburg 2005.
Pilsak, Walter: Die Nothafft. Das alte oberpfälzisch-niederbayerische Adelsgeschlecht machte bayerische Geschichte. Henker der Bernauerin? In: Schöner Bayerischer Wald, 84/89, Grafenau 1992, S. 31.
Pleticha, Heinrich (Hg.): Deutsche Geschichte. Band 5: Das ausgehende Mittelalter 1378–1517. Gütersloh 1982, Sonderausgabe 1987.
Pölnitz, Götz Freiherr von (Hg.): Lebensbilder aus dem Bayerischen Schwaben. München 1952.
Pörnbacher, Karl: Agnes Bernauer. Literatur und Wirklichkeit. Sonderdruck Hebbel-Jahrbuch 1976, S. 107 ff.
Prehn, August: Agnes Bernauer in der deutschen Dichtung. Wissenschaftliche Beigabe, Königliches Gymnasium zu Nordhausen, Ostern 1907.
Prinz, Friedrich: Die Geschichte Bayerns. München–Zürich 2. Aufl. 1999.
Quebbemann, Britta: Der Aufstieg und das tragische Ende der Agnes Bernauer. In: P. M. History, Heft 6, 2004, S. 6 ff.
Rall, Hans und Marga: Die Wittelsbacher in Lebensbilder. Graz–Wien–Köln 1986.
Reiser, Rudolf: Die Wittelsbacher 1180–1918. Ihre Geschichte in Bildern. München 1979.
Reitmeier, Johannes und Stammberger, Thomas: Agnes Bernauer. Ein Historienspiel in 15 Bildern. Kommentiert von Max Auer und einem Beitrag von Werner Schäfer. Straubing 1995.
Riezler, Sigmund von: Agnes Bernauerin und die baierischen Herzoge. In: Sitzungeberichte der königl. Bayer. Akademie der Wissenschaften, Historische Classe, München 1885, S. 285 ff.
Riezler, Sigmund von: Geschichte Baierns, Bd. III (1347–1508), Gotha 1889.
Riezler, Sigmund von: Geschichte der Hexenprozesse in Bayern. Neudruck Stuttgart o. J.
Roeck, Bernd: Außenseiter, Randgruppen, Minderheiten. Göttingen 1993.
Rosendorfer, Herbert: Über die historische Bernauerin. In: Jahresbericht des Hist. Vereins für Straubing und Umgebung, Bd. 95, 1993, S. 427 ff.
Schäfer, Werner und Böhm, Erwin: Agnes Bernauer. Geschichte, Dichtung, Bild. Straubing 1995.
Schäfer, Werner, Scharrer, Guido und Stickroth, Hermann: Sorviodurum, Strupinga, Straubing. Geschichte einer Stadt. Straubing 1985.
Schäfer, Werner: Agnes Bernauer 2003 in Straubing. In: Der Bayerwald, Heft 1/2003, S. 2 ff.
Schäfer, Werner: Agnes Bernauer in Straubing. Das Festspiel – der Festspielverein. Straubing 2003.
Schäfer, Werner: Agnes Bernauer und ihre Zeit. München 1987; Taschenbuchausgabe 1991.
Schäfer, Werner: Gedanken zu der „Geschicht wegen der Pernawerin". Anmerkungen zu Alfons Hubers Quellen- und Lesebuch. In: Jahresbericht des Hist. Vereins für Straubing und Umgebung, Bd. 101, 1999 (2000), S. 343 ff.
Schauberg, Jos. Dr.: Vergleichendes Handbuch der Symbolik der Freimaurerei mit besonderer Rücksicht auf Mythologien und Mysterien des Altertums. Zürich 1861.
Scheidler, Walter: Augsburger Frauen bereicherten die Geschichte. In: 2000 Jahre Augsburg, Augsburg 1984, S. 272 ff.
Schemschies, Susanne: agnes b. Die Agnes-Bernauer-Festspiele in Straubing im

Spannungsfeld von Historienspiel und moderner Vermarktung. Magisterarbeit Universität Regensburg 1997.

Schlappinger, Hans: Agnes Bernauer im Volkslied. In: Jahresbericht des Hist. Vereins für Straubing und Umgebung, Bd. 37, 1934, S. 75 ff.

Schlegel, Arthur: das Grabmal Ludwigs des Bayern in der Münchner Frauenkirche. In: Oberbayerische Archiv, 1971, Bd. 93, S. 207 ff.

Schlosser, Hans: Agnes Bernauerin (1410–1435). Der Mythos von Liebe, Mord und Staatsräson. In: Zeitschrift der Savigny-Stiftung für Rechtsgeschichte, Germanistische Abteilung 122 (= 135 des Gesamtwerkes), 2005, S. 263 ff.

Schmid, Alois und Weigand, Katharina (Hg.): Schauplätze der Geschichte in Bayern. München 2003.

Schmid, Stephanie: Straubing und Agnes Bernauer. Vom Umgang einer Region mit ihrer Kultfigur. Diplomarbeit Regensburg 2005.

Schmid, Ulrich: Agnes die Bernauerin und Herzog Albrecht III., der Gütige. In: Walhalla, Bücherei für vaterländische Geschichte, Kunst und Kulturgeschichte, Bd. 2, München 1906, S. 9 ff.

Schmidt, Willibald und Reng, August: Straubinger Atlas, Straubinger Hefte, 8. Heft 1958 (Stadtarchiv Straubing).

Schrötter, Georg: Agnes Bernauer. Neue Forschungen, in: Der Bayerwald, 37. Jg., H. 1, 1939, S. 25 ff.

Seidl-Ainöder, Josef: Das Badergewerbe im Markt Marktl. In: Oettinger Heimatland e.V., Altötting, 21, 2001, S. 186–193.

Seitz, Helmut: Gespielte Geschichte. Historische Stücke auf bayerischen Bühnen. Pfaffenhofen 1990.

Seitz, Helmut: Tatort Geschichte. Historische Schauplätze in Bayern. München 1984.

Sieghart, Martin: Geschichte und Beschreibung der Hauptstadt Straubing im Unter-Donau-Kreise des Königreichs Bayern. 1. Theil. Straubing 1833.

Sigl, Rupert: Das Grab der Agnes Bernauer gefunden und vergessen. In: Straubinger Kalender 1975, Straubing 1975, S. 202 ff.

Skasa, Michael: Agnes Bernauer. Sendung des Bayerischen Rundfunks, Land und Leute, München 1984.

Solleder, Fridolin: München im Mittelalter. München–Berlin 1938.

Spanner, Heinrich: Straubinger Straßennamen erzählen Stadtgeschichte. 3. und erw. Aufl. Straubing 1997.

Stampfl, Inka: Carl Orff, Die Bernauerin. Theatrum mundi, Mysterienspiel, Ballade, antike Tragödie. München 1995.

Stein, Claudia: Baden: Lust oder Laster? In: Stadt der Frauen, Frauen-Museum Bonn, hrsg. von Annette Kuhn und Marianne Pitzen, Zürich 1994, S. 127 ff.

Stein, Claudia: Baden: Lust oder Laster? In: Stadt der Frauen, hrsg. von A. Kuhn und M. Pitzen, Zürich 1994, S. 127 ff.

Steinberger, Alfons: Frauenbilder aus Bayerns Vergangenheit. Augsburg 1913.

Stetten, Paul von: Geschichte der Stadt Augsburg. Frankfurt–Leipzig 1743.

Straub, Theodor: Bayern im Zeichen der Teilungen und der Teilherzogtümer (1347–1450). In: Handbuch der bayerischen Geschichte, begr. von Max Spindler, hrsg. von Andreas Kraus, 2., überarb. Aufl. München 1988, Bd. II, S. 199 ff.

Thoma, Helga: Die Ermordung Agnes Bernauers. In: Verbrechen aus Staatsräson, 2001, S. 9 ff.

Uellenberger, Gisela: Augsburger Frauen. Agnes Bernauer und Philippine Welser. In: Augusta 955–1955, Festschrift, München 1955, S. 137 ff.

Valentin, Hans E. (u. a.): Die Wittelsbacher und ihre Künstler in acht Jahrhunderten. München 1980.

Vicari, Hans: Agnes Bernauer Almanach. Mit Holzschnitten von Gunter Bergmann. Straubing 1988.
Vogelsgesang, Wolfgang: Agnes Bernauer. In: Blutenburg. Wielenbach 1992, S. 175 ff.
Vogt-Lüerssen, Maike: Agnes Bernauer († 1435). Die unerwünschte Schwiegertochter. In: Frauenschicksale aus dem 15. und 16. Jahrhundert, 2001, S. 37 ff.
Volckamer, Volker v.: Das Landgericht Pfaffenhofen und das Pfleggericht Wolnzach. Historischer Atlas von Bayern, Teil Altbayern, Heft 14, hrsg. v. der Kommission für bayerische Landesgeschichte, München 1963.
Wagner, Gertrud: Das Gewerbe der Bader und Barbiere im deutschen Mittelalter. Phil. Diss. Zell i. W. 1917.
Westenrieder, Lorenz von: Wie Herzog Albrecht (IIIte) beschaffen was. In. Beiträge zur vaterländischen Historie, Geographie, Staatistik und Landwirthschaft. Band 4, München 1792, S. 205 ff.
Winkler, Karl: Die Judenverfolgung zu Straubing im Jahre 1435. In: Jahresbericht des Hist. Vereins für Straubing und Umgebung, Bd. 40, 1937(!), S. 16 ff.
Wolf-Graaf, Anke: Die verborgene Geschichte der Frauenarbeit. Eine Bildchronik. Weinheim–Basel 1983.
Wulz, Gerhard: Schönheit, die den Tod brachte. In: Der Schönheit verbunden. Petersberg 2003, S. 36 f.
Wüst, Wilhelm Friedrich: Geschichte der Agnes Bernauerin. Reutlingen 1855 und 1876.
Zerling, Clemens und Bauer, Wolfgang: Lexikon der Tiersymbolik – Mythologie, Religion, Psychologie. München 2003.
Zorn, Wolfgang: Augsburg. Geschichte einer europäischen Stadt. Augsburg, 3. erg. Aufl. 1994.
Zschokke, Heinrich: Der Baierischen Geschichten drittes und viertes Buch. Aarau 2. Aufl. 1821.

Bildnachweis

Autorin: S. 50, 117, 157, 158
Archiv Agnes Bernauer Festausschuss Vohburg: S. 146, 147
Archiv Agnes-Bernauer-Festspielverein e.V. Straubing: S. 148
Archiv Ronny Lang, Straubing: S. 119, 152
Bayerisches Hauptstaatsarchiv München: S. 63 (PLS 6376), 85 (PLS 2127)
Bayerisches Landesamt für Denkmalpflege München: S. 110
Bayerische Staatsbibliothek München: S. 27
Bayerische Verwaltung der staatlichen Schlösser, Gärten und Seen München – Residenz München, Antiquarium: S. 43
Bildarchiv Foto Marburg: S. 131
Interfoto, München: S. 12, 38
Nach: Felix Mader, Die Kunstdenkmäler von Niederbayern. VI: Stadt Straubing, München–Wien 1982: S. 123 (Beschriftung: Autorin)
Nach: Hans Vicari, Agnes Bernauer Almanach. Mit Holzschnitten von Gunter Bergmann, Straubing 1988: S. 21, 156
Nach: Joseph Pflügl, Beiträge zur Geschichte der Stadt Vohburg und seiner Ortsteile. Band I, Vohburg 2005: S. 47
Österreichische Nationalbibliothek Bildarchiv, Wien (Cod. 2760, fol. 33r : S. 23
Sammlung Erwin Böhm, Straubing: S. 30, 35, 59, 69, 72, 79, 144
Sammlung Lutz Burgmayer, Straubing: S. 154
Stadtarchiv Pfaffenhofen a.d. Ilm: S. 52
Stadtarchiv Straubing: S. 67, 101 (Fotosammlung Weichhart-Schwarz)

Dank

Mein aufrichtiger Dank gilt den Damen und Herren
der Bayerischen Staatsbibliothek,
der Institutsbibliothek für Bayerische Landesgeschichte an der Universität München,
der Universitätsbibliothek Regensburg,
des Bayerischen Hauptstaatsarchivs München mit dem Geheimen Hausarchiv,
der Stadt- und Gemeindearchive Augsburg, Geisenfeld, Hohenwart, München, Pfaffenhofen, Straubing und Vohburg,
der Privatarchive sowie der Archive des Straubinger und Vohburger Festspielvereins.

Besonders danke ich – in alphabetischer Reihenfolge – für kenntnisreiche Gespräche und konkrete Hilfe:
Thomas Biermaier (Straubing),
Erwin Böhm (Straubing),
Elfriede Carsten (Regierung von Niederbayern),
Pater Englmar (Karmelitenkloster Straubing),
Dr. Isabella Kreim (Ingolstadt),
Dr. Dorit Krenn (Straubing),
Heidi Krinner-Jancsik (Pustet Verlag, Lektorin),
Rudolf Kolbe (Vohburg),
Rüdiger Kuchler (Straubing),
Evelyn Meyer (Pustet Verlag, Bildredaktion),
Ernst Petz (Hohenwart),
Joseph Pflügl (Vohburg),
Andreas Sauer, M. A. (Pfaffenhofen),
Josef Steinberger, jun. (Vohburg)
sowie Herrn Strauss (Geisenfeld).

Nicht zuletzt gilt mein herzlicher Dank meinem Ehemann Eckart Eitel für geduldiges Zuhören und beständige Ermutigung.

Register

Orte

Personen

Die Teilungen im Hause Wittelsbach (14./15. Jh.)

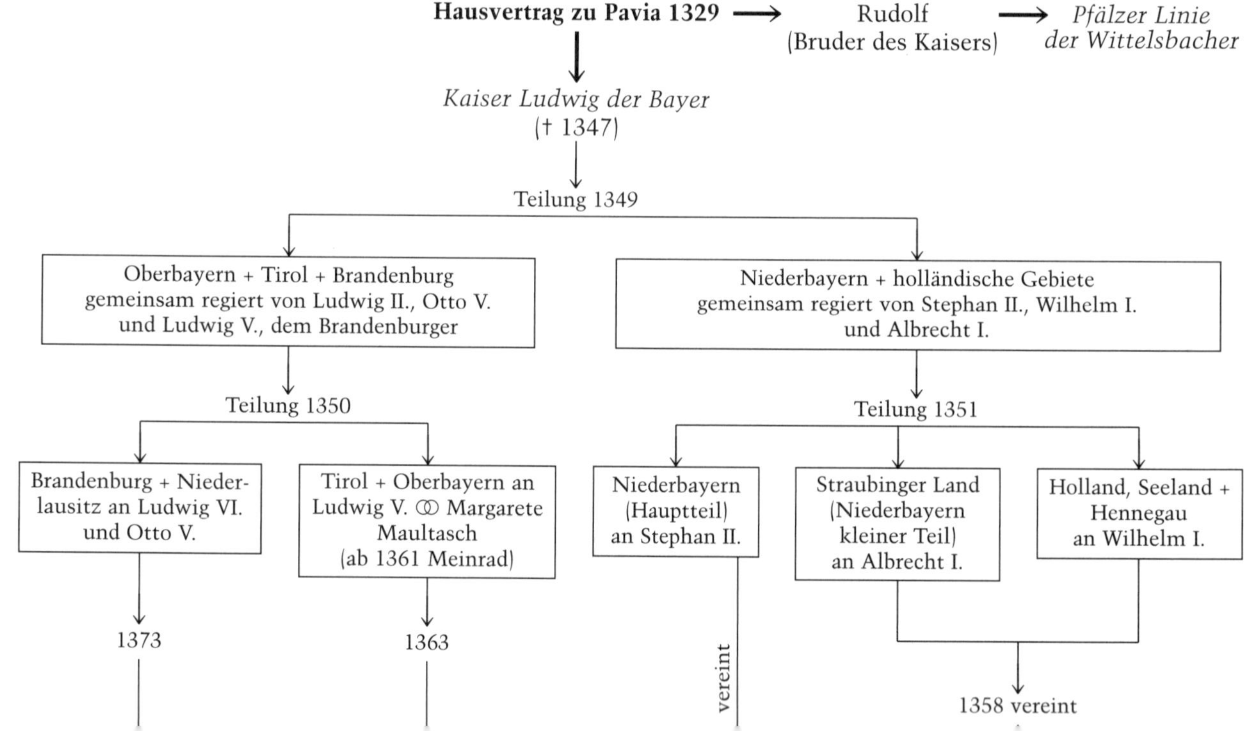

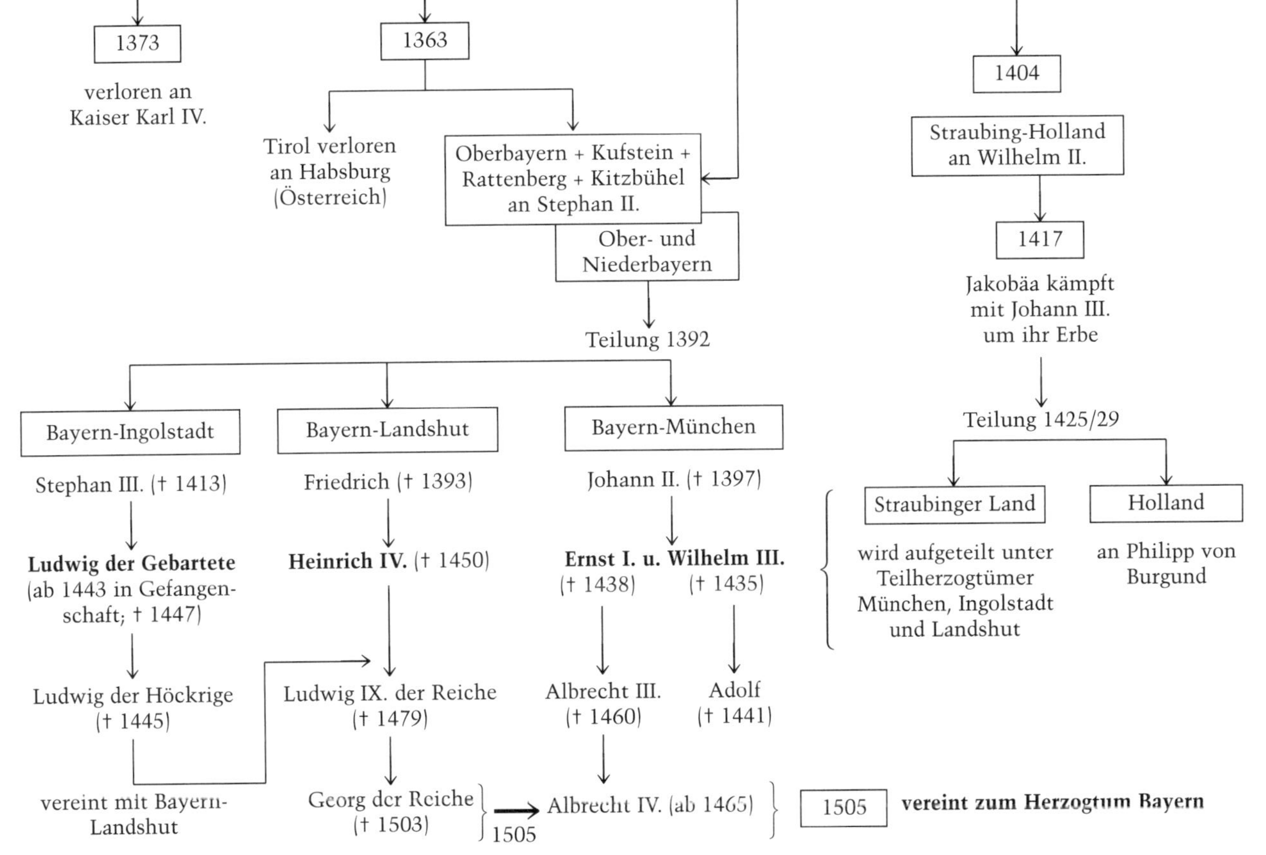
1373
verloren an Kaiser Karl IV.
1363
Tirol verloren an Habsburg (Österreich)
Oberbayern + Kufstein + Rattenberg + Kitzbühel an Stephan II.
Ober- und Niederbayern
Teilung 1392
Bayern-Ingolstadt
Bayern-Landshut
Bayern-München
Stephan III. († 1413)
Friedrich († 1393)
Johann II. († 1397)
Ludwig der Gebartete (ab 1443 in Gefangenschaft; † 1447)
Heinrich IV. († 1450)
Ernst I. u. Wilhelm III.
(† 1438)
(† 1435)
Ludwig der Höckrige († 1445)
Ludwig IX. der Reiche († 1479)
Albrecht III. († 1460)
Adolf († 1441)
vereint mit Bayern-Landshut
Georg der Reiche († 1503)
1505
Albrecht IV. (ab 1465)
1404
Straubing-Holland an Wilhelm II.
1417
Jakobäa kämpft mit Johann III. um ihr Erbe
Teilung 1425/29
Straubinger Land
Holland
wird aufgeteilt unter Teilherzogtümer München, Ingolstadt und Landshut
an Philipp von Burgund
1505
vereint zum Herzogtum Bayern

Die bayerischen Wittelsbacher (14./15. Jh.)

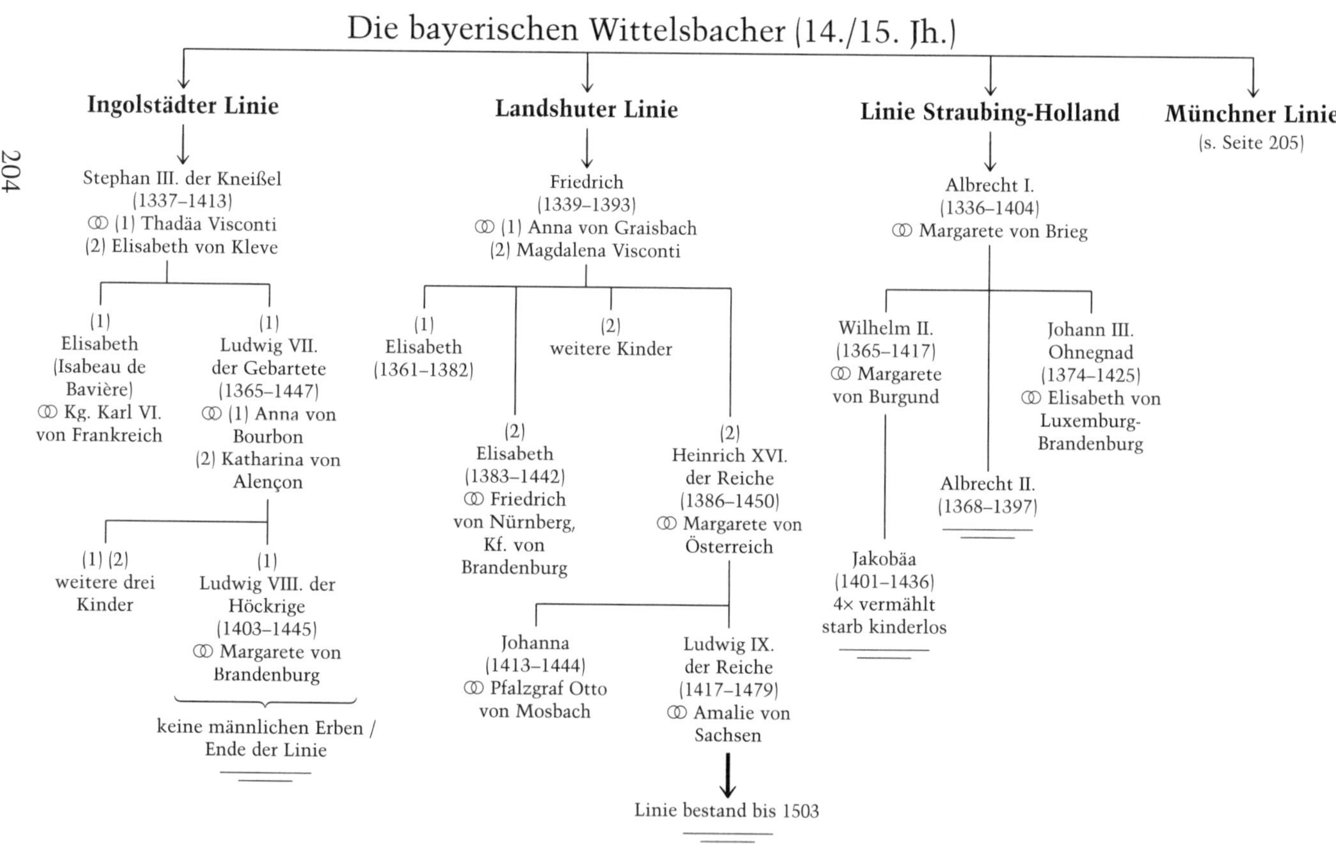

Linie Bayern-München (14./15. Jh.)

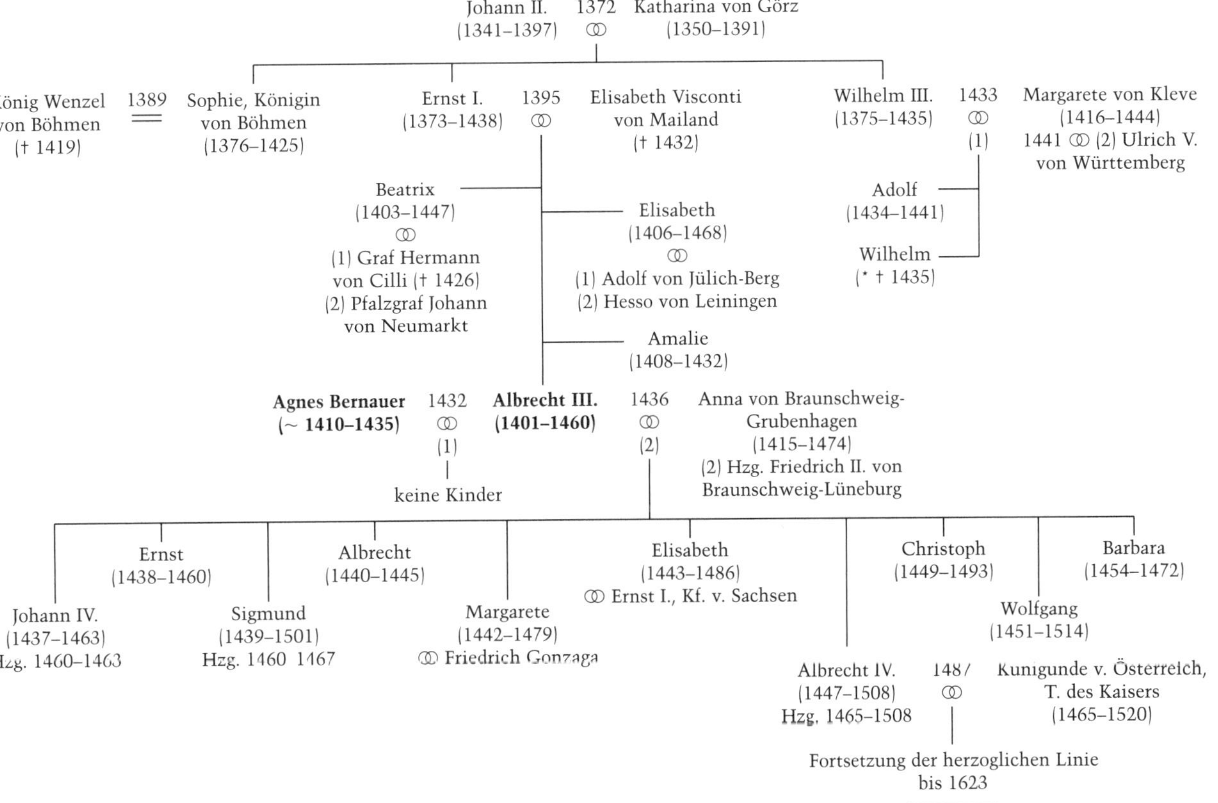